浙江省普通高校新形态教材项目

酒店收益管理

尚云峰　魏爱萍　著

哈尔滨工业大学出版社
HARBIN INSTITUTE OF TECHNOLOGY PRESS

内 容 简 介

本书共 12 章,主要内容包括收益管理概述,收益管理在酒店行业中的应用,酒店收益衡量指标,酒店竞争群的建立,酒店市场需求与市场预测,价格管理与定价策略,酒店动态定价与价格优化,酒店容量管理和替代分析,收益管理与市场营销战略,酒店收益管理与分销渠道,酒店隐性收益管理,全面收益管理。

本书适合酒店管理相关专业学生及教师参考使用。

图书在版编目(CIP)数据

酒店收益管理/尚云峰,魏爱萍著. —哈尔滨：哈尔滨工业大学出版社,2024.4
ISBN 978-7-5767-1059-5

Ⅰ.①酒⋯ Ⅱ.①尚⋯②魏⋯ Ⅲ.①饭店-运营管理 Ⅳ.①F719.2

中国国家版本馆 CIP 数据核字(2024)第 024842 号

JIUDIAN SHOUYI GUANLI

策划编辑	刘培杰　张永芹	
责任编辑	王勇钢	
封面设计	孙茵艾	
出版发行	哈尔滨工业大学出版社	
社　　址	哈尔滨市南岗区复华四道街 10 号　邮编 150006	
传　　真	0451-86414749	
网　　址	http://hitpress.hit.edu.cn	
印　　刷	哈尔滨博奇印刷有限公司	
开　　本	787 mm×960 mm　1/16　印张 15.25　字数 278 千字	
版　　次	2024 年 4 月第 1 版　2024 年 4 月第 1 次印刷	
书　　号	ISBN 978-7-5767-1059-5	
定　　价	98.00 元	

(如因印装质量问题影响阅读,我社负责调换)

目 录

第1章 收益管理概述 //1
   1.1 收益管理发展历史和现状 //1
   1.2 收益管理的概念 //9
   1.3 收益管理的应用特点 //13
   1.4 实施收益管理的意义和注意事项 //15
   1.5 小结 //19
   练习题 //19

第2章 收益管理在酒店行业中的应用 //20
   2.1 酒店收益管理岗位演变 //20
   2.2 酒店收益经理的任务清单与职责 //22
   2.3 酒店常用收益管理软件 //28
   2.4 酒店收益管理应避免的认识误区 //32
   2.5 小结 //35
   练习题 //35

第3章 酒店收益衡量指标 //46
   3.1 内部衡量指标及应用 //46
   3.2 外部衡量指标及应用 //55
   3.3 小结 //62
   练习题 //63

第4章 酒店竞争群的建立 //64
   4.1 酒店竞争群的建立 //64
   4.2 酒店竞争群的选择标准 //65
   4.3 建立竞争群 //66
   4.4 酒店建立竞争群的意义 //68
   4.5 酒店的竞争战略 //70
   4.6 小结 //76
   练习题 //78

第 5 章　酒店市场需求与市场预测　//79
　　5.1　限制性需求与非限制性需求　//79
　　5.2　长期需求预测与短期需求预测　//82
　　5.3　市场预测的概念　//87
　　5.4　市场预测在收益管理中的作用　//90
　　5.5　收益管理预测的内容和步骤　//93
　　5.6　酒店收益预测方法　//95
　　5.7　小结　//98
　　练习题　//99

第 6 章　价格管理与定价策略　//100
　　6.1　酒店客房价格的基本类型　//101
　　6.2　酒店价格管理　//106
　　6.3　酒店客房定价方法　//110
　　6.4　收益管理的定价策略　//112
　　6.5　客房价格的分渠道管理　//115
　　6.6　酒店产品设计中的增收因素　//116
　　6.7　小结　//119
　　练习题　//120

第 7 章　酒店动态定价与价格优化　//121
　　7.1　动态定价和价格优化　//121
　　7.2　动态定价的方法　//123
　　7.3　影响动态定价的因素　//127
　　7.4　折扣管理　//132
　　7.5　统一售价及面临的挑战　//134
　　7.6　小结　//137
　　练习题　//138

第 8 章　酒店容量管理和替代分析　//139
　　8.1　容量管理的基本概念　//139
　　8.2　容量管理的基本方法　//143
　　8.3　客房超额预订及其风险　//145
　　8.4　超额预订的处理方法　//147
　　8.5　替代分析法　//151
　　8.6　小结　//154
　　练习题　//155

第9章 收益管理与市场营销战略 //156
9.1 酒店市场细分概念及方法 //156
9.2 战略性捆绑销售 //160
9.3 客户关系管理 //164
9.4 营销结合管理 //169
9.5 市场情报与大数据应用 //176
9.6 小结 //177
练习题 //177

第10章 酒店收益管理与分销渠道 //178
10.1 分销渠道的概念和类型 //178
10.2 酒店常用的分销渠道 //182
10.3 酒店分销渠道管理 //183
10.4 社交媒体与大数据 //186
10.5 小结 //195
练习题 //195

第11章 酒店隐性收益管理 //196
11.1 酒店隐性收益管理概述 //196
11.2 酒店企业文化与产品价值延伸 //200
11.3 在线评论管理与服务补救体系 //203
11.4 建立酒店在线点评管理与服务补救体系 //207
11.5 酒店声誉和社会价值意识 //210
11.6 小结 //214
练习题 //214

第12章 全面收益管理 //216
12.1 收益管理组织机构设置 //216
12.2 全面收益管理的必要性 //220
12.3 全面收益管理的评价指标 //223
12.4 全面收益管理的实施方法及挑战 //226
12.5 小结 //232
练习题 //232

参考文献 //233

第1章 收益管理概述

学习目标
1. 明确收益管理的基本内涵。
2. 了解收益管理的特点。
3. 掌握实施收益管理的条件。

1.1 收益管理发展历史和现状

1.1.1 发展历史

收益管理最早的应用是在航空业。早在20世纪70年代初期,英国海外航空公司也就是现在我们熟知的英国航空公司的肯·利特尔伍德(Ken Littlewood)提出了一个概念,如果增加折扣机票比只卖全价机票收入更高的话,那么就应该增加多种可接受的折扣机票。肯·利特尔伍德的规则就是产出管理的起源,也就是后来我们所说的收益管理。前美国航空公司的 CEO 罗伯特·克兰道尔(Robert Crandall)也提出了一项叫作产出管理的措施。它的目的是通过技术分析来控制库存以使收益最大化。在罗伯特·克兰道尔任期之内,美国航空公司在预测、库存管理以及超额预订方面做了大量的投资。

19世纪初期,美国租车公司 Hertz 成为第一个引入产出管理的租车公司。1978年美国航空管制解除,航空市场得以开放,各个航空公司终于可以自行决定价格和航班安排,市场竞争愈加激励。为了获取最大的收入和利润,各个航空公司开始研究在有限的座位上对每一个航段进行优化。根据对市场的需求量和供求关系,价格与需求之间的关系,以及消费者的行为习惯等的深入研究,收益管理的雏形逐渐形成。在经过数百万美金的投资后,美国航空公司在1985年推出了动态定价的方法,而他们的最低促销价格甚至远低于类似美国人民捷运航空公司这样的廉价航空。因为采用了提前预订的限制条款和库存控制,这些低价的机票因为不可取消条款很好地锁住了远期的库存。在接下来的一年中,美国航空公司的利润提升了48%,收益管理因此也被认为是解决航空业营业收入问题的最佳选择。罗伯特·克兰道尔将这种方法命名为产出管理(yield management),并将它称为航空运输业发展过程中最重要的一项技术。

收益管理最初被引入酒店行业的历史可以追溯到20世纪80年代。罗伯特·克兰道尔将它在航空业收益管理的成功经验跟万豪国际酒店集团的CEO比尔·马里奥特(Bill Marriott)进行了分享。因为酒店业跟航空业有非常多相似的特性:固定且不可储存的库存、可以接受提前预订、相对稳定的固定成本、较小的可变成本以及巨大的需求波动。1985年,马里奥特酒店成为第一家引入收益管理的酒店。马里奥特酒店利用了一种名为"个人计算机收益管理系统"的工具来监控客房价格和供需情况。在此之后,其他酒店也开始使用这种技术,并不断改进和完善。这也是收益管理首次被引入酒店行业。20世纪90年代,随着互联网的兴起和电子商务技术的发展,收益管理的应用开始变得更加广泛。许多企业开始使用自动化收益管理工具和系统,以帮助其更高效地管理收益和预测未来的市场趋势。21世纪,随着大数据和人工智能技术的出现和发展,收益管理的发展进入了新的阶段。基于数据分析和机器学习算法的智能化收益管理工具和系统开始出现,带来了更精细化和准确的实时预测和管理收益的能力。

国际酒店营销协会发表的文章认为,收益管理的重心也在发生变化。过去的几年,收益管理的主要重心围绕着更加战略化、前瞻性思考和分析以及提升营利能力这几个方面。我们观察到,收益管理已经从过去的侧重于"技术性"转变成了更具有"战略性"。在这个过程中,收益管理人才的选拔也从单纯的以数据分析为核心,提升到了战略设置。收益管理人才在一家企业里就如同军师和操盘手,同时也更加具备良好的组织能力、沟通能力和领导力,工作范围也从单纯的客房定价和房控扩大至全面收入流的管理,并且从关注收益提升至关注利润最大化。

1.1.2 收益管理的现状

1. 收益管理的发展现状

收益管理经过近三十多年的发展,已经成为管理科学的一个重要分支,并得到广泛应用。现在收益管理已经突破航空、酒店、汽车出租等应用领域向如广播广告、医疗服务、房地产、交通运输、制造业、体育赛事和娱乐事件管理等渗透。

①收益管理在广播广告中的应用是一种基于数据分析和优化的策略,旨在使

广播电视台的收益最大化。收益管理在广播广告中的应用相对较新，但随着数字广播的发展和广告技术的不断进步，越来越多的广播公司开始采用收益管理策略来优化广告收益。

传统广播公司的广告收益通常是通过广告时段的销售和广告费用的计算来实现的。但是，随着数字广播和互联网广播的发展，广播公司也开始考虑利用数据分析和广告技术来实现更精细化的收益管理。

广播电视台可以依靠数据分析来了解受众的需求和偏好，更好地管理广告库存，优化广告投放效果，从而为广告主提供更加精准的广告服务，并优化广告投放效果，获得更高的收益。

收益管理在广播广告中的应用也面临着一些挑战。例如，广播广告的定价和投放策略可能会受到政策和法规的限制，同时，广播公司也需要考虑与广告主和媒介代理商的合作关系，以确保广告收益的最大化。总之，收益管理在广播广告中的应用还处于发展初期，但是随着技术的不断进步和市场的变化，广播公司将不断探索和应用新的策略来实现更高的广告收益。

②收益管理当前在医疗服务中的应用主要是通过优化医疗服务的定价策略、资源利用率等来实现最大化收益的。目前，随着医疗服务市场的不断变化和竞争加剧，收益管理在医疗领域也得到了广泛关注和应用。以下是常见的几个方面。

医疗服务价格定位：要实行有效的收益管理，医疗机构需要科学地设定医疗服务价格。与其他行业类似，医疗服务价格通常根据供需关系、竞争情况、消费者需求、成本等因素进行制订。

资源利用率的提高：医疗机构可以通过收益管理来更好地利用其已有的资源，如医生、药品、医疗设备等，从而提高资源利用率和减少废物的产生。

优化医疗服务流程：通过对医疗服务流程的分析，可以找到存在问题的环节并进行改进，从而进一步提高医疗服务的效率。这有助于医疗机构更好地满足患者的需求，提高患者的满意度和忠诚度，并获得更大的收益。

精细化管理：通过精准的数据分析和客户关系管理，医疗机构可以实现精细化管理服务。例如，为患者提供预约、检查、问诊等全过程的一站式服务，从而进一步提升患者满意度和忠诚度。

需要注意的是，在医疗服务领域中，业务特殊性较强，涉及医疗安全、隐私保护等重要方面，因此在进行收益管理时必须遵守相关法规和规定，做好医疗安全管理，并坚持以患者利益为中心。

③收益管理在房地产行业中是非常重要的一环，它可以帮助房地产企业实现

收益最大化。目前,随着房地产市场的不断发展,收益管理也在不断完善和发展。

一方面,随着房地产市场的竞争加剧,房地产企业越来越注重收益管理。他们通过对市场的深入研究和分析,制订出更加科学合理的收益管理策略,以提高企业的营利能力。

另一方面,随着科技的不断进步,收益管理也得到了更好的支持。例如,通过大数据分析和人工智能技术,房地产企业可以更加准确地预测市场需求和价格变化,从而制订出更加精准的收益管理策略。

总的来说,收益管理在房地产行业中的发展现状是不断完善和发展的。随着市场的不断变化和技术的不断进步,收益管理也将不断地适应市场需求,为房地产企业带来更大的收益。

除了市场需求和技术进步的影响,政策环境也是收益管理发展的重要因素。例如,政府对房地产市场的调控政策会直接影响房地产企业的收益管理策略。如果政府出台了限购、限贷等政策,房地产企业就需要调整自己的收益管理策略,以适应政策的变化。

此外,消费者的需求也是收益管理的重要影响因素。随着消费者对房地产市场的需求不断变化,房地产企业也需要不断调整自己的收益管理策略,以满足消费者的需求。

总的来说,收益管理在房地产行业中的发展是一个不断变化和适应的过程。房地产企业需要根据市场需求、技术进步、政策环境和消费者需求等因素,不断调整自己的收益管理策略,以实现收益最大化。

④收益管理在交通运输业中也有着广泛的应用。交通运输业包括航空、铁路、公路、水运等多个领域,每个领域都有着不同的收益管理策略和方法。

在航空领域,收益管理主要应用于航空公司的航班票价制订和座位管理。航空公司通过对市场需求、竞争情况和成本等因素进行分析,制订不同的票价策略,以实现收益最大化。同时,航空公司还需要对座位进行管理,以确保每个航班的座位利用率最大化。

在铁路领域,收益管理主要应用于铁路客运的票价制订和车次管理。铁路公司通过对市场需求、竞争情况和成本等因素进行分析,制订不同的票价策略,以实现收益最大化。同时,铁路公司还需要对车次进行管理,以确保每个车次的利用率最大化。

在公路领域,收益管理主要应用于公路收费的制订和管理。公路管理部门通过对交通流量、车型、路段等因素进行分析,制订不同的收费策略,以实现收益最大化。

在水运领域,收益管理主要应用于港口的收费制订和管理。港口管理部门通过对船舶类型、货物类型、港口设施等因素进行分析,制订不同的收费策略,以实现收益最大化。

除了以上提到的领域,收益管理在交通运输业中还有其他的应用。例如,在出租车行业中,收益管理可以应用于出租车的计价和调度。出租车公司可以通过对市场需求、竞争情况和成本等因素进行分析,制订不同的计价策略,以实现收益最大化。同时,出租车公司还需要对车辆进行调度,以确保每个车辆的利用率最大化。在物流领域,收益管理可以应用于货物的运输和仓储。物流公司可以通过对市场需求、竞争情况和成本等因素进行分析,制订不同的运输和仓储策略,以实现收益最大化。

总的来说,收益管理在交通运输业中的应用非常广泛,可以应用于各个领域和企业。通过收益管理,企业可以更好地掌握市场需求和成本情况,制订更加科学合理的经营策略,实现收益最大化。

⑤在制造业中,收益管理主要应用于生产计划和库存管理。制造企业需要根据市场需求和生产成本等因素,制订生产计划和库存管理策略,以实现收益最大化。

随着信息技术的发展和应用,制造企业可以通过收集和分析大量的数据,更加精准地预测市场需求和生产成本,从而制订更加科学合理的生产计划和库存管理策略。例如,制造企业可以通过分析历史销售数据和市场趋势,预测未来的市场需求,并根据预测结果制订生产计划。同时,制造企业还可以通过实时监控生产过程和库存情况,及时调整生产计划和库存管理策略,以适应市场变化和最大化收益。

此外,制造企业还可以通过收益管理来优化供应链管理。制造企业需要与供应商、分销商和客户等各个环节进行协调和合作,以确保生产和销售的顺畅。通过收益管理,制造企业可以更好地掌握供应链各个环节的情况,制订更加科学合理的供应链管理策略,以实现收益最大化。

总的来说,收益管理在制造业中的应用越来越广泛,可以帮助制造企业更加精准地预测市场需求和生产成本,制订更加科学合理的生产计划和库存管理策略,优化供应链管理,实现收益最大化。

⑥收益管理在体育赛事中的应用也越来越广泛。体育赛事作为一种商业活动,需要通过票务销售、广告赞助、转播权等多种方式来获取收益。而收益管理可以帮助体育赛事组织者更加科学地制订票务定价、广告赞助策略和转播权分配方

案,以实现收益最大化。

在票务定价方面,收益管理可以帮助体育赛事组织者根据市场需求和赛事价值等因素,制订更加科学合理的票价策略。例如,对于一场热门比赛,体育赛事组织者可以通过分析历史数据和市场趋势,预测未来的市场需求,并根据预测结果制订相应的票价策略。同时,收益管理还可以帮助体育赛事组织者优化票务销售渠道和销售策略,以提高票务销售效率和收益水平。

在广告赞助方面,收益管理可以帮助体育赛事组织者更加精准地定位广告赞助商和制订广告赞助策略。例如,通过分析赛事受众和广告赞助商需求等因素,体育赛事组织者可以制订更加精准的广告赞助策略,提高广告赞助收益。

在转播权方面,收益管理可以帮助体育赛事组织者更加公平地分配转播权和制订转播费用。例如,通过分析赛事受众和转播商需求等因素,体育赛事组织者可以制订更加公平合理的转播权分配方案和转播费用,提高转播收益。

总的来说,收益管理在体育赛事中的应用越来越广泛,可以帮助体育赛事组织者更加科学合理地制订票务定价、广告赞助策略和转播权分配方案,实现收益最大化。

⑦收益管理在娱乐事件管理中是非常重要的一部分,它可以帮助娱乐公司实现有效的收益管理,从而提高企业的营利能力。目前,随着娱乐产业的不断发展,收益管理也在不断地发展,主要展现在以下几个方面。

数据分析:随着大数据和人工智能技术的应用,娱乐公司能够通过对各种数据和信息的分析,深入了解消费者和市场,制订更科学的收益管理策略。

精准定价:在娱乐业务中,收益管理最重要的一环是定价策略。现在,娱乐公司采用不同的定价策略,比如差异化定价、动态定价等,来满足不同消费者的需求,实现更精准的收益管理。

风险管理:收益管理不仅关注企业的收益,也需要关注风险管理。娱乐公司需要识别各种风险并采取相关措施,如保险或机票退改签等,以避免风险对企业收益的影响。

总的来说,娱乐事件管理中的收益管理正朝着更科学和更专业的方向发展。

2. 收益管理在酒店管理中的实施现状

(1)国外酒店的收益管理实施现状

收益管理方法在国外的应用有几十年了,相对比较成熟。就收益管理的方法来说,先后由点式管理、网式管理发展到了结合客户服务的综合管理。在价格管理方面,也从单一静态价格到多重动态定价,再到结合市场竞争的优化价格控制。这一切虽使价格与收益管理系统变得日益复杂,但同时其创造的效益也日益显著。根据用户统计分析,一个现代化的收益管理系统每年可为公司增加4%到8%的额外收益。国际知名酒店集团的应用较为广泛,且根据自身经营管理特色进行了收益管理系统的自主开发。

(2)国内酒店的收益管理实施现状

收益管理在中国的落地和发展相对欧美市场较为滞后,然而在一些专业的收益管理第三方的推动下,这几年也有着蓬勃的发展。不光是在中国的外资酒店,本土品牌酒店也日益重视收益管理在企业中的落地和实施。

国内高端酒店开始引入收益系统,提高收益工作效率。国内高端酒店在人员的配置方面逐渐开始设置专门的人员进行收益管理工作,并设立相关的部门负责相关的事宜,但也有部分的酒店采用兼任的方式来开展收益管理工作。而在酒店收益管理源数据的整理方面则相对有点欠缺,一些比较大的集团相对其数据整理归类方面还有一定的逻辑可寻,而部分相对较小的集团其源数据代码的整理则相对较为杂乱。很多的酒店其各个细分市场之间的设置极其容易混淆,界限划分很不清晰,酒店也没有常规的收益标准作业程序(standard operating procedure, SOP),很多的收益管理工作仅仅处于表面。而在工具方面,很多的酒店为了节约收益管理人员平时的报表制作时间,开始渐渐地引入酒店的收益管理系统,提升酒店的收益管理效率,但是也有部分的酒店还是在常规性地进行手工报表的制作,消耗了大量收益管理人员的时间。

国内中端酒店有意向开始收益工作,但困难较多。中端酒店很多都没有专职的岗位设置,大多由预订部、前厅部或销售部代理进行收益管理工作。这样虽然可以减少酒店的人员成本,但是由于代理人员的工作内容较多,从而导致很多的收益管理工作仅仅是一个浮于表面的报表制作而已。而很多酒店并没有相对完善的收益标准作业程序,并且酒店的代码非常繁乱,在平时的工作当中经常出现订单的各类代码随意设置,导致酒店的源数据产生较大的偏差,从而导致收益管理工作存在一定的误导。而在工具方面,很多的酒店仅仅停留在手工报表的层面,并且手工报表的报表类型也存在较大的缺失,分析维度局限,有些酒店的资产管理系统(property management system,PMS)和市场主流的收益管理系统(revenue management system,RMS)兼容性差,容易出现功能有限的情况,从而阻碍了收益管理系统的引进。

国内低端酒店开始理解收益重要性,偏向于开始区域化管理。国内低端酒店的收益管理意识就较为差强人意了,很多酒店的收益管理工作全由店长代理,或者采用集团化管理,进行区域化的收益管理,也有部分的酒店干脆外包酒店的收益管理工作,交由专业的收益管理咨询公司进行酒店的收益管理工作,当然也有很多的酒店并没有引入收益管理的概念。而在酒店的流程方面基本上没有任何的收益管理流程,代码相当混乱且日常工作非常随意地处理代码,导致酒店的数据偏差相当巨大。在工具方面基本是没有或者是全手工,并且数据报表类型相当残缺,很多的报表功能不全,并且数据偏差大,分析基本没有太大的意义。

我国住宿酒店行业规模有多大,目前市场上尚没有统一的数据。比较权威的数据有四种:星级酒店统计数据、连锁酒店统计数据、全国旅游住宿设施统计调查资料和三次全国经济普查的资料。其中统计年报中星级酒店统计数据是质量最好的,2017年底大约有140万套客房。对于星级酒店来说,它们的国际化程度比较高,投资者普遍重视酒店与国际同行的接轨,但是基本上表现在硬件方面,管理者更重视市场份额,还没有充分意识到需要多角度、深层次分析客户预订和入住的行为方式,即没有通过收益最大化来达到利润最大化。随着市场发展的需要,以前的客户关系管理及运营流程已不能提高酒店核心竞争力,一些先进的企业开始逐步引入收益管理系统。

可见,收益管理在酒店管理中已经成为一种普遍实施的策略,它可以帮助酒店管理者实现酒店的收益和利润最大化,同时保持良好的客户满意度。实施收益管理的酒店通常会基于以下几个方面进行优化。

①定价策略:通过分析市场趋势、竞争情况、客户需求等,确定不同产品或服务的定价策略,以确保酒店在不同时间段、季节和市场状况下能够最大限度地获得收益。

②预测和需求管理:通过对历史数据、市场趋势和客户需求的分析,预测未来的需求,并据此确定最佳的销售策略,以便酒店能够在不同的市场环境下灵活地应对需求变化。

③渠道管理:优化销售渠道,包括在线预订、第三方平台、旅游代理等,以使销售收益最大化,并确保酒店在各个渠道上的品牌形象和服务质量的一致性。

④数据分析:利用数据分析工具,对销售数据、市场趋势和竞争状况等进行分析,以制订更有效的收益管理策略,并确保酒店的策略与市场趋势保持一致。

⑤库存管理:了解客房需求和销售趋势,优化库存以最大限度地减少过期和滞销库存,确保酒店的收益和利润最大化。

可以说,收益管理已经成为酒店管理中非常重要的一部分。随着技术的不断进步和市场的变化,收益管理也在不断发展和创新,酒店管理者需要不断了解和应用新的策略,以确保酒店的收益和利润最大化,同时保持客户满意度。

1.2 收益管理的概念

1.2.1 收益管理的基本内涵

1. 定义

什么是收益?我们可以从传统会计学和经济学两个方面对其进行解释,这两个角度关于收益的解释存在着明显的差异。其中,只有正确解释收益的含义并完善传统会计收益理论,才能够准确有效评价一个企业的整体收益水平。收益这个概念最早出现在经济学当中。亚当·斯密(Adam Smith)认为收益是财富的增加,在《国富论》中把收益定义为"那部分不侵蚀资本的可予消费的数额",后来这一观点被大多数经济学家继承并发展。1890 年,阿尔弗雷德·马歇尔(Alfred Marshall)把亚当·斯密这一观点引入企业,提出区分实体资本和增值收益的经济学收益思想。20 世纪初,美国著名经济学家欧文·费雪(Irving Fisher)在《资本与收益的性质》中解释了收益的概念。他根据收益的表现形式提出了三种不同形态的收益:第一种是精神收益,是指精神上获得的满足;第二种是实际收益,是指实质上物质财富的增多;第三种是货币收益,也就是说资产在货币价值方面的提升。在这三种形态的收益中,精神收益具有较强的主观性,无法对其采取计量,当不考虑币值的变化时,货币收益是一个静态的概念,比较容易实施计量,因此,经济学家们更加侧重对实际收益的研究。有些经济学家把收益看作是利息,认为收益是资本在不同时期的增值,也就是说,在特定时期的利息和预期消费之间的差额就是储蓄(该期间内的资本增长额),而收益则是既定时期内消费与储蓄之和。1964 年,英国著名经济学家 J. R. 希克斯(J. R. Hicks)继续对收益概念进行了发展,在《价值与资本》中把其视为一般性的经济收益概念,对收益下了一个定义:"在期末、期初保持同等富裕程度的前提下,一个人可以在该时期消费的最大金额。"虽然这个定义是针对希克斯个人而言,但是将其引申到企业也同样适用,因此可以把企业收益理解成在期末和期初拥有同样多的资本前提下,企业成本核算期内可以分配的最大金额。在提出收益概念时,希克斯并没有对"同等富裕程度"做出明确解释,这也导致后来对收益概念的许多争论,尤其是会计收益理论中的资本保全理论。会计学上收益也称为会计收益,是指企业在一定交易期间的已经实现的收入和相应费用之间的差额。会计收益有六个方面的特征。第一,计算会计收益是以企业实际发生的经济业务为基础,用销售收入减去相应的销售成本,这里的销售收入包括销售产品或提供劳务所获得的销售收入。这里的经济业务也不只限于外部交易,还包括内部交易。在进行外部交易时,企业资产或者负债的转移是通过直接的货币收支,其量度一般是确切的,而对于内部交易来说,企业的资产使用或转移则是通过非直接的货币收支,并不能明确量度。同时,内部资产转移并不包括市场价格或预期价格发生变化而引起的价值变动,在交易发生时,旧资产的价格一般会转移到新资产中,这就是计量收益的交易法。第二,会计收益所衡量的企业生产经营成果,是特指某一特定期间内的,它建立在会计分期的假设之上。第三,会计收益在计算成本时是以历史成本来计列的。第四,确定会计收益需要遵循收益确认原则,现行会计实务和法律认为,收益产生的条件与资产价值增加的相关条件必须得到满足,且这样的收益和增值是已经确定的或者无法发生改变,能够客观地进行计量,同时还必须通过一些经济业务或会计事项对其进行证实。第五,会计收益强调既定期间内收入与费用的合理配比,也就是说,当成本与当期收入不相关时,成本应该作为资产结转,当作以后期间的费用。第六,会计收益要遵循谨慎原则,在选择会计方法时,应选择既不高估也不贬低收益的方法。通过比较分析经济学方法和会计方法对收益概念的定义,就可以发现会计收益存在的内在缺陷,即会计收益忽略了通货膨胀、持产利得等价值变动所产生的影响,更加重视收益的可靠性、可验性以及可计量性,因而在一定程度上忽略了企业的盈利能力和持续经营能力。于是,会计学家从20世纪50年代就开始慢慢将经济学中的某些收益概念内核融入会计理论的收益概念,引导其向经济学收益概念发展。

酒店行业可以说是服务行业的典型代表产业,它的迅速发展不仅仅与国家的整体经济发展相关,还在于酒店实施的管理方式。科学的酒店管理方式可以提高酒店服务效率,使酒店服务更具人性化,促进酒店不断发展壮大。在酒店管理中,收益管理是其中不可缺少的部分,整个酒店的运营管理都以其为主导。收益管理可以帮助酒店获得足够的利润收益。简单来说,对收益进行管理就是从产品卖给顾客的过程中获取最大的利益。酒店行业的产品属于易逝品,即产品的价值会在一定时间内减少甚至完全消失,这时便体现了收益管理的重要性。

收益管理(revenue management 或 yield management),又名效益管理、收入管理、实时定价、超级智能化定价等。收益管理是在旧的供求管理对策论基础上发展起来的一种现代科学营运管理方法。其来源于市场学、运筹学、群论、决策理论、信息科学、管理经济学、统计学等学科,并提出了本领域的许多新问题。它是多学科结合的产物,并随着这些相关学科研究的发展而发展。具体到酒店业,酒店收益管理就是对价格和客房销售的管理。价格和客房销售的管理是每一个酒店盈亏的主要决定因素。

关于什么是收益管理理论的基本内涵,专家和学者众说纷纭,并做出了不同的诠释,主要观点体现如下:

塔鲁利(Talluri)和范·瑞进(Van Ryzin)(2004)从经济学视角将收益管理定义为需求决策管理,认为收益管理是通过对市场需求的细分和预测,决定何时、何地以何种价格向谁提供产品或服务,通过扩大顾客有效需求来提高企业收益。该定义是对供应链管理的必要补充,同时充分认识到市场细分和预测对提高收益的重要性。

韦瑟福德(Weatherford)和博迪利(Bodily)(1992)从企业的产品或服务的性质视角提出收益管理就是易失性资产管理(perishable-asset revenue management)。该观点充分认识到服务性企业的产品或服务有别于制造业产品的重要特性就是易失性,其产品或服务的价值或收益同时间有密切关系,且价值随着时间而呈递减趋势。因此,持有该观点的学者认为收益管理就是对不同时段的资源(如航空的飞机座位等)和价格进行有效管理,通过有效利用企业有限资源,并根据不同时段资源价值制订价格的途径来提高企业收益。该定义意识到资源所具有的价值将随时间变化的重要特征。

乔安西(Jauncey)等(1995)学者从企业经营目的视角提出收益管理就是在考虑需求预测的基础上,在需求淡季通过折扣等促销手段提高客房入住率,在需求旺季提高客房价格的方式来实现客房收益最大化。美国酒店和汽车旅馆协会在乔安西等的定义的基础上,考虑了顾客取消预订、顾客爽约和是否接受顾客预订情况等因素,进一步丰富和完善了收益管理的内涵。乔安西和美国酒店和汽车旅馆协会对收益管理的定义强调实现企业收益最大化的目标,同时认识到市场预测在收益管理中的重要地位。

多纳吉(Donaghy,1995)等学者从技术视角对收益管理进行解释,他们认为收益管理是一种企业生产能力的管理工具,通过对信息系统、管理技术、概率统计和组织理论、经营实践和知识等理论和技术的优化组合,以增强企业的收益能力和对顾客的服务能力。该定义强调了收益管理是提高企业收益的技术手段和管理工具。

琼斯(Jones,1999)等学者从系统的视角出发,认为收益管理是为酒店业主实现酒店盈利最大化的服务管理系统。该系统通过细分市场对盈利的识别,确定销售价值、价格设定、折扣生成、订房过滤准则以及对价格、客房资源进行有效控制,以实现酒店盈利最大化的目标。该定义强调了收益管理在酒店盈利能力管理中的战略地位,从系统的角度分析市场、价格、存量等要素对收益的影响,强调了整体收益最大化的观点。

金姆斯(Kimes,1989)在综合上述学者研究成果的基础上并结合营销学理论,提出 4R 理论,即在正确的时间和地点(right time and place),以正确的价格(right price)向正确的顾客(right customer)提供正确的产品或服务(right productor service),实现资源约束下企业收益最大化的目标。4R 理论反映了收益管理的市场、运作机制和企业目标等内涵,是目前对收益管理较为全面和准确的诠释。

综上,本文认为收益管理是在适当的时间,通过适当的分销渠道,以适当的价格,向适当的客户销售适当的产品,以此使酒店收益最大化。

2. 收益管理的核心

收益管理最核心的是通过精细化的房间定价和房间配额管理来使酒店的收益最大化。这是因为房间定价和房间配额是直接影响酒店收益的两个主要因素。酒店行业市场竞争激烈,市场需求变化快速。精细化的房间定价和配额管理可以提高房间的利用率,避免房间的空置浪费,从而增加酒店收益。在竞争环境下,酒店收益经理需要综合考虑市场需求、竞争情况、季节性特征等多种因素来制订房价和配额策略,以实现最佳的收益。通过科学合理的收益管理,增强自己的竞争力,在抢占市场的同时提高房间的出租率和平均房价,最终达到酒店收益最大化的目的。

1.2.2 收益管理理论发展的三个必要条件

从收益管理的发展历程分析,市场环境、理论基础和技术支持是促进收益管理理论发展的三个必不可少的条件。

第一,竞争性市场环境是收益管理应用发展的前提条件。面对封闭垄断的市场,垄断企业可以凭借对资源和价格的控制来获得高额的垄断利润,企业缺乏对资源或价格管理的原动力。随着科学技术的进步,市场要求放松行业管制,打破垄断,促进竞争,提高效率成为社会发展的必然趋势。竞争促使市场由以企业为中心向以顾客为中心转变、由产品功能向顾客需求转变,产品或服务由同质化向差异化转变。面对这些变化,企业再难以通过垄断控制资源或价格的手段来提高企业的收益,而是要根据市场和顾客需求,制订合理的价格机制,将有限的资源合理分配给不同需求层次的顾客;通过有效管理企业资源和价格,获取潜在收益的方式来提高企业的总收益。也就是说,追求收益管理成了企业生存和发展的内在动力。因此,开放性的市场竞争环境是收益管理应用和发展的前提条件。

第二,多学科理论交叉是保证收益管理应用发展的基础条件。一个新理论的形成和发展离不开成熟的多学科理论的支持。收益管理理论的应用和发展也具有同样的道理。收益管理理论是解决航空等服务性企业资源和价格均衡,实现企业收益最大化的一系列理论和方法。它在传统的供求管理理论基础上,吸收和应用运筹学、管理学、经济学、市场营销学、行为心理学、协同学等学科的研究成果逐渐形成自身的理论体系。运筹学、经济学的理论和方法形成了解决资源存量机制、差异化价格机制等收益管理的优化理论基础;市场营销学、行为心理学等学科的理论和方法形成了解决市场细分、预测以及顾客行为等市场分析理论的基础;博弈论推动了收益管理联盟资源共享理论的发展;人力资源、组织学、和谐理论以及协同学是形成收益管理协同运营环境的理论保障。因此,收益管理理论的形成与发展是多种学科理论支持的结果。新型学科的吸收和引进,将不断地丰富和完善其体系。

第三,先进的现代科学技术是收益管理应用和发展的保障条件。收益管理的应用和发展离不开先进的现代科学技术,特别是计算机、数据库和网络通信技术的支持。航空技术的发展,降低了飞机制造成本和企业入市门槛;计算机、数据库等技术的发展,如座位编目计算机控制系统、计算机预订系统、全球分销系统、动态存量资源分配和优化系统等,能自动、快速、准确地解决收益管理中大量的数据收集、整理、存储和分析及复杂的资源、价格优化计算、市场预测和顾客分类等问题。网络通信技术,特别是互联网技术拓宽了收益管理的市场分销渠道。因此,每一次科学技术的进步都促进了收益管理及其应用领域的发展。

1.3 收益管理的应用特点

收益管理应用于具备以下特点的行业时非常有效:具备相对固定产能的行业,需求具有可预测性的行业,产品或服务具有时效性、预售性的行业,市场可细分的行业,具有随机波动性需求的行业以及企业具有高固定成本和低边际成本特点的行业。

①具备相对固定产能的行业。以航空、酒店等行业为例。由于行业特征,都存在前期投资规模大(如购买新的飞机、修建新的酒店、开设新的营业网点等),最大生产或服务能力在相当长一段时间内固定不变,短期内不可能通过改变其生产或

服务能力来满足需求变化。企业只有在有限的产能条件下,通过提高管理水平来提高企业收益。

②需求具有可预测性的行业。航空、酒店、银行等服务性企业的资源可分为有形资源(如飞机座位、酒店客房、银行服务窗口)和无形资源(如酒店入住时间、银行窗口排队时间等);其顾客可分为预约顾客和随机顾客;其销售可分为旺季和淡季。企业只有通过对计算机或人工预订系统收集的顾客、市场信息进行分析预测,管理者才能够了解不同顾客需求变化的规律和实现需求转移,并以此制订出合理的资源存量配置和定价机制,实现企业收益最大化。

③产品或服务具有时效性的行业。与传统制造业的产品不同,航空、酒店、银行等服务性企业的产品或服务具有易失性,即时效性。其产品或服务的价值随着时间递减,不能通过存储来满足顾客未来的需要,如果在一定时间内销售不出去,企业将永久性地损失这些资源潜在的收益。企业只有通过折扣等管理手段降低资源的闲置率,以实现企业收益增长的目标。

④产品或服务具有预售性的行业。企业面对需求多元化的顾客采取收益管理,一方面通过提前预订,以一定折扣价格将资源预售给对价格敏感的顾客,降低资源闲置概率;另一方面设置限制条件防止对时间或服务敏感的顾客以低价购买资源,造成高价顾客的潜在收益流失。同时,对预订数据进行分析和预测,根据不同需求层次的顾客购买资源的概率分布情况,在确保资源不闲置的基础上,尽量将资源留给愿出高价的商务顾客。

⑤市场可细分的行业。航空、酒店、银行等行业面临以顾客为中心、竞争激烈和需求多元化的市场。不同顾客对企业产品或服务的感知和敏感度各不相同,采用单一价格策略将会造成顾客流失或潜在收入流失。比如,航空市场上存在两类顾客:一类是对价格不敏感,但对时间和服务敏感的商务顾客;另一类是对价格敏感,而对时间和服务不敏感的休闲顾客。如果采用高价策略,休闲顾客可能选择低成本的航空公司或其他交通工具,造成航空公司座位资源闲置。反之,如果采用低价策略,商务顾客选择低价或因对服务质量不满而流失,造成航空公司潜在收益下降。对市场进行有效细分,为不同需求层次的顾客制订不同价格和分配不同资源,是解决企业资源闲置或潜在收益流失的重要途径。

⑥具有随机波动性需求的行业。如果顾客的需求确定且无波动,企业可通过调整生产和服务能力来满足顾客需求。然而,航空、酒店、银行等行业面临顾客需求不确定,呈季节性或时段性波动。企业采用收益管理,在需求旺季时提高价格,增加企业的获利能力;在需求淡季时通过折扣等策略来提高资源利用率,减少资源

闲置。

⑦具有高固定成本和低边际成本特点的行业。航空、酒店、银行等行业的经营属于前期投资较大的行业,短期内改变生产或服务能力比较困难,但增售一个单位资源的成本非常低。以波音737-300机型的航班为例。根据某航空公司1999年的机型成本数据,平均每个航班的成本如下:总成本大约6万元左右,其中固定成本大约5.5万元,而边际成本仅为0.033万元。固定成本约是边际成本的167倍,因而多载旅客能在不明显增加成本的基础上获取更大的利润,提高企业的总收益。

尽管以上特征体现了企业有限产能、产品和需求特性、市场和经营等特点,却忽略了企业的技术特征。笔者认为,由于收益管理的实施需要进行复杂的模型计算和大量数据处理,没有先进的技术支持,收益管理理论的应用将会受到严重的制约。因此,有效应用收益管理理论的领域应该还具备高水平的信息化基础。

1.4 实施收益管理的意义和注意事项

1.4.1 酒店行业实施收益管理的意义

20世纪80年代,在借鉴航空业管理经验的基础上,酒店业开始使用收益管理系统。有数据显示,1991年万豪国际酒店集团通过实施收益管理战略使收入增加了约3500万美元。随着历史进程的沿革与发展,收益管理系统在理论和技术方面也日臻完善。不仅可以提高酒店收益管理工作的效率,而且对酒店增加潜在收益起着十分重要的作用。归纳起来,其作用主要体现在以下几个方面:

一是能够从事复杂和繁多的数据运算,减轻了人工劳动,节省了用工时间,提高了工作效率。

收益管理工作的核心内容之一是对未来某一个时期市场需求情况的预测。要做好预测,首先需要对历史数据进行收集、归纳和整理,然后选择合适的预测方法来进行预测,并在纠正预测结果偏差的基础上做出决策。以往,在没有系统帮助的情况下,管理者需要花费大量的时间来收集客史数据和从事复杂的数学运算,有时为了获得一项预测结果,要花费一天甚至更长的时间。另外,通过人工预测的精准度一般较低,对提高酒店收益会产生一定的制约。因为收益管理很大程度上依赖一个精准的预测。精准的预测能使预订系统更具效率性,同时还能够帮助管理者更加准确地对现有客房存量进行优化分配。而收益管理系统借助计算机技术,通过与酒店前台管理系统连接,便可自动获取所需的客史数据并加以整理。通过系统中已建立好的预测模型来对复杂和繁多的数据进行运算,可在非常短的时间内计算出管理者所需要的预测结果,把管理者从繁重的数据运算中解脱出来,使他们有更多的精力来从事市场分析、运筹和决策工作。

二是能够解决人工难以实现的技术难题,实现诸如价格优化和动态定价以及容量控制等功能。

例如:客房的价格优化是要求管理者确定未来某一市场时期或时间段内的最佳可用房价,而最佳可用房价的确定需要通过建立房价、需求量和收入之间的需求函数关系,并通过需求的价格弹性分析来获得。要准确建立房价、需求量和收入三者之间的需求函数关系,包括需求的价格弹性分析,都需要运用到复杂的数学模型来进行运算,诸如需求函数模型和回归分析模型等。而运用这些模型的数据运算,一般需要借助计算机才能完成,完全靠人工运算是难以实现的。再如,动态定价要求房价随着市场需求的波动而变动,而市场需求波动通常会比较频繁,甚至每一天的不同时段都会产生数次乃至数十次以上的波动变化,因此动态定价需要房价随着市场需求的波动而发生相应的变动。不难理解,某一天不同时段内房价的动态变化通过人工操作几乎是不现实的,因为人工对价格的计算会远远滞后于市场需求波动的变化。而容量控制是指对现有客房存量的有效分配,这一分配方案不仅需要建立复杂的数学模型,而且还要运用到优化排列组合和嵌套控制以及非线性关系需求曲线等复杂的数学概念。这些带有随机性的复杂数学运算都是人工无法替代的,需要借助计算机系统来完成。

三是可为酒店管理者及时提供竞争对手信息和相关分析报告,做到知己知彼、百战不殆。

收益管理系统供应商一般会通过相应的信息技术手段来监控和收集酒店主要竞争对手的动态情况,并借助系统做出有针对性的竞争分析,为酒店制订收益管理策略提供帮助。收集竞争对手信息对酒店来说并非易事。目前,除了在分销渠道上可获得一些价格信息外,诸如像客房出租率、平均房价和细分市场等信息一般都很难获得。而收益管理系统供应商往往为了增强其产品功能,提高产品市场竞争力,一般都会建立相应的渠道或通过一定的技术手段来及时获取相关酒店市场信息,从而来为其用户提供更多的类似竞争分析等方面的服务,对酒店管理者制订和调整收益管理策略,提高对市场判断的前瞻性等方面都具有十分重要的意义。

四是为酒店实现全面管理信息化奠定了基础。

酒店实现全面管理信息化,是当代酒店管理的重要手段。过去,从顾客订房开始,预订部人员要逐条记录预订信息;顾客到店后,前台接待人员要逐条记录顾客的入住信息;顾客在酒店消费时,服务人员又要详细记录顾客每一次的消费信息;顾客离店时,前台人员需要相关部门及时送达顾客的每一项消费记录,以便能及时为顾客结账。销售部门的各项工作也是通过人工来完成的,诸如定价、房间分配和客户档案管理等。有时仅统计一位顾客的年消费记录,都需要耗费管理人员大量的时间和精力。在那个年代,顾客每一次的消费信息,都是从业人员用笔和纸逐条记录下来的;而在当今信息技术的时代,这些手工工作已被计算机所替代。酒店实现全面管理信息化,除了在前台管理、销售管理、餐饮管理、客房管理、康乐管理和财务管理等方面实现计算机智能化管理外,收益管理作为一门综合了运筹学、营销学和管理科学等领域理论的学科,更需要运用计算机来替代手工工作。只有补上收益管理系统这一板块,才能使酒店向全面实现管理信息化迈进。否则,可谓是全面管理信息化中的一项缺失。收益管理系统作为连接客户、直分销渠道和酒店前台管理系统的重要媒介,对酒店整体管理信息系统的构建起着重要的作用。

五是人工智慧与计算机智能的完美结合是信息时代的需要。

人工智慧与计算机智能的结合不仅是酒店管理工作的需求,而且是我们所处的信息时代的需要。收益管理系统是以人为主导,利用计算机技术和信息资源来为我们提供服务的,可以说是酒店客户、管理者、信息处理系统和信息渠道的融合体。系统通过相关渠道对信息收集和传输后,由处理系统进行加工、存储、更新和维护,并为我们提供所需要的数据信息。这些数据信息在经过管理者决策后,被传递给客户,最终由客户来选择是否接受,体现着人工和计算机技术的完美结合。移动互联网、大数据和云技术为信息的传输提供了更加便捷和可靠的途径,客户可以在最短的时间内获取到这些信息并加以运用。所以,人工和计算机有效地结合,不仅极大地方便了客户,而且也是这个时代的需要。因为,顾客的消费模式正随着信息时代的到来而发生着改变。

综上所述,尽管我们不能把酒店是否使用收益管理系统作为开展收益管理工作的前提条件,但其在收益管理工作中所起到的重要作用是不容忽视的。我们正处在信息技术迅速发展的时代,应用计算机技术来收集、传输、加工、存储和处理这些信息是时代发展的需要。酒店收益管理系统作为连接客户、直分销渠道与前台管理系统的重要媒介,不仅能够帮助酒店管理者在收益管理工作中提高工作效率,取得良好的工作业绩,而且对提升酒店潜在的收益都具有较大的现实意义。

1.4.2 收益管理在实践中需注意的问题

收益管理在实践中需要注意的问题主要包括以下五个方面。

(1)价格的可变性

同样的产品,在不同的需求情况下出售不同的价格,在不同的住宿天数下出售不同的价格,这是酒店行业推行的收益最大化的策略。按照酒店行业的惯例,顾客喜欢要求价格的折扣、喜欢要求产品的升级、喜欢没有价格折扣但得到酒店赠送的礼品,等等。对于顾客的这些期望,酒店都有规定和限定。酒店采用不同的价格防护栏,目的是保证收益的最大化。从顾客的角度来看,无论酒店采用何种价格防护,顾客期望购买的产品都应该物有所值。一般顾客都比较熟悉类似航空公司的变动价格制度,并且接受这样的变动价格。利用同样的原理,将变动价格原理推行到酒店行业,顾客应该是接受的。

(2)公正性和接受性

顾客接受可变的价格,必须是公正的价格。顾客接受价格是对酒店的支持。所以就酒店来说,公正的价格政策是社会诚信度和顾客诚信度的一种表现。做到了这种根据供求变化时对于社会和顾客的诚信,酒店同时可以得到顾客满意指数和收益最大化的双赢。对于服务行业来说,由于在享用服务前很难评估采购价格的合理性,公正就显得更为重要。顾客对于价格是否合理,只能根据对价格和服务的期望来参考判断。对于价格的期望是顾客想象中的能够得到的服务,对于服务的期望是顾客想象中提供服务的成本。参考价格是顾客以前支付价格或是其他顾客支付价格的参考。顾客以此来判断酒店价格的公正性。如果酒店的利润增加导致顾客满意指数的下降,说明酒店的价格并非公正。不公正的价格一定是顾客不接受的价格。如果顾客被伤害,就会放弃对该酒店的选择,酒店将无利可谈。

(3)合理性

顾客对于价格是否合理的判断,还依赖于对于酒店名誉的认识。酒店名誉度高,价格的合理性接受程度便高;酒店的名誉度低,价格的合理性接受程度便低。反之,合理的价格能够提高酒店的名誉度。

(4)诚实性

作为一家诚信的企业和酒店,最起码的标准是不能占顾客的便宜。如果酒店在利用市场权利而对顾客不诚实,酒店就会在顾客心目中失去地位,进而失去顾客。

(5)溢价和折扣

顾客对于价格的认识,主要是基于参考价格和期望价格。酒店的参考价格一般就是门市价。顾客在预订时得到的报价,总希望得到折扣而不是溢价。在顾客的心理上,想得到的价格是比期望的低。但现在大多数酒店制订的门市价和实际出售的平均房价,相距太远。这样的门市价,变得不可参考,同时也失去了原有的意义。

1.5 小结

本章是对收益管理的发展和概念的阐述,主要介绍了收益管理的发展历史和现状,收益管理的基本概念、理论核心,收益管理理论发展的三个必要条件,收益管理的应用特点、实施意义和在实施过程中需要注重的问题。新经济下,酒店应用收益管理相关的理论及方法手段,对增强核心竞争优势,提升综合效益水平有着显著作用。酒店管理者要充分认识到收益管理的积极作用,将其应用于酒店的经营实践中,助力酒店实现长远的战略发展目标。

练习题

1. 收益管理的定义是什么?如何理解?
2. 实施收益管理需要具备哪些条件?

第 2 章　收益管理在酒店行业中的应用

学习目标

1. 了解收益管理在酒店行业的演变历程。
2. 了解收益经理的岗位职责和任务清单。
3. 掌握收益管理常用的系统软件。

2.1　酒店收益管理岗位演变

2.1.1　岗位演变

酒店收益管理岗位最初是酒店销售和市场部门中的一个职位,其作用是为了增加酒店在市场上的曝光率并提高收益。随着收益管理的发展和普及,酒店收益管理岗位也在发生演变。演变历程可以分为以下几个阶段。

初期阶段:酒店没有专门的收益管理岗位。在这个阶段,酒店的经营管理主要由总经理、销售总监、财务总监等几个岗位共同负责。这些岗位主要关注酒店的日常经营管理和财务运作,负责收集市场情报,跟踪竞争对手,制订酒店的价格策略,而没有专门的岗位负责收益管理。但这些工作的质量受限于人工计算的局限性,需要更精确、实时和科学的方法来实现收益管理。

发展阶段:酒店开始设立收益管理岗位。随着酒店业务规模和复杂度的不断增加,酒店开始设立收益管理岗位,专门负责酒店的收益管理工作。这个阶段,酒店主要设立了收益经理、市场销售经理等岗位,这些岗位主要关注酒店收益的最大化。

现代化阶段:酒店收益管理岗位趋于专业化,收益管理岗位也开始融入酒店战略规划中,成为酒店成功的关键要素之一。在这个阶段,酒店收益管理工作越来越数字化和自动化,酒店收益管理岗位也越来越专业化,人才队伍不断壮大。同时,酒店开始采用各种收益管理软件和工具,以实时更新房价和库存,控制房间出售的速度和数量,帮助酒店制订有效的定价策略,更加科学地管理酒店的收益。酒店内设定的收益管理岗位也更加多样化,如收益数据分析师、收益管理培训师、收益管理总监等。这些岗位的职责不仅包括酒店收益的最大化,还需要掌握市场趋势分析、数据分析、定价策略制订、销售策略制订等技能,在分析酒店的内部数据的同时还需要关注竞争对手、市场需求、行业趋势等外部因素,为酒店制订更全面、有效的收益管理策略。另外,收益管理人员还需要与其他部门密切合作,如销售部门、房务部门、市场营销部门等,确保酒店各项工作的协调和顺畅。

总之,随着酒店业务的发展和市场环境的变化,酒店内设定的收益管理岗位随着时间的推移和业务的发展而不断变化和完善。从初期的没有专门岗位负责收益管理,到现在的趋于专业化和多样化,这些变化都反映了酒店业务发展和管理需求的变化。

2.1.2 晋升机制

酒店内的收益管理岗位很多都是直接从酒店的或者集团的管理培训生晋升上来的。很多的酒店集团在每年一般都会招聘集团的相关管理培训生。集团也会根据对酒店人员的管理配置以及未来的人才补充做一个规划。我们知道管理培训生的方向会有很多种,有的输出是总经理,有的输出是集团管理层,或者是酒店的中层管理者,收益经理也是其中的一种。一般酒店收益管理晋升的发展:管理培训生→收益管理部助理→收益管理部主管→收益管理部经理→收益管理部总监→酒店副总经理→酒店总经理。这一条职业的发展不只是在酒店层面的晋升,也可能是集团内各酒店之间的相互调度,其适用的范围也更广,不仅仅适用于单体酒店,也适用于集团酒店下的各个酒店。也有些酒店集团在岗位晋升上面,会在管理培训生的轮岗结束后,直接晋升成为酒店的收益管理部门主管。如果能力优秀的话也可以直接晋升为收益管理部门的经理,可能这是一条对于酒店收益管理人员相对较快的晋升发展方式。

现在很多的酒店在内部培养收益人员的第一梯度、第二梯度人才的时候,经常会把重心放在酒店的预订部或者前厅部,当然也有特例会从销售、财务等部门培养。主要的原因是预订部和前厅部平时的工作更容易接触客人,并且了解客户的需求,类似于酒店的销售,而且预订部在很多的酒店编制中是挂在酒店的收益管理部门下的,很多的工作都是存在交集的。因此很多的预订部或前厅部人员更了解酒店收益管理工作者的工作内容。如果其对数据的处理能力、数据的敏感程度能够达标,其实可以勉强算半个收益管理人员,还是存在培养的价值的。

2.1.3 常见岗位列举

随着酒店收益管理的重要性逐渐被认识,越来越多的酒店开始设立专门的收益管理岗位,以确保酒店的盈利和可持续发展。以下是一些常见的酒店内设的收益管理岗位。

收益经理(revenue manager):负责制订和实施酒店的收益管理策略,以最大化酒店的收益。其职责包括对市场情况、竞争对手、房态等因素进行分析,制订酒店的定价策略和销售计划,监控酒店的房间出租情况并及时调整策略。

预订经理(reservation manager):负责管理酒店的预订系统和预订团队,确保酒店的预订效率和准确性。其职责包括监控酒店的房态和价格,根据酒店的收益管理策略对预订进行管理和调整,以及协调酒店内部和外部的预订流程。

销售经理(sales manager):负责酒店的销售工作,包括制订销售计划、拓展客户资源、促销活动等。其职责包括与客户进行沟通和协商,根据客户的需求提供定制化服务,并与酒店其他部门协调工作,确保客户得到最佳的服务体验。

数据分析师(data analyst):负责对酒店的市场情况、客户需求、竞争对手等数据进行收集和分析,提供支持决策的报告和建议。其职责包括对市场趋势和数据进行预测和分析,为酒店的收益管理决策提供依据。

除了以上列举的岗位,不同酒店的收益管理团队结构也会有所不同,有些酒店可能会将多个职能合并到同一个岗位中,也有些酒店可能会增加其他专业人才来支持收益管理团队的工作。

2.2 酒店收益经理的任务清单与职责

随着酒店行业的不断发展,酒店收益管理岗位的职责和作用也在不断地演变和扩大。最初的酒店收益管理岗位主要是负责房间价格设置和管控,以确保酒店的收益最大化。但随着市场的竞争越来越激烈,酒店收益管理岗位的任务与职责也在不断地扩展。

2.2.1 任务清单

酒店收益经理的任务清单可能会因酒店规模、范围和地理位置等因素而异,但通常包括以下几项。

(1)分析酒店预订情况

收益管理经理每天上班的第一件事情,便是查看昨天的预订情况,通过这些预订数据,清楚地了解它们分别都来自哪些细分市场?这些细分市场的预订给酒店带来什么样的利润?是高还是低?同时,是否有洞察到相应的预订趋势?客户一般会提前多久预订?……

(2)分析周期优化

收益管理经理每天要根据市场动态情况,实时调整收益策略并进行周期性的优化。如,查看昨晚的间夜量、收益是否在我们的预测以及月度预算内。如果不是,得决定下一步该如何调整;如果是,有没有规律可循?以及是否还有获取更高收益的优化空间?

(3)分析竞争对手

每天留意你的竞争对手在做什么,他们是否有在调整价格或者发起新的促销活动?如果竞争对手在其他方面有重大变动,也须将此列入这些天你所观察到的结果中。

(4)库存控制

收益管理经理每天需要决定当日酒店是否可以超订以及超订的比例应该控制在什么范围之内。需要检查这些天是否有因为库存管控失衡引起的一些问题,如果有,必须要尽快与客户协商解决。同时还须和前台经理沟通,一旦超订变成超售,应该采取什么样的措施,才能保障酒店利益和声誉不受影响。

(5)分析定价情况

收益管理经理每周对房型定价进行统一调整是非常常见的,但同时还需根据当天业务的实际情况进行适当的调整。要确保在预订活跃期,酒店的定价是合理的,不可过低;在预订冷淡期,酒店的定价不会过高。

(6)分析渠道

在各渠道中,酒店的房间是否都可售?除了销量外,各渠道对于酒店的意义又是如何的呢?如,对于处在发展期的酒店,在线旅游代理商渠道除了能帮助酒店带来销量,是否还能解决酒店知名度不足的痛点。在酒店成熟期,出租率相对稳定的情况下,各渠道的配置比例该如何?

(7)评估市场细分

每天查看酒店预订的来源,无论是散客还是团体客源,哪些市场表现好,哪些表现欠佳?根据这些细分市场的表现,决定采取哪些措施来扩大业务或者在某个细分市场上该争取更多的市场份额。

(8)网络分析评估

经常查看网站基本分析指标(如,携程生意通中的经营分析),从网站的万千访问者中、销售转化漏斗中或任何流量峰值中你将会意识到你所期待的是什么,以及发现新的收益线索。一旦你熟悉这些指标后,你将会为更好地销售转化而努力。

(9)日报

制作简单易懂的收益管理日报是收益管理经理必不可少的工作技能。收益管理策略的执行往往需要多个部门的配合,一份简单易懂的收益管理日报,能让大家更加清楚和了解收益管理策略制订的依据以及更好地配合策略的执行。

总之,酒店收益经理需要从各个角度进行监测和分析,并根据数据制订相应的策略和措施,以最大限度地提高酒店收益和利润。

2.2.2 酒店收益经理的职责

酒店收益经理是酒店管理团队中一个非常重要的职位,通过管理酒店的价格和销售策略,使酒店在市场上保持竞争力,并实现可持续的经济效益。其职责通常包括以下几个方面。

①制订和执行酒店的价格策略:酒店收益经理需要根据市场需求、竞争情况、季节性特征等因素,决定酒店房价,并及时调整以适应市场变化。这要求他们密切关注市场趋势、竞争对手的动向和旅游季节等因素,以了解酒店所在市场的需求和供应情况。在制订价格策略时,收益经理需要考虑到各种因素,例如:酒店的地理位置、客房类别、客户群体、市场的供需关系,等等。他们需要制订出具有竞争力的房价,并且在市场变化时能够及时调整价格以适应变化。对于旺季和淡季,他们需要制订出不同的价格策略,以确保酒店在不同季节能够实现最大化的收益。酒店收益经理还需要监控和分析酒店的预订情况和入住率,并根据这些数据进行相应的调整。如果酒店的预订情况不如预期,他们需要采取相应的促销活动来吸引客人;如果酒店的入住率低于预期,他们需要考虑降低房价或者增加酒店的附加服务等来吸引客人。在执行价格策略时,收益经理需要与酒店销售和市场部门紧密合作,确保所有的市场营销活动都与价格策略保持一致,从而使酒店的收益最大化。

酒店收益管理中的定价政策充分应用了经济学中价格歧视的原理,通过价格来引导消费方向,从而达到酒店收益的最大化。

酒店实行价格歧视的前提条件首先是根据不同的需求价格弹性划分出不同的买主。需求价格弹性一般是指一种物品的价格发生变动时该物品需求量变动的大小。对于酒店而言,不同的顾客群体其需求价格弹性是不一样的。以广州为例,"广交会"期间酒店客房价格大幅度上升,此时商务客人的需求价格弹性小于一般的旅游客人。其次酒店要实行价格歧视,市场必须是有效隔离开的,即不能使顾客在购买了低价客房后再卖到高价市场上。如果这两个条件都可以满足,酒店就可以对客人进行价格歧视销售,从而达到增加收益的目的。例如,广州地区的酒店可以在"广交会"期间通过制订较高的价格吸引缺乏弹性的市场(如商务客人市场),隔离富有弹性的市场(如休闲度假客人市场),而在酒店的平季或淡季通过制订较低的价格引导富有弹性的市场进行消费。由于旅游产品属于享受性消费,不同的顾客对同样的产品的主观感受不同,因此愿意支付的价格存在较大的区别。一级价格歧视是价格歧视中最理想的状态,将每一间客房都以可能的最高价格出售给顾客。升档销售(up-selling)就是酒店对一级价格歧视策略的一种应用,即尽量引导顾客购买价格较高的客房,在客人可接受的价格范围内从高到低报价,最大限度提高客房收益。升档销售与酒店销售人员的销售技巧以及顾客的主观感受密切相关,因此具有不确定性。二级价格歧视是指根据顾客购买产品的数量不同而制订不同的价格。酒店的细分市场中存在团体客人和散客之分,由于团体客人预订时间较早,更改的机会不大并且一次性购买数量较大,因此酒店收益管理可以给予团体客人更多的折扣。三级价格歧视在酒店收益管理中应用最为广泛,采取市场细分策略表现为用不同的销售策略对价格、时间敏感度不同的顾客进行隔离,引导价格敏感度高但时间敏感度低的客人能享受更多的优惠。如通过广告和促销活动鼓励顾客增加淡季消费,减少淡季闲置客房,为酒店淡季或非高峰期争取尽可能多的收益;而价格敏感度低的客人则被隔离在外,不能享受同类优惠。以某酒店结合价格与时间等限制条件应用三级价格歧视细分市场为例。该酒店客房总量是200间,市场需求是当房价为1 000元时只能销售100间客房;当房价为800元时,增加销售20间;为600元时,又增加销售40间。如果采取单一房价策略,房价为1 000元,销售100间客房总收入10万元。但应用三级价格歧视以后,按市场情况将房价分为1 000元、800元、600元三种。酒店设定严格的限制条件进行隔离,房价越低限制条件越严厉,目的是把低价房卖给只能付低价的顾客。例如房价为800元的房间必须提前三个月预订且提前支付定金5%,房价为600元的房间必须提前六个月预订且提前支付定金25%。这样采取市场细分销售策略总收入为14万元,显然能比单一房价取得更好的收益。同时,部分顾客也得到了价格优惠。

②管理酒店的房间配额即客房存量控制:酒店收益经理要管理酒店的房间配额。这是因为在酒店运营中,房间资源的利用对酒店收益至关重要,对于高峰期和淡季,需

要制订不同的配额政策,确保房间的合理利用,使酒店的收益最大化。收益经理需要对市场进行综合分析和预测,并根据实际情况制订不同的配额政策,使酒店的收益最大化。

在高峰期,即酒店需求量大的时间段,收益经理需要制订合理的配额政策,以确保酒店的房间资源能够满足客人需求,同时使房间的利用率最大化。例如,收益经理可以根据市场需求和竞争情况,设置不同的房价和房型配额,以满足客人需求和提高酒店收益。

在淡季,即酒店需求量较少的时间段,收益经理也需要制订合理的配额政策,以确保房间资源得到充分利用。例如,收益经理可以通过促销活动、附加服务等方式来吸引客人入住,提高房间的利用率。

总之,酒店收益经理管理酒店的房间配额,旨在合理利用酒店的资源,使酒店的收益最大化。这需要他们具备市场分析、预测和制订策略的能力,以及对酒店运营的全面认识和了解。

③监控市场动态:密切关注市场需求的变化,掌握竞争对手的价格策略和销售策略,为制订酒店的价格策略提供参考依据。在市场竞争激烈的情况下,收益经理需要利用各种市场信息和数据,以预测市场走势和变化趋势,为酒店提供参考意见和建议。

例如,如果竞争对手开始实施打折促销策略,酒店收益经理需要及时做出反应,制订相应的价格优惠策略以吸引更多客户。此外,收益经理还需要不断地分析市场变化,发现新的销售渠道,以便最大限度地吸引客户,并保持酒店的收益。因此,对市场动态的监控和分析对于酒店的收益管理非常重要,也是酒店收益经理职责的重要部分。

④管理各种销售渠道:酒店收益经理负责管理酒店在不同销售渠道上的销售情况。随着信息技术的发展,酒店的销售渠道日益多元化,包括在线旅游代理商、直销网站、旅行社、会议及活动销售、电子邮件和电话销售等。收益经理需要对这些销售渠道进行有效的管理,以便将酒店的房间销售出去,并确保每个渠道的收益都最大化。

收益经理需要分析每个销售渠道的表现,包括销售数量、房价、占比等,并根据分析结果进行相应的调整。例如,如果某个渠道的销售数量过少,收益经理可能会考虑降低价格或者通过促销活动来增加销售量。而如果某个渠道的销售占比过高,可能会影响酒店的整体收益,收益经理可以考虑减少在该渠道的投入,转向其他渠道。

此外,收益经理还需要通过和销售渠道合作,制订和执行合作计划,例如制订价格协议、提高品牌曝光率等,以增加销售量和收益。同时,也需要定期对销售渠道进行评估,以确保其表现符合预期。如果不符合预期,需要进行相应的调整。

⑤分析酒店经营数据:酒店收益经理还需要对酒店的经营数据进行分析,以便及时调整价格策略和销售渠道。这些数据包括入住率、平均房价、收益等指标。通过对这些数据进行分析,收益经理可以判断当前市场需求的情况,了解竞争对手的价格策略和销售策略,进而制订相应的策略。例如,当酒店入住率较低时,收益经理可以考虑通过降价、增加促销活动等方式来刺激销售,提高入住率;当酒店入住率较高时,收益经理可以适当调高房价,提高收益。

此外,收益经理还需要对酒店未来的表现进行预测和评估。他们会根据历史数据、市场趋势等因素来预测未来的市场需求,并制订相应的价格策略和销售计划。这样可以帮助酒店在未来的市场竞争中取得更好的表现。

在具体实践中,酒店收益经理需要具有一定的数据分析能力、市场洞察力和战略规划能力,要具备良好的沟通协调能力、决策能力和团队合作精神。为了更好地完成职责,酒店收益经理需要不断学习和提升自己的专业能力,以不断适应市场变化和挑战,例如以下几类。

①收益管理系统:使用收益管理系统可以帮助酒店收益经理更加有效地分析数据、制订价格策略、评估销售渠道等。

②数据分析工具:在进行数据分析时,酒店收益经理需要熟悉常用的数据分析工具,如Excel、SQL、Tableau等。

③统计学知识:收益管理是一个依赖于数据的领域,因此酒店收益经理需要掌握一定的统计学知识,如基本统计原理、回归分析等。

④市场营销知识:酒店收益经理需要了解市场营销的基础知识,以便更好地制订销售策略和价格策略。

⑤客户需求:从顾客选择行为角度研究收益管理已成为一种趋势,从需求预测、定价、客房库存控制和超额预订四个方面贯彻以顾客需求为导向的策略,使酒店能够更好地推动收益管理的运用,提高收益管理水平,提高顾客满意度,并获得短期与长期的收益最大化。

⑥竞争对手情况:密切关注竞争对手的价格策略和销售渠道,并及时做出调整,以适应市场变化。

⑦营销推广:除了制订价格策略和管理销售渠道外,酒店收益经理还需要积极参与酒店的市场营销活动,为酒店带来更多的业务。

⑧风险控制:酒店收益经理还需要密切关注市场变化的风险,如自然灾害、政治不稳定等,及时制订应对措施,确保酒店的可持续发展。

⑨团队建设:作为一个团队管理者,酒店收益经理还需要关注团队建设,包括员工培训、激励机制等方面,为团队成员提供良好的工作环境和发展机会。

综上所述,酒店收益经理是一个重要的职位。酒店收益管理岗位的职责和作用在不断地演变和扩大。其早期仅仅局限于简单的价格管理,而现在则需要具备多项技能和素质,不仅需要关注酒店的价格策略和销售渠道,还要了解市场需求和竞争对手情况,积极参与营销推广,控制风险,并关注团队建设。此外,酒店收益经理还需要与客户保持良好的关系,尤其是重要客户和渠道合作伙伴,要积极沟通、及时回应,并根据客户需求和反馈进行调整。同时,酒店收益经理也需要与其他部门的同事紧密协作,例如,房务、前台、销售等,共同制订和执行相关策略,确保业务的顺利开展。

2.3 酒店常用收益管理软件

酒店常用的收益管理软件有很多,可以根据功能和用途的不同进行分类。以下是一些常见的酒店收益管理软件分类。

价格管理软件:用于帮助酒店制订房价策略和调整价格,根据市场需求和供需情况自动调整房价。例如:IDeaS,Duetto,Atomize 等。

预测分析软件:用于分析酒店过去的业绩和趋势,为酒店提供准确的预测和建议。例如:Rainmaker,ProfitSword,ProfitManager 等。

销售渠道管理软件:用于管理酒店在不同销售渠道上的销售情况,实现渠道的多元化和优化。例如:Central Reservation System,RateGain Channel Manager,SiteMinder 等。

数据分析软件:用于对酒店的数据进行分析和挖掘,提供有价值的信息和建议。例如:Tableau,QlikView,PowerBI 等。

综合收益管理软件:综合了以上不同功能的软件,为酒店提供全面的收益管理服务。例如:Revinate,D-EDGE,EzRMS 等。

表2.1介绍了一些较为常见的酒店收益管理软件。

这些软件都可以通过数据分析和算法预测市场需求,调整酒店的房价、促销策略等,从而最大化酒店的收益。使用这些收益管理软件可以帮助酒店在激烈的市场竞争中脱颖而出,提高酒店的盈利能力。不同的收益管理软件具有不同的特点和优势,酒店可以根据自身需求和实际情况选择适合自己的软件。但无论选择哪款软件,酒店收益经理需要掌握其使用方法,并根据市场变化及时调整价格策略和销售渠道,以使酒店的收益最大化。

表 2.1 常见的酒店收益管理软件介绍

分类	软件	介绍
价格管理软件	IDeaS	IDeaS 是一款全球领先的酒店收益管理软件。它使用复杂的算法来预测市场需求和供应情况,根据预测结果自动调整酒店的房价和配额,以提高酒店的收益和利润
	Duetto	Duetto 是一款基于云计算的收益管理平台,提供实时数据分析、预测和建议等功能,帮助酒店更好地优化价格策略和销售渠道
	Atomize	Atomize 是一款创新的价格管理软件。它采用人工智能技术和机器学习算法来分析市场数据和客户行为数据,以自动调整酒店的房价和配额,最大化酒店的收益和利润
预测分析软件	Rainmaker	Rainmaker 可以分析酒店的历史数据、市场趋势、竞争情况等,提供预测未来的市场需求、价格趋势、收益表现等,并提供相应的建议和策略,帮助酒店制订更合理的价格策略和销售策略
	ProfitSword	ProfitSword 可以实时监测酒店的销售数据和收益状况,并将其与市场趋势和竞争情况进行比较,提供更精准的预测和分析结果。同时,ProfitSword 还提供了数据可视化和报表功能,方便酒店管理层进行数据分析和决策
	ProfitManager	ProfitManager 通过智能算法和数据分析,提供更准确的预测和分析结果,帮助酒店管理层更好地制订销售和价格策略

续表2.1

分类	软件	介绍
销售渠道管理软件	Central Reservation System	Central Reservation System(CRS)是一种酒店销售和分配解决方案的系统,可以管理所有的预订和渠道,包括在线旅游代理商、直销等
	RateGain Channel Manager	RateGain Channel Manager 可以帮助酒店管理不同的销售渠道,包括在线旅游代理商、直销等,集中管理所有预订和房间分配
	SiteMinder	SiteMinder 是一个基于核心功能的开放平台,拥有丰富的酒店系统、应用程序和酒店专家生态系统,可以提供全面的在线酒店预订和渠道管理解决方案,包括中央预订系统、全球分销系统、酒店网站开发、预订引擎等
数据分析软件	Tableau	Tableau 是一款数据可视化软件,可以将酒店的数据转化为易于理解的图表和图形,并支持自定义报表和分析。用户可以快速地探索数据,识别关键业务趋势,并制订相应的策略
	QlikView	QlikView 是一款自助式商业智能软件,可以帮助用户快速地从多个数据源中提取信息,并进行灵活的可视化和探索。用户可以使用 QlikView 创建交互式报表、可视化仪表板和数据发现应用程序,以支持业务决策
	PowerBI	PowerBI 是一款微软公司开发的商业智能工具,可以帮助酒店快速地从多个数据源中提取、转换和可视化信息。用户可以使用 PowerBI 创建动态报表和仪表板,并进行自定义数据分析,以支持酒店的决策制订

续表2.1

分类	软件	介绍
综合收益管理软件	Revinate	Revinate是一款集成了多种收益管理功能的软件,它可以帮助酒店管理客户关系、提升口碑评价、优化在线销售等。除了提供预订管理和价格策略的工具,Revinate还能帮助酒店识别客户需求、优化客户服务、提高客户满意度等
	D-EDGE	D-EDGE是一款针对中小型酒店和连锁酒店的综合收益管理软件,它可以帮助酒店管理多个销售渠道、提高预订率、优化价格策略等。此外,D-EDGE还提供了数据分析和预测分析工具,帮助酒店分析市场趋势、优化客户体验、提升竞争力等
	EzRMS	EzRMS是一款全球领先的酒店收益管理软件,提供了全面的收益管理功能,包括房间价格和库存管理、市场需求预测等

此外,除了上述列举的收益管理软件,还有一些其他类型的软件和工具可以帮助酒店实现更精细化的收益管理和销售优化。例如以下几类。

直销渠道管理工具:包括直销网站、APP等,能够提供在线预订、促销活动、会员管理等功能,为酒店带来稳定的直接销售收入。

数据分析工具:包括Excel、Tableau、SQL等,能够对酒店的业务数据进行深入分析和挖掘,为收益管理和销售策略提供决策支持。

客户关系管理系统(CRM):提供客户信息管理、营销活动跟踪、客户反馈管理等功能,帮助酒店建立良好的客户关系,提高客户满意度和忠诚度。

在线评论管理工具:能够监控和回应客户在在线旅游代理商和社交媒体平台上的评论和评价,及时发现和解决问题,树立良好的酒店形象和口碑。

总的来说,除了收益管理软件,酒店还可以使用其他类型的软件和工具,实现更加精细化和有效的收益管理和销售优化。无论使用哪种工具,酒店收益经理需要不断学习和掌握新技术和新方法,灵活应对市场变化和客户需求的挑战。

2.4 酒店收益管理应避免的认识误区

近些年来,我国酒店业面临的竞争日益加剧已是不争的事实。对于酒店管理者来说,越来越意识到收益管理的重要性,都在设法寻找有效的经营之道,以期能够在激烈的市场竞争中保证生存,获取不错的效益。但是,不少酒店在应用收益管理的过程中存在很多的问题,容易陷入误区,尤其是单体酒店和公寓。

误区一:收益管理就是成本管理。

收益管理和成本管理都是酒店管理者特别关注的话题,甚至有不少酒店管理者更是将二者混为一谈。但是,收益管理和成本管理是不同的,二者的概念、侧重点都是不同的。

酒店成本管理则是酒店在经营过程中,控制易耗品、人力、水电、物料采购、设备维修等成本,降低损耗,优化库存,通过"节流"达到收益的最大化。

收益管理是一种市场行为,以市场为导向,寻求差异化定价和房量管控的最优解。成本管理则是一种财务行为,聚焦酒店成本,控制和降低各项成本,保障酒店的资金链良好运行。

误区二:收益管理就是促销。

不少酒店管理者误以为收益管理就是促销,这种认识是错误的。很明显,收益管理的概念和范畴更大。促销只是为了实现收益管理制订的目标,而采取的一种具体的营销活动。酒店管理者要正确认识到两者之间的区别和联系,避免将二者混淆。

收益管理是通过对市场供需关系和消费者购买习惯的分析和预测,制订酒店整体收益的目标,如酒店营收计划、客单价、入住率等,并不断优化产品、价格和销售渠道,提高产品销量和售价,实现收益最大化的动态管理过程。

酒店销售人员根据既定的营收目标,制订对应的营销策略,其中就包括促销方式。一个营销策略是否成功,取决于能否给酒店带来更多的客房销量和收入,是可以落实到每一笔具体业务的。促销,就是促进销售,是要采取各种手段和方法将酒店的客房售卖出去,提高销售收入。促销的形式包括价格折扣、抽奖、广告等。

误区三:收益管理只适用于旺季时段。

关于酒店收益管理,不少酒店管理者认为只适用于生意比较好的旺季时段,其实不然。

诚然,在旺季时段,市场需求量大,酒店能够保证不错的入住率,而且价格也不至于太低。酒店也可以充分发挥收益管理最广为人知的两个技巧——超额预订和差异定价。

但是,在平时和淡季,应用收益管理也是必要和重要的。市场是可以预测的,需求是可以刺激的。酒店管理者可以基于酒店的历史经营数据和行业经验,对市场做出预测,然后采取相应的对策,比如早订折扣、拓展销售渠道、增加长租比例等。

同时,酒店管理者可以提升酒店的吸引力,赋予客房更多的价值,再结合连住优惠法、控制住宿天数法、升降销售法等技巧,有效刺激市场需求。

因此,无论时段淡、旺,收益管理都能够发挥它的作用。酒店管理者可以通过分析和预测市场需求,制订收益管理策略,运用正确的技巧,吸引越来越多的客人,让酒店保持不错的入住率和房价水平。

误区四:收益管理就是高房价、高入住率。

不少酒店管理者认为,在成本可控的情况下,客房的售价越高,收益就越大。所以,这些酒店往往采用较为单一的价格模式,只有淡季价格和旺季价格两种。但是,这种相对单一、固定的价格模式,忽略了市场因素,缺乏灵活性,无法根据市场变化及时调整。

酒店管理者应该根据实践工作,在收益管理的指导下,采用动态定价法(dynamic pricing)。该方法建立在分析预测和市场变动的基础上,对比其他定价法具有较大的优越性,因地、因时制宜,能够更大限度调节售价,提升酒店的价格水平和整体收益。

采用动态定价法,酒店必须准确及时地分析和预测市场的需求情况、客人预订习惯,以及竞争对手的价格策略等因素,在复杂多变的市场环境中,灵活采用不同的价格策略,及时调整,达到收益最大化。

在实施动态定价法的过程中,也要特别注意酒店的形象,价格不能定得太低。价格太低会让客人以为酒店的产品和服务变差了;也不能高得离谱,太高会让客人觉得酒店利用各种机会"宰客""敲竹杠",都会让酒店形象受损。

另外,不少酒店都有团体销售的业务,会将客房预售给协议公司、旅行社和其他中介。但是,团体销售的价格大多都比较低,有一定折扣。因此,如果酒店以协议客户为主要客源,势必会拉低酒店的房价水平,而且酒店始终处于高入住率的状态,会加剧酒店的损耗和老化,使得酒店的客房和设施设备得不到定期的维护和保养。

因此,这种低价策略带来的高入住率,并不代表高收益。酒店管理者在经营过程中,要理性对待市场变化,科学预测市场需求,优化酒店的客源渠道占比,特别是控制团体销售的折扣程度,在入住率和客单价之间寻求一个最佳的平衡,避免低价策略带来的"爆满",也要重视酒店的日常保养和维护。

误区五:收益管理就是一套电脑系统。

目前,越来越多的酒店开始引进酒店收益系统,而且完全依赖于收益系统。但是,电脑系统并不是万能的,不能完全取代人为管理。

收益管理系统是辅助酒店开展收益管理工作的工具。借助先进的酒店收益系统,确实能够简化相关工作,提升酒店的收益水平。它能够收集、整理和储存大量的数据,按照预设的模型和框架,生成相应的数据和图表,为酒店管理者提供决策依据和建议。

收益管理系统作为一个工具,就好像一把好剑。能否发挥出这把好剑的威力,往往取决于"剑客"。所以,在使用收益管理系统时,需要发挥酒店管理者的主观能动性。

酒店管理者要做好数据的收集和整理工作,建立符合酒店实际情况和市场竞争的价格体系,并能够根据市场变化及时调整价格策略,合理利用销售限制条件,选用正确的收益管理方法和技巧,最大限度发挥收益管理系统的作用,实现酒店收益的最大化。

误区六:收益管理是酒店管理者的事。

大多数酒店管理者认为,收益管理是业主、经理需要考虑和解决的事情,和其他人无关。这种观点也是错误的,酒店管理者要明确:收益管理是一个系统,它涉及前台、销售、客房、财务等人员的相互协调。收益管理关乎酒店的每一位员工,而不只是管理者。

对于单体酒店和公寓来说,部门和岗位设置并不完善,前台人员既要负责客人的接待,还要负责客房销售和房态把控。因此,酒店管理者更应该对酒店前台普及收益管理的概念和基本技巧。

酒店管理者要定期组织前台人员的培训工作,让前台人员掌握不同时段怎么样报价、怎么样控制客房类型和数量、怎么样利用好酒店的销售渠道等。而且,酒店管理者要结合入住率和平均房价两个重要指标,调整和优化员工的奖励机制,提高员工的工作积极性,从而提高酒店的整体收益。

最后,对于酒店管理者来说,在当前激烈的市场竞争环境下,确实需要学习和灵活应用收益管理的理念和方法,但是,也要注意规避收益管理的误区,实施正确的收益管理策略,努力实现酒店收益最大化。

2.5 小结

本章对收益管理具体在酒店行业中的应用做出了详细阐述,讲述了酒店收益管理岗位的演变、酒店收益经理的任务清单与职责、酒店常用的收益管理软件以及酒店收益管理应当避免的认识误区。酒店行业并不属于新兴行业,随着市场竞争越来越激烈,传统的服务管理办法在酒店行业利润的赚取上无法畅行,于是酒店收益管理应运而生。然而,酒店收益管理并不轻松,它涉及多个领域的复杂工作,收益经理需要具备多种技能和经验来适应各种市场情况和变化。同时,正确使用和理解收益管理软件,避免一些常见的认识误区对于实现酒店收益管理的成功也至关重要。

练习题

1. 收益管理岗位在酒店行业经历了怎样的演变历程?
2. 常见的对酒店收益管理认识的误区有哪些?
3. 拓展练习:收文处理。

前情提要:

××酒店是一家中型的连锁品牌酒店,而你是这家酒店的正准备入职的餐饮部经理,你的前任是 Henry Stevens 先生。现在是 6 月 11 日(星期天)傍晚,你刚刚踏入这家酒店,走进你的新办公室,看到桌子上有一沓待处理的文件。你现在只有一个小时时间在这里停留,之后你还要参加酒店为你举办的欢迎晚宴。但是你决定利用现在的一些时间处理一下这些文件,工作模式已被开启……你会怎么做呢?

练习说明:

1. 请阅读以下 9 份文件(A—I)。
2. 按照你认为的重要性,对它们进行排序。
3. 选择最重要的前四个待处理事件,把它们的序号填写在表 2.2 里面并简单注明原因。

表 2.2 评分表

重要性排序	项目	原因
1		
2		
3		
4		

练习目的:

在这个虚拟的情境中,作为正准备入职的餐饮部经理的你,通过自己对(收益)管理的理解,妥善处理问题的排序和优化。锻炼分析和解决问题的能力,以及团队协作能力。

A

新型收银机

June 8

Mr. Henry Stevens

Food & Beverage Managers

×× Hotel

Dear Henry:

To reconfirm with you, we will be installing the new model XD-50 cash register in your restaurant next Wednesday, so please have your alarm and security system plugged in ahead of time so that the installation process is not too much of a hassle.

See you Wednesday.

Cy Evans

P.S. I think Cindy is really going to like the XD-50!!

B

	IMPORTANT MESSAGE			
TO Mr. Stevens				
DATE 6/6 TIME 9:10 (AM/PM)				
	WHILE YOU WERE OUT			
M Mr. Peter Moody				
OF Moody Floral service				
Area Code & Exchange 123—4567				
TELEPHONE	√	PLEASE CALL		√
CALLED TO SEE YOU		WILL CALL AGAIN		
WANTS TO SEE YOU		URGENT		
	RETURNED YOUR CALL			
Message:今年的年度员工宴会中所需用花的问题,请为鲜花公司确认送花的日期:是6月12日? 还是17日?				
Operator Mary				

C

	IMPORTANT MESSAGE			
	TO Mr. Stevens			
	DATE 6/8 TIME 2:45 (AM/PM)			
	WHILE YOU WERE OUT			
	M Mr. Fred Williams			
	OF Ace Consulting Engineers			
	Area Code			
	&Exchange			

TELEPHONE		PLEASE CALL	
CALLED TO SEE YOU	√	WILL CALL AGAIN	
WANTS TO SEE YOU	√	URGENT	
	RETURNED YOUR CALL		

Message：餐厅粉刷涂料的检测结果出来了，可能铅超标。

Operator   Mary

D

KENOWA COUNTY HIGH SCHOOL
Mr. Henry Stevens

June 5
Food & Beverage Manager
×× Hotel

Dear Mr. Stevens:

The Kenowa County High School Woodwind Ensemble has just completed its years of performing for dinner on the last Friday of every month in the main dining room of your hotel. These have been such a prominent activity in our community.

Based on a request from Mr. Stevens, the previous Food and Beverage Manager, we are changing our performance date to the second Friday of every month beginning Friday, June 16.

Please send written confirmation of these arrangements.

We have enjoyed playing at your hotel and we know how much your customers look forward to our concerts. We hope that this relationship will continue.

Sincerely,
Fred Babcock
High School Music Instructor

E

DEPARTMENT OF PUBLIC HEALTH

June 9
Mr. Henry Stevens
Food & Beverage Manager
×× Hotel

Dear Mr. Stevens:
This is the third and final correspondence that this office plans to have with the ×× Hotel regarding the sanitation conditions in the kitchen. Unless this situation is appropriately resolved to full compliance with Kenowa County codes by Wednesday, June 14 at 5:00 p.m. on Wednesday.

We regret the potential severity of our action, but you leave us no choice.

Very truly yours.
John Tate, Director
Inspection Division

F

June 9
Mr. Henry Stevens
Food & Beverage Manager
×× Hotel

Dear Mr. Stevens:

Yesterday Harriet Yakely warned me that I shouldn't go to work without punching in. She said I violated company rules and then was going to fire me. I've been working at the ×× Hotel for 7 years and I've always performed well. I feel that as a supervisor she is biased against me and she wants to get rid of me. I would like to talk to you. I hope you will contact me when you have time, whenever it is.

Sincerely,
Jean Babcock

G

MEMO

To: Henry Stevens or Jim Davis   From: Harriet Yakely, Dining Room Manager

Date: 6 / 8

SUBJECT: FILE NO:

    I had to give two employees, Jean Babcok and Sally Fraser, their termination notices today for not punching their own timecards. I felt that the matter couldn't wait.

H

Visiting Tour

June 9
Mr. Henry Stevens
Food & Beverage Manager
×× Hotel

Dear Mr. Stevens:

Thank you for arranging this hotel restaurant tour for our students, which was very well received by them. Due to the limited time of the program, our students still have many questions about restaurant management that they would like to ask you. Attached is a summary of the students' questions. We look forward to your reply and sincerely hope that you can find time to come to our school to give a talk.

Sincerely,
Sydney Schwartz, J. D.

I

```
                    IMPORTANT MESSAGE
TO   Mr. Stevens
DATE    6/8         TIME   2:45        (AM/PM)
                    WHILE YOU WERE OUT
M       Mr. Fred Williams
OF      Security Supervisor
Area Code
& Exchange
```

TELEPHONE		PLEASE CALL	
CALLED TO SEE YOU	√	WILL CALL AGAIN	
WANTS TO SEE YOU	√	URGENT	
	RETURNED YOUR CALL		

Message：他再一次修好了冰箱的冷凝器。冰箱可能随时还会坏。

Operator   Mary

第 3 章　酒店收益衡量指标

学习目标
1. 理解并掌握酒店收益内部衡量指标及相应计算。
2. 理解并掌握酒店收益外部衡量指标并能实际应用。

3.1　内部衡量指标及应用

在酒店收益管理中,学会衡量酒店收益是科学管理酒店的一个关键步骤。在衡量酒店收益时,保证收益的质量已经成为一个基本要求,它是了解酒店财务状况和运营效率的主要途径,也是有效评估酒店盈利潜力和前景的重要依据之一。当前,我国酒店行业发展势头较好,吸引了大批的投资人进入该行业,因此对酒店收益财务质量的要求也大大提高。同时,酒店注重自身的运营和利润状况的管理监控,也能够帮助提高酒店的整体竞争力。酒店的收益质量一般是指酒店的业绩与报告利润之间的相关性,也就是指酒店实际的经营价值与报告会计利润所说明的信息之间的可靠程度,当两者所体现的信息越一致时,则说明收益的质量越高。酒店收益的质量特征包括真实性、可变性以及持续性。真实性是指在对酒店的经营业务进行会计处理时,应当按照相应的准则或者规章制度对实际发生的经营事务实施记录,而不是进行虚假捏造或者为了控制账面盈余而放弃记录某件经营事务。可变性是指确认收入与现金流量之间的对应关系,在一般情况下,当收入与净流入的现金越多,那么企业的盈利能力就会越强,可获得的利润就越高。持续性是指酒店在评估自身的盈利质量时,应该将收入的持续和稳定作为衡量因素之一,只有当收益是持续性的,酒店的未来收益才能够被更好地预测。影响酒店收益质量的主要因素:酒店治理、酒店经营活动及资产情况。

酒店治理是指监督和约束酒店的一种制度,它也是一种约束机制,可以将酒店的所有权和经营权分离开。酒店治理将会直接影响盈利的真实性和客观性。当酒店的治理机构不够健全时,就可能产生一系列的问题。酒店的管理者可能因为缺

第3章 酒店收益衡量指标

乏一定的约束或者激励而导致道德风险,在信息和权力不对称时做出一些反向选择,比如说不遵守酒店的财务政策,或者捏造虚假利润,随意操纵酒店利润,维持酒店表面的"完美"财务状况等。健全的酒店治理就可以对管理者施加合理的约束和激励,有效制约管理操纵酒店利润、损害酒店利益的行为,降低酒店的运营代理成本,有效协调酒店股东利益与管理者的个人利益。因此,酒店治理结构是衡量酒店收益质量的重要因素之一。健全的酒店治理结构可以有效提高酒店的财务效益。在酒店管理中,酒店的所有者与经营者可能是相互分离的,所有者与经营者之间是一种委托代理关系,于是当两者之间的目的不相同且信息和权力不对称时,就可能导致酒店经营与利润之间不平衡的问题。只有不断完善、健全酒店的管理结构,才能改善酒店会计收益的质量。在计算酒店的利润时,通常会将营业收益、投资净收益和营业外损益纳入其中,且营业收益作为酒店最主要、最固定获取利润的途径,也同时是维持酒店正常运转的重要功能部分。投资净收益和营业外损益这两者都具有一次性和偶然性的特征,因此它们对酒店利润的贡献存在着较大的不确定。酒店的主营业务活动是持续且不断重复的,其相应形成的营业收益也是长期稳定且持续的,故酒店主营业务收入所占总营业收入的比例在一定程度上可以显示酒店在长期获利能力上的强弱和稳健性,如果主营业务利润占总营业利润的比例越大,那么酒店的获利能力就越强,酒店的收益也就越大。酒店的收入质量同样会影响酒店的经营业绩,它是酒店主要的经营现金流向和经营收益源泉,当收入与现金流动基本一致,这就表明酒店的盈利品质较好。

如何衡量酒店收益?酒店收益的衡量可以通过一系列的指标,这些指标同时也是衡量酒店经营状况和管理人员工作业绩的标准。酒店收益的衡量指标可以帮助酒店确定市场的需求趋势、改进机会以及成功领域。在衡量酒店的收益时会涉及大量的字母缩略词,如 Revenue,TRI,ADR,等等。酒店收益管理是一个综合性的过程,旨在使酒店的收入和利润最大化。以下是一些常见的酒店收益管理内部衡量指标。

经营收入:经营收入是指酒店经营者在经营和管理活动中所获得的一种收益。这个指标在酒店管理中不难理解,每天的酒店经营日报表反映的第一个数据就是当天经营总收入数据。在收益管理中,常讲如何实现酒店经营收益最大化,这个"最大化",就是指"经营收入"。

总收入管理指数(total revenue index,TRI):总收入管理指数是一种相对指标,用于比较特定时间段内的实际酒店总收入与基准期间的总收入。总收入管理指数可以帮助酒店了解其收入绩效相对于特定基准期的表现。

平均房价（average daily rate，ADR）：平均房价是指酒店每间客房的平均价格，计算方法是将所有客房收入总和除以实际出租的客房数量。平均房价是评估酒店房价水平和市场需求的关键指标。通常通过将客房收入总额除以入住客房数量来计算

$$平均房价＝客房收益/已订出的客房数$$

假如每天的客房收益是9 000元，订出了90间客房，平均房价便是100元。平均房价是酒店中不同类型客房的综合价格水平的体现，是反映酒店综合价格水平的重要指标。从平均房价这个指标可以评估酒店的档次。当以一线城市为背景时，如果酒店的平均房价超过1 000元，那么该酒店属于高档酒店；如果平均房价在400到800元之间，那么该酒店属于中端酒店；如果平均房价在300元以下，那么该酒店一般是经济型酒店、快捷酒店或者招待所。

入住率（occupancy rate）：入住率是指酒店实际入住客房数量与可供出租客房总数之间的比率。高入住率通常意味着酒店能够充分利用其客房资源。通常以百分比表示。计算方法是

$$酒店入住率＝（实际销售的客房数/酒店总客房数）\times 100\%$$

酒店的入住率是入行酒店业所必须关注的指标之一，也是了解一家酒店经营状况的首要问题。酒店的经营一般都比较精细，在销售客房时并不仅限于一天二十四小时的出租，同时也会经营钟点房、日租房（指客人需要承担全天的房费，并在夜审前退房），因此酒店还需要关注过夜房出租率、综合出租率等。综合出租率＝过夜房出租率＋钟点房出租率＋日租房出租率。对于酒店行业来说，百分之百并不是酒店出租率的最高上限，当酒店每天售卖的钟点房、日租房超过一定数量时，酒店的单月出租率有可能出现超过百分之一百五十的情况，可以说是行业内的奇迹。由于酒店的主营业务就是过夜房，当过夜房的出租率越高时，酒店的销售能力就也高。需要注意的一点是，入住率高虽然是酒店行业的期望，但是当入住率过高时，就有可能是酒店的客房定价出现了问题，如果仅仅是因为通过低价而达到的高入住率，有时也是不可取的。在某些情况下，如果酒店的入住率达到80%以上时，就需要通过稍微提高房价来实现同样的收益，这意味着需要打扫收拾的房间变少了，在一定程度也可以减少资产消耗和人力成本。

每间可出租客房平均收入（RevPAR）：可出租客房平均收入是指酒店每个可供出租客房的平均收入，计算方法是将总收入除以可供出租客房的数量。可出租客房平均收入是评估酒店收入绩效的重要指标，它结合了平均房价和入住率的信息。计算方法是将总客房收入除以可供出租的客房数量。

可出租客房平均收入固然是一个非常实用的指标,但是使用者也应切忌矫枉过正。首先,可出租客房平均收入指标的好坏本质上取决于收入,最高的收入自然会让可出租客房平均收入指标看上去很完美,但是最高收入并不一定能够换来利润的最大化。可出租客房平均收入指标忽略了必须要考虑的成本因素。其次,不同的营业状况很可能产生从收益管理团队角度看上去相似甚至相同的可出租客房平均收入结果。我们以一个120个房间的酒店的两个经营场景为例。在第一个场景中,酒店以平均100元的房价出售了66间夜。在第二个场景中,酒店以平均66元的房价出售了100间夜。两个场景中的房间总收入均为6 600元,可出租客房平均收入为55元。但这两个场景完全一样吗? 从客房收入的角度讲,是的。但这样的总收入却是两种不同场景的结果,哪个更好呢? 怎么来判断哪个更可取呢?

在解答这两个问题之前,我们先来考虑一下酒店在有意或者无意之间会不会倾向于仁者见仁指标中的某一个。在管理中有一个众所周知的道理,员工往往需要一定的物质激励。如果管理层的目标没有和奖励机制很好地相结合,那么,实现这个目标的概率自然会降低。如果奖励机制倾向于较高的每日平均房价,前厅部经理自然会为了做高每日平均房价而努力,其结果就是第一个场景(每日平均房价100元)。如果奖励机制倾向于前厅部经理将酒店的房间填满,那么他自然会努力追求第二个场景中的结果,并将出租率做至83.33%。如果奖励机制倾向于可出租客房平均收入,那么他基本上会将两个场景等同视之。

所以,是否其中一个场景更值得追捧呢? 结果自然是肯定的,但是选择哪一个却是仁者见仁。确定一种经营方式并非易事,因为两种方式均有赞同与反对的声音。倾向于用低出租率但是略高的每日平均房价来出售房间的酒店需要打扫的房间少,在同样的客房收入的情况下,变动成本最低。而倾向于以较低的每日平均房价出售房间获得更高出租率的酒店则盼望着更多客人来到酒店增加酒店其他收入(停车,餐饮,房间内电影点播服务等)。在没有比较第一方案中的变动成本和第二方案中可能的额外净收入之前,我们很难判断孰优孰劣。

就此而言,即使做了比较,可能问题仍然得不到解决。这是因为,排除两者同样的收入,收益经理会视这两个场景为完全不同的战略所导致的完全不同的结果。同样的房间一个愿意付100元的客人和一个愿意付66元的客人对于酒店说不上谁好谁坏。但是我们应该认识到这两个客人属于不同的两个细分市场,而开拓不同的细分市场需要完全不同的方法。酒店应确定它的主要市场。因为在选择市场上往往有很多其他的决定因素,所以是进入66元的市场还是进入100元的市场就是一个战略性的决定。

换句话说，每日平均房价高不一定就比每日平均房价低要好。酒店的中心问题就是选择好合适的目标市场并获得一个合适的每日平均房价。在一些市场环境中，中档的酒店比奢华酒店更具盈利能力。这两种酒店在每间房的投资上不同，它们的运作成本、员工数量、客户以及收入组合也不一样。有限服务型酒店（不提供餐饮设施的酒店）的流行证明了只要有正确的产品并认真地选择好要开拓的市场，自然会有利可图而无须考虑价格水平。笃信只有奢华高端的酒店才经营得好是大错特错的观念。只看每日平均房价是无法判断财务上的成功或失败的。"66元和100元哪个更好"这个问题的终极答案——要按照酒店的商业战略而定。

正如对待所有其他的营业指标一样，管理层也应该追踪一段时间内的可出租客房平均收入指标，这样就可以识别一些较大的数据变化并在必要时进行分析。每日平均房价或者出租率的变化都可以导致可出租客房平均收入的变化，但在现实中往往这两个数值不会单一发生变化，收益经理应透过数字对所反映的趋势进行评估，做出战略决策，分析出哪个变量（每日平均房价或者出租率）是造成变化的主要因素。假设分析结果显示每日平均房价的上涨主要是由于房价上升而不是出租率的变化，那接下来要考虑的问题：我们期望市场接受进一步房价上涨的合理时间间隔是多长？未来是否存在刺激出租率增长的可能？应该实行什么样的战术？只要问对了问题，就已经找到了大半答案。

（1）边际贡献（净收入）

到现在为止我们所讨论的评价指标都只是考虑了客房总收入，没有一个指标考虑到了支出。收入指标是收益管理分析的一个很好的开始，但是它们只是开始。房间净收入的计算就进入了下一个级别，开始包含管理要素中最具关联性的成本项目——提供产品（间夜）的变动成本。每销售一个单位（间夜）的变动成本指的是用于打扫、整理和重新补足客房用品的支出。如果房间没有被出售，那么就没有这部分的成本发生。当我们知道了客房总收入和变动成本之后，我们就可以计算边际贡献或者房间净收入。

边际贡献是销售收入余下的部分，用于抵偿固定成本支出；当固定成本全部抵偿完毕时，变为利润。一个房间的边际贡献计算公式为

$$边际贡献 = 房价 - 变动成本$$

例如，如果房价为138元而这间房的变动成本为18元，这个间夜的边际贡献计算公式就是138元减去18元，结果为120元。不同的房型可能会被区别定价，同时也有不同的变动成本。房务部整体的边际贡献就是每个房间边际贡献的总和。

(2)相同净收入

边际贡献的计算可以被应用于调节不同的价格水平以及出租率水平。这个计算的目的是在改变每日平均房价的情况下,计算出租率应为多少才能和变化以前的净收入持平。假设我们的每日平均房价为138元,平均变动成本为18元。如果现在的出租率为72%,那么当我们把每日平均房价降为115元,出租率应该为多少才能取得和之前相同的房间净收入呢?公式如下

所需的新出租率＝现在的边际贡献/新的边际贡献×现在的出租率×100%
　　　　　　＝(138－18)/(115－18)×0.72×100%

计算结果显示这家酒店在将每日平均房价由138元降至115元后,同时维持每个间夜变动成本18元不变的情况下,需要取得89.07%的出租率才能取得降价之前的同等收入。这个公式同样可以适用于提高房价时的出租率计算。如果在上一个例子中的管理层考虑将每日平均房价提高到143元,那么69.12%的出租率即可取得和调价前相同的边际贡献(净收入)。

这个公式帮助管理层通过量化价格变动后的结果来分析不同的经营情况。收益经理必须去判断通过降价来提高出租率是否现实。在我们之前的例子中,在房价打折23元后(从138元降至115元),出租率需要相应提高17%才能和之前的房间净收入相等。酒店能做到吗?管理层需要在动态的市场供需环境下来决定价格以满足酒店的财务责任。收益经理也应全面了解情况,据此进行分析并制订出能够完成酒店预算目标的战略。

(3)边际收益的考虑

边际收益是指每多销售一个单位产品所得到的额外收入。边际成本则是每多销售一个单位产品所带来的额外成本(或者称为单位变动成本)。在销售房间的两种不同的情况下我们需要考虑边际收益。第一种情况是假设酒店在财务目标(预算)上表现良好,能够负担计划中的所有支出。基于这样的假设,收益经理会极力倾向于降低未售房间的房价以增加销量从而最大化边际收益。这个例子的逻辑在于房务部以高于变动成本的价格出售房间就可以赚得净收入。基于之前的那个例子,任何高于18元的房价都可以带来净收入。当然这个价格数字可能低得让人吃惊。但是如果一家酒店已经按照正常节奏一步步迈向自己的营业目标,同时又想用"超级特价"这样的活动在市场中拓展一下,这也是一个值得考虑的方法。

而第二种情况则是在遭遇到极大的市场压力,在定价时片刻不忘计算边际收益。一些非同寻常的事件可能会导致需求的巨大下降。在最近的记忆中,酒店行业共同见证了这样一些市场灾难。例如,2001年9月11日纽约和华盛顿特区遭恐

怖袭击;2003年春季"非典"在多伦多肆虐;2005年8月卡特里娜飓风在新奥尔良造成灾难。这些事件对酒店行业影响巨大。同样的例子还有不少。当市场迅速萎缩,酒店必须竞争那些剩下的旅游者的生意。在这样的情况下,能够渡过难关往往比完成甚至超过预算更加重要。固定成本还是要支出的,各酒店会很快面临资金匮乏的情况。此时的指导思想就是只要房价高于变动成本就可以带来边际收益。有总比没有要好。为了能够产生现金流并保留渡过市场低迷时期的希望,很多酒店开始接受这样的想法。

每间可订客房的营业毛利润(gross operating profit per available room,GOPPAR)是指酒店每个可供出租客房的毛利润,考虑了所有业务领域的收入和支出,这意味着它是评估酒店整体业绩的一个很好的指标。要计算每间可订客房的营业毛利润,就是总收入减去总支出,然后除以酒店的可订客房数。这个指标可以反映管理者的管理能力,即作为酒店的管理者如何控制酒店的总支出费用

每间可订客房的营业毛利润＝(总收入－总支出)/可订客房数

其他指标:

每个可用座位的小时收入(revenue per available seat hour,RevPASH)主要用于酒店的餐饮部门来衡量每个可用座位小时的收入。计算方法是将餐饮收入除以可用座位小时数。

餐饮毛利率(food and beverage gross profit margin),表示酒店餐饮部门的毛利润与总餐饮收入之间的比例。计算方法是将餐饮毛利润除以总餐饮收入,再乘以100%。

收入增长率(revenue growth rate)是指酒店在特定时间段内收入的年度增长百分比。它可以用来衡量酒店的收入增长速度和业绩表现。

直接预订比例(direct booking ratio)是指通过酒店官方网站、电话预订或前台直接预订的客人数量与总预订客人数量之间的比率。较高的直接预订比例有助于减少酒店支付给第三方在线旅游代理商的佣金。

客房部门收入占比(rooms department revenue percentage)表示客房收入在酒店总收入中的比例。计算方法是将客房收入除以总收入,再乘以100%。

每间可订客房的总收益可体现出酒店的整体业绩,因为它考虑了所有部门的收入,每间可出租客房平均收入只考虑了客房收益业绩。每间可订客房的总收益对于从其他服务(例如全包式酒店或度假村)产生可观的非客房收益的住宿特别有用。然而,它没有考虑到酒店的成本,也没有考虑到实际入住率

每间可订客房的总收益＝总收入/可订客房总数

每客收益（revenue per available customer，RevPAC）是一个长期跟踪后可以显露出非常有意义的信息的指标。然而，要想使每客收益保持准确却非常困难。第一个挑战就是酒店无法准确了解住客数量。这个问题的出现是因为很多酒店无法精确地统计出某一天的住店客人的数量。对于一个房间中住两个客人或者三个客人是否应该区别收费，行业中还没有一个普遍被接受的标准。有些酒店对于额外的客人会收费，有些则不会。那些不收费的酒店自然不会投入很大力量去收集准确的人数数据。有些情况下，一个客人可能直接进入与他合住客人的房间休息而不会去前台办理入住登记。

如果每客收益的计算依据的是总销售收入，那些房务部以外部门所贡献的收入就引发了一个有趣的问题：计算公式是将收入与住店客人数量联系在一起，那应该把非住店客人的收入也计算在内吗？比方说，酒店周边散客惠顾酒店餐厅的花费。我们相信这可能影响了每客收益的准确性和实用性，但是想要把住店客人和非住店客人的餐饮消费准确分开却是非常困难的。不是每一张消费单都是可以追踪的。一些住店客人可能将他们的晚餐消费记入房账，而另外一些客人则会付现金。这样可能无法追踪该消费是否是住店客人的消费。与之相似的是，宴会部门可能从本地客户那里获得很大的收入。那这个收入应该合并进每客收益的分析吗？这是一个无法简单回答的问题。一旦确定了计算方法，可能每客收益计算中最重要的部分就有一致性了。一旦酒店确定了计算方法，就应该坚持这种方法。

另外一个可能帮助酒店更深层次了解市场的方法就是对每次入住消费额的分析。酒店从收银员每天的报表中可以得到数据从而了解在一个会计时段里有多少账单已经被支付了。被合并的总金额账单可以按付款交易被分账。客人每次住店的平均消费额提供了关于酒店客户的非常有价值的数据。这个数据也显示出了某个酒店在销售方面的有效性。挖掘这些数据有助于酒店从各种不同的收入流和其他趋势中了解客人的消费习惯。

每平方米收益计算公式为

$$每平方米收益 = 经营收入（当日或当月） \div 酒店总面积$$

它可以反映酒店从建造到设计整个过程下来，是真正做好行业推崇的"寸土寸金"，还是整个规划、设计出了较大问题，产生过多空间的浪费？这个数据针对有限服务型酒店来讲，相对比较准确；对于全服务型酒店，可能需要对房务、餐饮、康乐三大板块的经营面积进行一次科学、合理，且系统的划分，从而根据各个板块不同的收益，体现各板块每平方米产生的收益。也可以整体核算，与同行业、同档次酒店进行对比，还可以作为一个酒店经营成败的依据。每平方米产生的收益，在香港酒店业用得比较普遍,毕竟香港的土地真的可以说是寸土寸金。

人均生产力计算公式为

人均生产力＝经营收入(当日或当月)÷酒店人员编制总数(当日或当月)

人均生产力是根据酒店经营收入和人员编制核算出来的数据,它代表了酒店在同行业中的生产水平。数据与同行业、同档次酒店比,如果高,说明生产力水平不错;如果低,说明人员编制过于臃肿;如果连续三个月至半年都在同行业、同档次酒店中保持较低的水平,那么可能要考虑酒店整体裁员,或者进一步加强市场营销,争取收益最大化。

这些指标可以帮助酒店管理团队评估酒店的运营绩效、市场表现以及收入管理策略的有效性,并做出相应的调整和决策。

酒店收益管理内部衡量指标的应用是为了帮助酒店管理层更好地评估酒店的经营绩效和盈利能力,并制订相应的策略和决策。以下是酒店收益管理内部衡量指标的一些应用。

制订定价策略:通过监测平均房价、出租率和每间可出租客房平均收入等指标,酒店管理层可以了解市场需求和竞争情况,从而制订合适的定价策略,确保客房收入最大化。

优化房态管理:通过准确测算出租率和每间可出租客房平均收入,酒店管理层可以及时调整房态,包括提高入住率、减少空置率,以最大限度地提高客房利用率和收入。

评估市场绩效:通过比较酒店的每间可出租客房平均收入和竞争对手的指标,酒店管理层可以了解自己在市场中的地位和表现,从而制订相应的市场策略,提升竞争力。

分析餐饮业绩:通过每个可用座位的小时收入和餐饮毛利率等指标,酒店管理层可以评估餐饮部门的盈利能力和效率,确定是否需要调整菜单定价或提升服务质量,以提高餐饮收入和利润。

决策支持:酒店收益管理内部衡量指标为管理层提供了准确的数据和指标,帮助他们做出战略性决策,如投资扩建、市场开发、降低成本等,以提高整体收益和利润。

综上所述,酒店收益管理内部衡量指标的应用涵盖了定价策略、房态管理、市场绩效评估、餐饮业绩分析以及决策支持等方面,其可以帮助酒店管理层更加有效地管理和优化酒店经营。

3.2 外部衡量指标及应用

酒店收益管理外部衡量指标是用于评估酒店经营绩效和盈利能力的指标,与酒店外部环境和市场情况相关。以下是一些常见的酒店收益管理外部衡量指标。

市场份额(market share)是用于衡量酒店在特定市场或目标客户群体中的市场占有率。

如表3.1所示(本节数据运算时,最多保留小数点后2位。),每家酒店都可以容易地计算出自己在1 800个房间的总容量中所占的比重。应有市场份额就是指,在所有方面都相同的情况下,每家酒店都可以拿到与其市场容量比重相同的市场份额。每家酒店都希望能够占得"应有市场份额",当然还希望更多一些。下面的例子显示了各酒店在一个30 d周期内所销售的间夜数。

表3.1

酒店	房间数	应有市场份额/%	已售间夜数	间夜市场份额/%
A	200	11.11	3 930	9.82
B	250	13.89	4 780	11.95
C	400	22.22	8 620	21.55
D	450	25.00	10 520	26.30
E	500	27.78	12 150	30.38
总计	1 800	100.00	40 000	100

数据显示酒店A、B和C都没有获得它们的应有市场份额。也就是说,它们的间夜市场份额比应有市场份额要低。酒店D和E间夜市场份额高于应有市场份额。

但是应该研究的不能只是单位的销售量。收益管理还要衡量收入。(参照表3.2)

表3.2

酒店	房间数	应有市场份额/%	已售间夜数	间夜市场份额/%	客房收入/元	客房收入市场份额/%
A	200	11.11	3 930	9.82	628 800	12.10
B	250	13.89	4 780	11.95	707 440	13.61
C	400	22.22	8 620	21.55	1 163 700	22.40
D	450	25.00	10 520	26.30	1 262 400	24.30
E	500	27.78	12 150	30.38	1 433 700	27.59
总计	1 800	100.00	40 000	100	5 196 040	100.00

酒店 A 和 C 虽然在出售的间夜市场份额略低于应有市场份额,但是客房收入市场份额却高于应有市场份额,B 酒店客房收入市场份额与应有市场份额基本持平,酒店 D 和 E 则没有取得和它们的"应有市场份额"相称的客房收入市场份额。

还记得合并了出租率和每日平均房价指标的可出租客房平均收入吗?它同样可以在这个分析中通过合并间夜数量和客房收入为一个数据来发挥作用(表3.3)。

表 3.3

酒店	房间数	应有市场份额/%	已售间夜数	客房收入/元	出租率/%	每日平均房价/元	可出租客房平均收入/元
A	200	11.11	3 930	628 800	65.50	160	104.80
B	250	13.89	4 780	707 440	63.73	148	94.33
C	400	22.22	8 620	1 163 700	71.83	135	96.98
D	450	25.00	10 520	1 262 400	77.93	120	93.51
E	500	27.78	12 150	1 433 700	81.00	118	95.58
总计	1 800	100.00	40 000	5 196 040	74.07	129.9	96.22

市场渗透指数(market penetration index,MPI)是指酒店的平均出租率与竞争群平均出租率的百分比。市场渗透指数表示酒店在竞争对手中获客能力的强弱。其计算公式为

市场渗透指数=酒店的出租率/竞争群平均出租率×100%

竞争群,即酒店根据自身客源特点及档次等指标,锁定 5~10 个竞争对手,简称为竞争。有些酒店因淡、旺季客源结构会有变化,所以会设置多个竞争群。市场渗透指数评估原则:指数高于 100%,则表示酒店的获客能力(销售能力)高于竞争对手;指数低于 100%,则表示酒店的获客能力不如竞争对手,应尽快调整经营策略,确保市场份额不会继续丢失。

平均房价指数(average rate index,ARI)是指酒店平均房价与竞争群平均房价的百分比。其计算公式为

平均房价指数=酒店平均房价/竞争群平均房价×100%

平均房价指数评估原则:指数高于 100%,说明酒店的平均房价高于竞争群的平均房价;指数低于 100%,说明酒店平均房价低于竞争对手的平均房价,应考虑酒店产品定价相关问题,比如个别畅销但定价较低的房型,应该提价了;如果平均房价指数为 100%,则表示该酒店客房的平均价格为目标市场的平均水平,处于中等

地位。

每间可出租客房平均收入指数(revenue per available room index)是将酒店的每间可出租客房平均收入与特定市场或竞争对手的每间可出租客房平均收入进行比较,以衡量酒店在市场中的表现。该指标可帮助酒店管理层了解自己的市场份额和相对竞争力。每间可出租客房平均收入指数高于100%表示酒店的每间可出租客房平均收入表现优于市场平均水平,低于100%则表示表现不如市场平均水平。

综上所述,渗透指数选取了与计算市场平均值相同的指标。当渗透指数大于100%表明超过了市场平均值;而低于100%表明没有达到市场平均值。当渗透指数等于100%时,则表示与市场平均值持平。换句话说,就是酒店达到了市场的平均表现,既不好也不坏。想要了解市场渗透指数,需要如下的计算

市场平均出租率=售出的总间夜数/总可卖间夜数×100%
$$=40\,000\,/\,(1\,800×30)×100\%$$
$$≈74.07\%$$

市场每日平均房价=总客房收入/售出的总间夜数
$$=5\,196\,040\,/\,40\,000$$
$$≈129.9(元)$$

可出租客房平均收入=市场每日平均房价×市场平均出租率
$$=129.9×0.74$$
$$≈96.13(元)$$

这些运算结果允许我们计算基于市场平均出租率、市场每日平均房价和可出租客房平均收入的渗透指数。

其他指数:

每间可订客房的营业毛利润指数(GOPPAR index)用于比较酒店的每间可订客房的营业毛利润与市场平均水平的关系。每间可订客房的营业毛利润指数高于100%表示酒店的每间可订客房的营业毛利润表现优于市场平均水平,低于100%则表示表现不如市场平均水平。

每个可用座位的小时收入指数(RevPASH index)用于比较酒店的每个可用座位的小时收入与市场平均水平的关系。每个可用座位的小时收入指数高于100%表示酒店的每个可用座位的小时收入表现优于市场平均水平,低于100%则表示表现不如市场平均水平。

客户满意度指数(customer satisfaction index)用于衡量酒店客户对服务和体

验的满意程度。高客户满意度指数通常意味着酒店提供出色的服务,有助于吸引和保留客户,提高盈利能力。高客户满意度指数表示酒店在客户体验和口碑方面表现良好,对于吸引新客户和维持客户忠诚度至关重要。

客户满意度:随着互联网、在线旅游代理商平台的发展,点评系统的透明化,这些使得客户满意度管理工作变得更加容易。要做好客户满意度管理,酒店需要建立主动服务意识,关注那些最影响客户满意度的服务项目,并及时做好客户投诉处理,防患于未然。而不是等事态发展到严重的境地,再来救火。

员工满意度:员工满意度与客户满意度调查,有异曲同工之处。行业一直推崇的"员工第一、客户第一"的服务理念。国内某著名连锁火锅餐厅,在这方面就表现得淋漓尽致,非常到位,其旗下的所有餐厅,仅考核客户和员工满意度两个指标。因为良好的服务品质,干净整洁的环境,食客们宁愿排队一两个小时都心甘情愿。

营收增长率(revenue growth rate)用于衡量酒店在特定时间段内的营收增长百分比。高营收增长率表示酒店业务发展迅速,盈利能力强。

市场调查数据(market research data)用于酒店了解市场需求、竞争格局和客户行为,从而制订相应的策略和决策。

客户转化率(customer conversion rate)衡量了酒店从潜在客户到实际客户的转化效率。这可以通过跟踪预订转化率或访问者转化率来衡量酒店吸引和留住客户的能力。

旅游业增长率(tourism industry growth rate)是评估酒店市场潜力和需求的重要指标。通过跟踪旅游业的整体增长率,酒店管理层可以了解市场趋势和预测未来需求。

收益产生指数(revenue generated index,RGI)是指酒店的单房收入与竞争群单房收入的百分比。收益产生指数表示酒店在竞争群中单房的收益产值情况。其计算公式为

$$酒店收益产生指数 = \frac{酒店可出租客房平均收入}{竞争群可出租客房平均收入} \times 100\%$$

$$竞争群可出租客房平均收入 = \frac{竞争群所有酒店的客房收入}{竞争群所有酒店的可售房间数} \times 100\%$$

收益产生指数对比原则:酒店收益产生指数高于竞争群收益产生指数,表示酒店当前价格政策与经营策略优于竞争对手,单房价值产出高于竞争对手;反之,则低于竞争对手,应考虑房价与营销策略的调整。

其他,比如酒店组织的驱动力度。在酒店管理中,人是提高酒店收益关键因素

之一,而人是存在于组织之中的,因此,要提高酒店收益,就要加强组织的驱动力度。首先,酒店组织的工作环境和氛围对员工的工作行为会产生较大的影响,如果员工可以感受到组织对自身的支持,就会增强员工对酒店的归属感和责任感。其次,在酒店中工作可能会涉及一些理论知识或者较为复杂的技术操作,如果组织能够为员工提供相应的培训,就可以有效提升员工的工作能力。再次,酒店可以设置一些绩效激励制度,将员工的绩效与酒店收益挂钩,以此来激发员工的工作动力,助力提高酒店收益。最后,酒店管理者的相关素质也非常重要,如职业素养、工作经验,等等,这些都会在一定程度上影响员工的工作行为。

2012年1月1日,我国正式试点启动"营改增"税务试点项目,即将营业税改为增值税。当整体税务缴纳项目不变,"营改增"可以降低酒店的税负,但是从酒店营业利润的角度来看,却会产生不一样的结果。第一,酒店的收入会减少。营业税是酒店整体收入的一部分,将营业税改为增值税后,酒店的收入就会减少,如果酒店想要增加收入,酒店就需要调整价格,这很有可能导致酒店失去对价格敏感的客人。第二,酒店的部分成本下降,人工成本和原料、采购等成本都属于酒店的运营成本,当营业税改为增值税后,虽然人工成本不能获得增值税发票,但是像原料、采购这样的成本却可以获得相应的增值税专用发票,实施专项抵扣,从而降低酒店的运营成本。第三,酒店利润可能下降,由于营业税改为增值税会导致收入减少而成本降低,利润最终如何变化就无法确定,因此可能存在利润下降的压力。

那么,当面对像"营改增"这样的税务改革时,酒店应该如何应对才能够保持利润不变甚至提高利润,这就需要依靠酒店各个部门的配合。针对营业税改为增值税对酒店收益的影响,酒店可以采取如下的措施:一是对酒店经营进行专业化、专职化分工。酒店属于劳动密集型产业,人力成本占酒店总成本的比例较高,可以达到约35%,而人力成本支出不能获得增值税专项抵扣,所以酒店可以扩大外包服务的范围,将酒店的部分经营环节外包,如保洁、安保等,以此来增加增值税的抵扣额度。二是对酒店的供应商实施规范化管理。采购在酒店支出的占比较大,约为37%。与此同时,采购方面的内容也比较复杂,因此酒店应该尽量选择正规的供应商,要求供应商开具正规的发票,以此来减少税负。三是要加强酒店内部的管理。在管理酒店时,要尽量保证酒店的工作人员各司其职,不串岗,明确各部门的职能,将增值税项目明确落实到相应部门,帮助减少税负。

我国酒店行业的结构从供给上来看,主要还是以金字塔为主,且经济型酒店占据主体地位。同时,中产阶级的不断崛起也使得中端酒店的发展空间不断扩大,增长速度达到了约25%。但中端酒店的这一发展趋势却给高端豪华型酒店的发展带来了阻碍,使得人们对高端豪华酒店的需求保持在一个较为低速的增长水平,对高端酒店的收益产生了不利的影响,因此发现酒店客房收益影响因素对于提高高端酒店收益具有非常重要的意义。下面以 M 酒店为例,阐述工作日对酒店收益的影响,为高端酒店市场的经营发展提供借鉴。客房出租率、平均房价、客房收益这三个指标都可以用于衡量酒店收益状况,以此来分析工作日和周末这两个时间段对酒店经营产生的影响,进而对提高酒店收益提出相应的建议。对于酒店行业来说,可以把工作日认为是周日到周四,周末认为是周五到周六。在工作日期间,酒店客房的出租率基本上处在 60%～100%之间,而周末的客房出租率约在 40%～80%之间。如果是在 2 月份前后,受春节影响,客房的出租率一般会下跌到 20%左右。从客房出租率的峰值和谷值来看,工作日期间一般是星期三出现峰值的情况最为频繁,也是出租率达到 100%的次数最多的工作日,而星期日则是出现谷值次数最多且数值之间差距最大的一天。据网络数据统计,M 酒店整体平均房价在 1 400 元左右,但是峰值可高达 1 600～1 800 元/晚,所有的峰值都集中在工作日,谷值可低至 1 000～1 200 元/晚,以周末为主。

从 M 酒店的平均房价来看,客房价格的谷值与峰值之间的差额达到了 400 至 800 之间,峰值都基本集中在工作日,但是与客房出租率不同的是,峰值多出现在星期四和星期二。在 1 月和 2 月时,酒店的平均房价受到假期的影响相对较小,且在五一劳动节期间,酒店的平均房价并没有太高,这很可能是由于此时中端酒店的性价比更高,高端酒店的价格优势较弱,于是更多的消费者更倾向于选择中端酒店。M 酒店的客房收益在工作日期间的变化幅度较大,整体的浮动范围在 30 万元到 80 万元之间,周末的客房收益浮动范围约在 30 万元到 60 万元之间。1 月和 2 月是酒店的淡季,最低值约为 10 万元,3 月份的收益普遍比其他月份更高。从 M 酒店的客房收益现状,可以得出 M 酒店在客房收益中存在的一些问题。酒店的客房出租率在周末较低,而工作率较高,且浮动的幅度可达约 50%,这很有可能与商务客人的出行习惯有关。商务客人在工作日出差更为频繁,导致工作日的出租率更高。M 酒店的平均房价相对于其他高端酒店来说,整体价格水平相对偏低,这可能是因为酒店的主要消费者是商务客人,客源较为单一,同时酒店所签订的公司协议价和旅行社协议价较低,在一定程度上拉低了酒店的平均房价,导致酒店客房的收益难以提升。同时,酒店在前台所实施的经营策略不够完善,部分员工缺乏自觉性和主动性,容易产生懈怠心理,当前台部门缺乏相关的硬性规定措施时,客房收益就可能会停滞,甚至下降。在运营策略方面,M 酒店也存在着明显的不足。M 酒店是商务型酒店,受淡、旺季和会展的影响较大,但是酒店并没有针对这两点来调整策略,迎合市场需求,所采用的策略在整体上较为单一,导致酒店收益无法大幅度提高。为了提升M酒店的客房收益,M酒店可以采取如下措施。第一,酒店需要对自身的客源渠道进行分析,找出是什么原因致使周末客房的出租率较低,然后采取相应的措施,如推出特价房、将客房服务与酒店的其他服务产品绑定出售等,以此吸引客人,提高周末客房出租率。第二,在签订公司协议价时,可以选择更高质量的企业,规定企业最低的合作门槛,弥补签订协议价所提供的优惠。与旅行社进行合作时,也可以规定最低的入住标准,同时附加绑定其他酒店服务产品,提高协议价格,比如附赠早餐、饮料或者其他娱乐体验项目,提高客人的入住体验。第三,酒店应该定期对员工进行培训,提高员工的销售技巧或者服务技能,用良好的酒店服务意识吸引客人。同时,酒店还可以给员工设置个人目标,并制订有效可行的激励制度,增强员工的主动积极性,提高客房收益。第四,应对淡、旺季采取相应的策略,不能一成不变。比如在春节期间,很多人都会选择家庭出游,酒店可以重点推广家庭套房,同时捆绑销售早餐、酒水饮料或者一些娱乐项目等。或者,在一些节假日与外部商家进行合作,推出一些联名产品,比如迪士尼主题客房,等等。这些策略都将有利于提升酒店收益。

酒店收益管理外部衡量指标:酒店收益管理外部衡量指标的应用是为了帮助酒店管理层了解酒店在市场中的表现、竞争力和潜力,并做出相应的决策和改进措施。以下是酒店收益管理外部衡量指标的一些应用。

竞争力评估:通过比较酒店的可出租客房平均收入指数、每间可用客房的营业毛利润指数和每个可用座位的小时收入指数与市场平均水平的关系,酒店管理层可以评估酒店在市场中的竞争力。如果指标表现优于市场平均水平,说明酒店在价格、房态和餐饮方面具备竞争优势。如果指标表现不如市场平均水平,可能需要进行定价调整、增加市场推广或改进服务质量等措施来提升竞争力。

市场份额分析:通过监测市场份额指标,酒店管理层可以了解酒店在目标市场中的占有比例。如果市场份额较低,可能需要加大市场推广力度、开拓新客源或提供差异化的产品和服务,以增加市场份额。

客户满意度改进:通过客户满意度指数,酒店管理层可以了解客户对酒店服务和体验的满意程度。如果客户满意度较低,可能需要改进服务流程、提升员工培训和素质,以及优化客户体验,以提高客户满意度并增加客户忠诚度。

市场调查数据应用:通过市场调查数据,酒店管理层可以了解市场需求、竞争格局和客户行为。这些数据可以帮助酒店管理层制订市场定位、产品策略和市场推广计划,以满足客户需求并抓住市场机会。

收入增长预测和战略规划：通过分析营收增长率和市场趋势，酒店管理层可以预测未来收入增长趋势，并制订相应的战略规划。这可以包括扩大市场份额、开拓新市场、增加房间数量或改进餐饮业务等措施，以实现收入增长目标。

综上所述，酒店收益管理外部衡量指标的应用涵盖了竞争力评估、市场份额分析、客户满意度改进、市场调查数据应用以及收入增长预测和战略规划等方面。通过综合分析这些指标，酒店管理层可以做出更准确的决策，优化经营绩效和盈利能力。

3.3　小结

作为服务行业中的一种，酒店行业有着其自身的特殊性，除了难以实现一对一的服务，还呈现出周期性、季节性、区域性等主要特点。酒店行业的经营状况、繁荣度会随着国家经济发展呈现周期性波动；在不同区域，酒店行业的发展状况也会有所差距；酒店经营分为淡、旺季，主要受季节和国家法定节假日的影响。同时，不同类型的酒店在市场定位、设施设备、接待对象和服务质量等方面都显示出了种种差别，但无论是何种类型、何种级别的酒店，它们所提供的服务产品都有着相同的属性：酒店产品是无形的，也没有具体实在的尺度去衡量这种产品的质量；酒店产品是即时性的，生产与消费同时进行；酒店产品不可贮存，价值随时间的消逝而消失；酒店产品的质量可变，受人为因素影响；酒店产品具有季节性；人们对酒店产品的选择受酒店的社会形象影响。基于酒店产品的特殊属性，酒店应该重视服务过程、重视个性化的服务、重视服务补救，这样才能吸引消费者，尽可能提升酒店的收益。

酒店收益可以从传统会计学和经济学两个方面对其进行解释。在经济学上可以理解为在期末和期初拥有同样多的资本前提下，企业成本核算期内可以分配的最大金额；在传统会计学上可以理解为企业在一定交易期间的已经实现的收入和相应费用之间的差额。会计学慢慢将经济学中的某些收益概念内核融入会计理论的收益概念，引导其向经济学收益概念发展。

酒店收益管理是酒店运营的主导，帮助酒店实现收益的最大化。在酒店收益管理中，衡量酒店的收益是其中的一个关键步骤。酒店收益的衡量可以通过一系列的指标，这些指标可以帮助酒店确定市场的需求趋势、改进机会以及成功领域。依据衡量酒店收益方式的不同，可以将这些衡量指标分为外部衡量指标和内部衡量指标。

第3章 酒店收益衡量指标

练习题

1. 如表3.4所示,假设一共100间客房,请计算下列哪种情况最好?请简要分析。

表3.4

情形	平均客房价格/元	出租客房总数	客房出租率/%	客房总收入/元	每间可供出租客房收入/元
1	550	10	10		
2	450	40			
3	350	70			
4	288	85			
5	200	92			

2. 如表3.5所示,通过学习本章,计算并填写以下空白。

表3.5

酒店	客房数	容量市场份额/%	4月份出租率/%	4月份平均房价/元	4月份销售房间数	4月份客房收入/元	4月份销售客房市场份额/%	4月份客房收入市场份额/%	每间可销售客房渗透指数/%	每间可销售客房收入/元
A	150		60	160.00						
B	225		68	140.00						
C	400		65	115.00						
D	525		80	96.00						
E	750		83	90.00						
市场总数	2 050	100					100	100	无	

第 4 章　酒店竞争群的建立

学习目标
1. 明确酒店竞争群的定义。
2. 明晰酒店竞争群的选择标准,能帮助具体酒店建立竞争群。

4.1　酒店竞争群的定义

酒店竞争群(hotel competitive set)是指在市场上与特定酒店竞争的一组相似酒店。这组酒店通常具有相似的定位、产品特点、目标客户和市场定价。竞争群中的酒店通常面临相似的市场环境和竞争压力。酒店所选取的竞争群并非是固定不变的,可以根据淡、旺季或者其他实际状况做出相应改变,同时设置多个不同的竞争群。当酒店的目标市场、等级档次或者提供的产品和服务一致或相似时,这些酒店就可以组成一个竞争群。当然,如果酒店在经营环境方面相同的话,也是同样可以组成共同的竞争群。

酒店竞争群的选择基于多个因素,包括地理位置、设施和服务水平、客房数量、餐饮设施、品牌定位等。一般来说,竞争群中的酒店应该与目标酒店具有一定的相似性,但同时也要有一定的竞争性,以确保有效的市场比较和竞争分析。

酒店竞争群对于酒店经营非常重要,它提供了一个比较基准,使得酒店能够了解自己在市场中的表现,并通过与竞争对手的比较来制订合适的市场策略。通过分析竞争群的定价、市场份额、客户满意度等指标,酒店可以调整自己的价格策略、优化产品和服务,以提高竞争力和市场地位。

酒店竞争群也可以用于市场调研和市场推广活动。通过了解竞争群的市场活动、促销策略和客户群体,酒店可以制订自己的市场推广计划,并采取相应的市场定位和营销手段,以吸引目标客户和提高市场份额。

总而言之,酒店竞争群是指与特定酒店在市场上相似且具有竞争关系的一组酒店,通过比较和分析竞争群的指标和表现,酒店能够制订合适的市场策略和决

第4章 酒店竞争群的建立

策,提高竞争力和盈利能力。

4.2 酒店竞争群的选择标准

一旦酒店的管理层清晰地掌握了本酒店的经营状况指标,就需要与其认为的那些竞争对手进行对比。这一组酒店就被称为竞争对手或者竞争对手组合。哪些酒店应该被包含进这个组合呢?

每个酒店都应该明确自己的竞争对手。应该把一个机场跑道旁边的经济型酒店列为一家市中心高档酒店的竞争对手吗?可能不会。竞争对手组合总体上应该涵盖本酒店附近提供相似产品和价格的那些酒店。定义竞争对手的标准时应该提出一个基础性的问题:这些酒店的目标客户是否一致?设置竞争对手组合时应该包含以下一些考虑因素。

考虑到地理位置,一个潜在客户会去选择临近的一些酒店。在高密度的大都市市场环境里,这个"临近"可能是任何合理的距离,从两个街区到15分钟的车程都有可能。一个酒店的收益经理可以在地图上以自己的酒店为圆心,以一个给定的距离为半径画圆,这样来圈出竞争对手。在市郊或者度假村市场,需要测距来确定的竞争对手酒店不应该只包括临近的竞争酒店,而应该包含从一个主要客源点出发相同距离的其他竞争对手。从一个客源集中点(例如一个机场或者一个主题公园)出发驾车距离相似但是与本酒店方向相反的酒店也可以和我们竞争同样的客人。在度假酒店市场,酒店与沙滩的距离或者与滑雪场的距离都可能影响度假者的酒店选择。

一旦设置了地理上的边界,我们就开始按照其他标准来将这一区域内的酒店从我们的竞争对手名单上增加或者删除了。能够提供相似设施的酒店就应该被列为竞争对手。那些没有停车设施、健身房和会议设施的酒店需要去决定是否与有这些设施的酒店来竞争。任何客人需要的设施都是重要的(例如客房送餐服务或者房间内电影点播服务等)。全服务型酒店所服务的客人往往比有限服务型酒店的需求更加多样化。公寓型酒店不会去和一家提供顶级奢华服务的精品型酒店竞争,即使它们处于同一街区,这是因为它们拥有非常不同的设施,同时面向不同的细分市场。

房价价格范围和价格体系都应该被考虑。在客人眼中,在同一地段的、有着相似设施的、同时价格也相近的酒店就成了他们的不同选择。基于这样的属性,把这些酒店列为竞争对手就再合理不过了。价格体系是指存在相似的多级价格体系,还可能包括季节价格、会议价格和老年人价格。周末报价和常客价格也可以成为比较的一部分。如果在临近区域中的某酒店在价格水平和结构上与本酒店相似,这个酒店就应当被列为竞争对手了。

潜在客户认为在同一范围内的同等级的酒店提供相似质量的产品。评级服务会认真审视酒店的各种属性,从酒店外观是否吸引人、维护保养情况、酒店是否干净到服务水准和员工的能力。同一市场中的同星级酒店应该被视为竞争对手。

在设置竞争对手时考虑互联网搜索引擎和在线比较购物网站的因素也是非常重要的。很多潜在客人正在使用这些工具来选择酒店。所以酒店也应该做相应的搜索来审视搜索出的这些酒店。那些最流行的搜索引擎或者旅游网站所列出的搜索结果既是对酒店已经明确的竞争对手名单的确认,同时也可能会显露出其他一些还没有设置为竞争对手的酒店。搜索引擎使用相同的标准识别出最符合关键字的项目。更好的搜索引擎还提供按照房价、分类或者设施来排序的功能。请注意大多数搜索并不是"自然的"(这里"自然的"是公正的意思,"自然的"结果是基于相关的搜索标准而得出的)。服务供应商可以付费以获得首页显示或者在列表中几乎置顶显示的权利,以使他们在特定的列表中占据更加有利的位置。即使如此,去做相应的搜索还是值得的。收益经理需要从客人的角度了解他们有哪些选择,从而准确设置竞争对手。

4.3　建立竞争群

酒店行业的发展与旅游业息息相关。近年来,随着旅游业的繁荣发展,酒店行业内的竞争也变得越发激烈。为了更好地服务客人,满足客人的需求,酒店必须采取措施提高酒店的服务质量,提升酒店的知名度,增强自身的核心竞争力。因此,建立酒店竞争群就成为酒店提升自身核心竞争力,扩大市场份额的重要措施。

建立酒店竞争群需要考虑多个因素,并采取以下步骤。

确定竞争关系:首先,确定酒店在特定市场中的主要竞争对手。这些竞争对手应该与酒店具有相似的地理位置、目标客户群和产品定位。

分析市场定位:评估酒店的市场定位和目标客户群。考虑酒店的品牌定位、价格水平、设施和服务水平等因素。这些因素将有助于确定与酒店竞争的其他酒店。

考虑地理位置:地理位置是建立竞争群的重要因素之一。考虑酒店所处的地理位置和附近的竞争酒店。选择在相同区域或附近的酒店作为竞争群的候选酒店。

分析客房数量和类型:考虑竞争酒店的客房数量和类型。酒店应该与那些拥有类似客房数量和类型的竞争酒店进行比较,以便进行公正的竞争分析。

考虑设施和服务水平:比较酒店的设施和服务水平。这包括餐饮设施、会议设施、健身中心、游泳池等。选择那些设施和服务水平相似的竞争酒店。

考虑价格水平:比较酒店的定价策略和价格水平。选择那些与酒店定价策略相似的竞争酒店,以便进行有效的价格比较和竞争分析。

定期更新竞争群:市场竞争是不断变化的,因此需要定期更新竞争群。定期进行市场调研,监测市场变化和竞争态势,以确保竞争群的准确性和有效性。

建立酒店竞争群需要综合考虑多个因素,并结合市场调研和分析。这样可以确保竞争群的准确性,为酒店提供有用的竞争对手比较和市场分析数据,从而制订有效的市场策略和决策。

要想成功地建立合适的酒店竞争群,筛选出合适的竞争成员或者竞争对手是其中非常关键的步骤之一。一般情况下,可以选择五六家酒店作为酒店竞争群的成员。在选择酒店竞争对手之前,首先要探究一下寻求合适竞争对手的目的是什么,主要从以下三个方面进行关注:第一,在市场上哪些酒店正在与我们争夺客户;第二,与我们争夺客户的酒店所采取的定价与营销策略;第三,根据竞争对手所采取的定价与营销策略,我们应该制订怎样的策略来进行应对。当某些酒店的客源与我们的客源重合度较高时,就可以将这些酒店作为我们真正的竞争对手。筛选与酒店客源重合度较高的酒店,可以从酒店的地理位置、档次、类型、配套功能及体量、品牌相似度这几个维度来进行考虑。酒店是商业形态的一种,而在商业当中首先考虑的内容就是地理位置,以酒店为中心点,可以将地理位置分类为 3 km 范围内、5 km 范围内、10 km 范围内、同城同区位、类似城同区位。如果酒店能在 3 km 内找到客源重合度较高的酒店,就可以将其作为酒店的竞争对手;如果没有找到,就按照顺序逐级放大范围。一般来说,如果酒店是处于中央商务区(CBD)这样的位置,往往在 3 km 范围内就可以找到合适的竞争对手。但是如果酒店处于城市郊区这样的位置,要在一定范围内找到合适的竞争对手就较为困难,这时就可以考虑同一个城市的不同行政区,甚至考虑其他城市类似的区域酒店。当酒店档次不同时,酒店所接待的客源层次也会有所不同,因此档次区分显得非常重要。在区分酒店档次时,一般按照传统的星级分类对酒店进行筛选,即五星级、四星级、三星级角度。随着酒店业的发展,一些城市的五星级酒店也在逐渐细分,形成了如奢华五星、精品五星、豪华五星、标准五星等类别,那么这时就应该优先选择细分类别作为酒店的竞争对手。在选择同档次的酒店时,首先应该确定一个大的档次方向,再寻找与酒店最为相似的细分品类。如果细分品类中能够选择的酒店不足以建立一个竞争群,那么就应该往较为近似的细分品类中找。根据酒店的类型的不同,如商务、度假等类型,所面对的客源类别也是不同的。酒店在寻找竞争群的成员时,应该要找到相似类型的酒店来做对比,而不是用商务酒店来对标度假酒店。同时,酒店的配套功能和体量相似也是非常重要的,但却容易被忽略。酒店的配套功能如会议室、娱乐设施等都会影响酒店的竞争力以及定价策略等。在体量方面,首先考虑的是酒店整体的占地面积和用地面积,这些一般是从酒店的房间数上体现出来,因此要重点关注酒店在房间数上的相似度。例如,在同类型、同档次酒店的基础上,拥有更多房间的酒店在提升房间出租率方面存在着更大的压力,从而导致酒店定价策略的差异。在品牌相似度方面,主要是将酒店分成国际品牌、国内连锁、国内非连锁这三类。如果酒店是国际品牌,那么就应该选择国际品牌作为竞争对手,国内连锁酒店对标国内连锁酒店。连锁酒店一般拥有较大的会员池,而本土酒店往往不具备这个优势。总之,地理位置是酒店在建立竞争群时要考虑的第一个维度,其他维度则不分先后。如果酒店找到完全匹配的竞争对手具有较大的困难时,也可以找到类似的酒店来作为竞争对手,建立酒店竞争群。

4.4　酒店建立竞争群的意义

当前,酒店群不断壮大发展,它存在的意义是什么?建设酒店群真的有必要吗?酒店行业在经历了数次的革新后,产生了更多新的机会,但同时也存在着瓶颈尚未突破,这时酒店群的崛起就成了新的契机。经过四十多年的发展,酒店行业的规模越来越大。有数据显示,截至2019年底,星级酒店的数量就已经有一万多家,这还没有算上那些没有纳入星级体系中的高奢酒店、单体酒店等。当某一地区的酒店数量过多,酒店需求出现过剩的情况时,那些缺乏竞争力的个体酒店就很容易被排挤出市场。与此同时,与酒店行业息息相关的旅游行业蒸蒸日上,这使得旅客们对酒店的要求越来越高,旅客们不再局限于酒店的住宿服务,还对娱乐、度假体验等方面提出了更高的要求。要满足旅客们的这类需求,酒店的功能就需要不断扩展,所需要的土地面积也就越来越大。如果只是仅凭一家酒店,要实现这样的扩展是比较困难的,而酒店集群的出现恰好能够对此进行弥补。第一,酒店集群能够发挥集聚效应。当前,酒店行业竞争激烈,如果不是具有非常鲜明的特色,或者流量大,单个的酒店很难吸引消费者前来消费,要是酒店位置偏僻,就更难吸引到顾客。但是形成酒店集群后,就会提升酒店对客户的吸引力,酒店集群在某种意义上也成了一个旅游地,能够比单一的酒店吸引到更多的顾客。同时酒店内的成员之间也会发生竞争行为,激发出更大的创造力,顾客可以获得更大的选择空间。第二,酒店群会带来更大的传播力。这种传播力是媒体维度上的。酒店集群对于媒体来说仍然是值得宣传与探讨的,比如海南的海棠湾,西北游路线上的黄河宿集。也就是说,从酒店的角度来看,可以获得更多在媒体上的曝光机会,放大特色,即使是酒店集群中较小品牌的酒店也能够从中获益,拥有更多与目标客户接触的机会。第三,建立酒店集群可以协同品牌效应,实现酒店之间的互补发展。酒店集群中的酒店不仅限于竞争关系,还可以是一种合作互补的关系。酒店集群的建立并不是简单粗暴地在地理位置上的聚集,而是在功能上的配合,以此来满足不同阶层和年龄段消费者的偏好和个性化需求。酒店集群内的酒店类型多样,可以进行优势互补,以实现品牌之间的协同发展。

作为市场经济的第一原则,竞争可以提高社会生产力,帮助促进合理配置社会资源。在不断的竞争中,企业会想方设法投入资源来创新,开发新的产品,以此获得竞争优势,抢占更多的市场份额,获得更多利润。因此,建立酒店竞争群对于酒店的经营具有十分重要的意义。我们首先要明白竞争的基础是可代替,当酒店感觉到自己可能被随时代替时,才会感受到竞争的压力,从而促使酒店自主进行改变。建立酒店竞争群可以让酒店更明确地感受到竞争的压力,促进企业变通,提高自身的竞争力。建立酒店竞争群主要从以下几个方面对酒店运营实施作用。第一,建立酒店竞争群可以明确团队目标,避免员工迷茫。当团队目标明确后,酒店就可以明确划分员工的工作职责,让员工在团队中充分展示自己的能力,进而让员工意识到自身在团队中的价值。在一个团队中,首先重要的就是要让团队成员明白自己的目标是什么,应该要怎么做才能达成团队目标。第二,建立酒店竞争群可以发挥"鲶鱼效应"作用,给酒店施加压力。一家酒店,如果不主动参与市场竞争,就很有可能会被市场淘汰。许多成功的企业都会通过淘汰部分员工,引进新员工来在企业内部制造竞争的氛围,在无形当中给员工施加压力,以此来激发员工的活力。建立酒店竞争群也是同样的道理,酒店之间的竞争氛围会促使酒店不断提出新的想法,激发新的思维,促进酒店保持积极上进。但是在引入酒店竞争群成员时,要注意选取合适的竞争对手,不可盲目自大,也不可过于谦卑。否则可能会因为竞争对手过于强大,而无法超越导致丧失竞争信心;或者竞争对手无法与自身匹敌而只是维持表面竞争,无法真正发挥竞争群的作用。第三,对于酒店来说,建立竞争群可以促使酒店持续创造。在当前的经济环境下,酒店若只想通过产品来谋求自身优势是远远不够的,必须要建立竞争优势群,对酒店的竞争优势进行整合,只有这样才能保持酒店经营的可持续性。第四,建立酒店竞争群可以帮助酒店了解并分析竞争对手的竞争战略,依据竞争对手的竞争措施来为自身制订科学合理的竞争战略,这有利于提升酒店的整体业绩和核心竞争力。

4.5　酒店的竞争战略

　　竞争是企业之间的一种博弈,是企业为了实现自身的生存和发展而不得不参与的一种活动。企业之间的竞争是动态的。名不见经传的小企业可能转眼间就会变成备受关注的明星企业,像这样的行业竞争世界上每天都在上演。竞争不可避免,也是企业持续健康发展的基础。竞争虽然会带给企业许多的不确定性,使企业面临被市场淘汰的风险,但若市场中没有竞争,企业可能失去创新动力和进取精神,导致组织效率低下等问题,不利于企业的长期发展。同时,竞争也为那些中小微型企业提供了发展的可能,有机会成长为大型企业。

　　企业之间的竞争可以从三个角度去看待:商业模式竞争、品类竞争、定位竞争。商业模式竞争是宏观层面上的竞争,现代管理学之父彼得·德鲁克(Peter F. Drucker)曾经说过:当今企业之间的竞争,不是产品之间的竞争,而是商业模式之间的竞争。商业模式竞争换个说法也就是指满足客户需求方式之间的竞争。商业模式可以分为四种基本类型,分别是产品领先模式、成本领先模式、服务领先模式与平台领先模式,其他更为复杂的模式则是这些模式的混合或者演化。有时候,表面上看起来是企业在品类上的竞争,然而实际上却是商业模式在发挥作用。品类竞争是中观层面上的竞争,企业之间的竞争并不是表面上企业与企业、品牌与品牌的竞争,其实质上更多的是品牌所代表的品类之间的竞争。消费者内心本质的需求实际上是对产品品类的需求,这是引发消费者购买行为的真正原因。当企业之间所采取的商业模式相同时,品类就开始发挥其作用,成为企业之间的核心竞争。比如微软和安卓的商业模式都是以平台领先。这两个企业的竞争则是PC操作系统品类与手机操作系统品类之间的竞争。定位竞争则是微观层面的竞争,是指在同一品类下,品牌定位之间的竞争。品牌的定位一般可以分为两种,一种是现有品类下的定位;另一种是开创新品类。品牌定位的竞争同时也是企业之间的终极竞争,是企业最终要解决的竞争战略。当品牌在市场上的定位足够精确时,产品的价值和地位就能够被认可,企业在市场上就能够分到一杯羹。

　　在市场上,有竞争,就会有竞争战略。竞争战略是企业谋求长久发展的关键。任何的经营策略都应该建立在知己知彼的基础上,对于酒店经营来说,体现在三个方面:一是酒店要了解自身的实际状况,并进行准确客观分析,找到酒店的优势所在;二是要尽可能全面深入地了解竞争对手,分析竞争对手的优劣势,这样才能做到避强击弱;三是要对消费者进行酒店选择的意向调查,找出市场上目前的漏缺部分或者潜在需求。只有知己知彼,酒店才能制订出科学合理的竞争策略,使竞争策略行之有效。酒店的竞争战略一般需要经历四个阶段。第一阶段,战略调查。酒店在实施竞争战略调查时要具备长远的目光,不被传统观念束缚,能够善用直觉并进行创新性思考,找到企业发展中关键性的深层问题。酒店在进行战略性调查时一般需要弄清以下几个问题:当前市场中存在的需求以及潜在需求;当前存在的竞争对手以及潜在竞争对手;酒店竞争对手和酒店自身优劣势;酒店经营目前存在的问题以及潜在问题。战略调查的目的就是搞清酒店以及与酒店相关事物之间的联系,既包括在空间和时间的联系,也包括无形和有形的联系。第二阶段,战略提出。在完成竞争战略调查后,酒店需要草拟出一份竞争战略草案,对竞争战略草案的撰写不一定要非常具体详细或者具有非常高的系统性,但是一定要尽可能地把竞争战略的核心内容阐述清楚。制订竞争战略草案是一件相当具有难度的任务。对工作人员来说是一个重大的考验,这要求工作人员具有高度的事业心和责任感,同时能够发挥创造性思维,不墨守成规,这样才能够为酒店制订出一份行之有效的竞争战略。第三阶段,战略咨询。在提出竞争战略草案后,酒店需要对竞争战略的正确性以及可实施性进行审核,以此来尽量避免战略失误,提高酒店的战略水平。要确定酒店的竞争战略是否能够实施,可以将整个战略方案或者战略中的部分问题报送有关机构或者人士,寻求他们对战略方案的意见。这里所提到的有关机构或者人士可以是酒店行业的业内人士或者战略顾问,也可以是企业所委托的业务咨询机构。企业在委托咨询机构时,一定要谨慎选择合适的咨询机构,坚持不唯名、不唯大、只唯能的原则,即使是咨询机构提交了研究报告,也可以再适当地征求其他外部方面的意见。第四阶段,战略决策。竞争战略的决策对酒店发展具有决定性的作用,在决策酒店竞争战略时,酒店要尽可能地多听取各部门的意见,充分发挥民主,由集体对竞争战略进行决策,以此来确保酒店的整体利益和长远利益。竞争战略的制订对酒店的发展具有非常重要的作用和意义,它可以帮助明确酒店的发展方向,为酒店的业务发展制订未来计划,这些都有利于酒店员工上下齐心协力,加强员工的责任感,不断提高酒店的业绩。同时,制订竞争战略可以让酒店更加注重自身的长期发展,而非停留于短期业绩,有利于提升企业的核心竞争力以及保障企业的长期发展。

战略管理是指企业围绕企业目标,根据企业的自身条件及内外部环境来制订战略目标,并通过实施各种行动去实现所制订的战略目标,同时对实现战略目标的过程进行监控,以保证战略目标可以按计划完成。这是一个动态的管理过程。竞争战略是企业总体战略体系的一部分,用来指导企业在市场竞争中所采取的计划和行为。在竞争战略中,企业首先会确定客户的需求,然后对企业自身的产品以及竞争企业的产品进行分析,以此来确定自身产品在市场中的地位,并继续保持或者提升市场地位。波特(Porter)提出,在企业战略中,获取竞争优势是其核心内容。企业的竞争优势主要受到两个因素的影响,一是产业的吸引力,这是企业盈利能力的一种体现;二是企业在所处行业中的竞争地位。因此,企业在选择竞争战略时,一般要将这两点考虑在内。企业在发展时要优先选择能够吸引客户且存在高潜在利润的产业,因为当产业不同时,其所能够带来的吸引力和盈利能力也是不同的。同时,企业要衡量自身在所处行业中有何竞争优势,只有处于竞争优势的企业才有获得更大盈利的可能性。如果企业想要长期保持这样的竞争优势,就必须持续地进行战略性投入,构建行业壁垒。

　　竞争战略主要分为成本领先战略、差异化战略、集中化战略这三种。成本领先战略是将成本作为企业的比较优势,采取一系列的措施来控制企业的内外部成本,尽可能地压低成本,获得在成本上的比较优势。成本领先战略一般用于竞争较为激烈的行业。企业能够提供标准化程度较高的产品,这有利于压缩产品的生产成本。在这个行业中,消费者对产品的价格比较敏感,价格越低,消费者选择该产品的可能性越大。同时,企业需要具备较强的议价能力,在与供应商谈判时可以获得优势,让供应商为企业提供较低的成本价格。差异化战略是指企业不以提供标准化产品为主,而是根据消费者的特殊需求来提供产品和服务。这种产品和服务具有企业自身特色,与同类企业所提供的产品和服务有所不同。这样可以通过差异化来形成企业的竞争优势。差异化战略一般用于市场上存在差异化需求的情况。一种差异化的需求能够通过一些途径实现并且这样的差异化产品或者服务能够被消费者认为是有价值的,这样的差异化就能够成为企业的一种竞争优势,竞争对手想要模仿和超越具有一定的困难。使用差异化的竞争战略可以帮助企业形成一种进入障碍,减少行业中存在的竞争对手,同时可以降低顾客对价格的敏感程度,让顾客认为企业的产品和服务物有所值,帮助企业抵御代替品的威胁。但同时,差异化战略也存在着一些劣势,与生产标准化产品相比,生产差异化产品的成本更高,且当市场需求发生变化时,企业难以及时跟进。企业的差异化战略也很有可能会被竞争对手模仿,将企业所建立的差异逐渐缩小,导致企业的差异化战略失效。集中化战略所针对的群体与前面两个战略有所不同,它通常是选择某个特定的消费者群体来为其提供产品和服务,或者选择特定的产品和服务及其细小分支来进行深入发展,为专门的分支市场来制订相应的发展战略,然后通过逐步优化来获得竞争优势的战略。在使用集中战略时,准确选择目标细分市场非常关键,对行业市场的相关情况一定要做足充分的调查与分析,尽可能避免选择那些已经存在强势企业的市场以及替代产品冲击能力强的市场作为目标。选择集中化战略可能会面临目标市场较为狭小而导致的风险。当企业将大部分甚至全部的资源都投入到了一个特定的目标细分市场时,可能会由于消费者的购买偏好发生了变化,或者有更新的替代品出现,而影响消费者对本企业产品和服务的需求,导致企业经营受到冲击。如若不能及时调整产品和服务,甚至会造成企业破产倒闭。集中化战略的基础在于消费者群体之间的需求差异,当企业所选择的目标细分市场与其他细分市场的差异过小时,企业实施集中化战略的基础就会消失。企业在选择竞争战略时,首先要根据企业的自身状况和所面临的外部环境来做一个综合的分析,依据分析的结果来选择一种竞争战略作为主要的战略手段,同时适当选择其他战略作为辅助战略,完善企业的经营战略。当前,市场的全球化不断深入,商业环境更加复杂多变,消费者的需求也不断与时俱进,企业要想提高竞争优势,就必须在战略上做出创新,比如动态竞争战略。

外部环境对酒店经营的影响可以划分为两个主要的方面。一个方面是宏观环境因素,主要是指国家制订的一些战略规划以及各种方针政策,同时也包括企业所在地的一些地方政策、经济繁荣程度、地方的资源禀赋优势、当地居民的生活消费习惯和水平,等等,可以把这些归纳分类为政治法律环境因素、社会文化环境因素、经济环境因素和技术环境因素。另一个方面是酒店所在地的竞争环境因素,主要是酒店行业的竞争环境。酒店所提供的产品和服务具有非常强的地域性和不可流动性。酒店产品和服务的消费主要是由于消费者的一些出行行为而产生的,比如商务、旅游度假。酒店相对来说处于一个比较被动的地位。因此,在对酒店的外部环境进行分析时,除了要对国家层面这样的宏观环境进行把握,还应该结合酒店所在地的实际行业竞争环境。酒店的行业竞争环境因素主要包括行业新进入者的威胁、供应商和消费者的讨价还价能力、替代品的威胁以及行业内现存酒店之间的竞争。对酒店内部环境的分析一般也是从两个方面着手。一个方面是要对酒店自身拥有的资源有一个充分的了解。资源对于一个企业的经营有着非常大的影响,这包括酒店所拥有的有形资源和无形资源。另一个方面是酒店能否对自身所拥有的资源进行合理运用、转换以及整合。资源对于酒店的经营固然重要,但是合理运用资源对于酒店经营也是必不可少的,这是酒店能力的一种体现,可以看出酒店在实施经营活动时是否具有较高的效率和有效性。简而言之,酒店所拥有的资源和酒店的经营能力对竞争战略的制订起着关键性的作用。

在对酒店的内外部环境进行合理分析之后,就可以制订与酒店相适应的竞争战略,并付诸实施,但同时,竞争战略的实施也依赖着相应的实施保障措施。

第一,酒店要培养可持续发展的服务理念,不断完善服务体系。当今社会的主流就是可持续发展,酒店在秉持可持续发展理念时,要灵活处理好客户、资源与环境这三者的关系。酒店行业属于服务行业,而服务是可循环的,因此发展的可持续性对于酒店经营来说是十分重要的。但从当前情况来看,我国的很多酒店,尤其是一些经济型酒店,在实际的经营过程中并没有注重可持续发展,有些酒店即使在指导思想中提到了可持续发展理念,也没有积极实行,只是一个空架子。这些酒店在经营时目光较为短浅,只在乎眼前的可得利益,而忽视了长期利益,忽视了可持续发展理念对酒店长久经营的重要性。因此,酒店的管理层应该将可持续发展理念融入酒店的发展战略当中,并向酒店的员工传达可持续发展理念,对员工进行定期培训。同时,也可以为可持续发展设置专门的岗位或者部门,这有利于将可持续发展理念扎根酒店,深入员工的思想以及日常工作中。酒店所提供的产品和服务是有形服务和无形服务相结合的一个综合体,有形的设施为无形的服务提供物质基础,顾客所消费的是这两者的结合体,而并非是有形事物的所有权,故可持续发展理念是酒店长久经营的关键因素。作为服务行业,酒店更应该注重提升酒店的服务品质,这样才能够建立良好的服务口碑,提升酒店的品牌价值,获得可持续发展。我国部分酒店尤其是经济型酒店在接待服务和售后等服务层面以及服务评价体系尚存在着很多不足,这些都会在一定的程度上影响酒店的可持续经营。因此,酒店应该不断地完善服务体系,对服务体系进行系统性的改进与提升。酒店是出行客户临时放松和休息的场所,酒店的整体舒适度必须能够满足客户的基本需求。这样,客户才会给酒店留下好的印象,好的评价,更容易吸引回头客,帮助酒店获得可持续性收益。要达到这样的目标,就要求酒店对酒店服务和酒店的工作人员实行统一化、标准化的管理体系,从而来吸引客户,使客户成为酒店的忠实会员群体。酒店要不断地对员工培训制度、酒店管理制度等进行创新与完善,这样才能够完善酒店的服务体系,彰显酒店服务体系的价值。在完善与构建酒店服务体系的过程当中,可以借鉴其他高级优秀酒店的经验,对员工的服务意识和态度进行系统性提升,促进酒店的可持续发展。

第二,酒店要加强员工的职业素养,提高员工业务能力。作为劳动密集型产业,高职业素质员工对于酒店经营来说十分重要。酒店应该注意将酒店的文化理念逐渐深入员工的心中,振奋员工积极进取的精神,加强员工服务的专业化,提升员工的职业素养,为员工树立良好的职业价值观。首先,酒店可以重点培养一些高素质的职业经理人。职业经理人可以从酒店有经验的优秀员工当中选拔,也可以对外招聘,并对他们进行相应的培训。职业经理人要能够保持警惕之心,敏锐地感知市场变化,带领团队做好客户开发、宣传推广等各种酒店的经营活动。部分非高档次酒店的职业经理人大多缺乏理论素养,这是酒店发展中急需解决的问题。酒店可以聘请专业人士来向职业经理人传授酒店管理的知识,提高职业经理人的理论素养。同时,酒店要能够建立完备的人才晋升制度,吸引高素质员工继续服务于酒店,降低高素质员工的流动性,提升管理级人才的稳定性。除了职业经理人,基层服务人员的业务素养同样重要。培训员工是一个长期过程,需要根据市场变化来及时更新对员工的培训内容,包括酒店卫生、员工的服务动作与表情等。员工在服务客户时必须保证服务的基本质量,熟悉自身岗位的规章制度和相应的职责,准确、高效地为客户提高服务,满足客户需求,让客户感受到酒店的贴心服务。在对员工进行工作培训时,可以对员工的业务技能进行扩展,培养综合素质,储备综合型人才,当酒店的其他部门缺少员工或者当员工想要转换岗位时,就可以及时进行补换位。

第三,酒店要强化互联网思维,做到线上、线下平台相结合。随着互联网技术的不断深入发展,酒店业越来越向智能化靠近,消费者也更加倾向于选择智能化的酒店。因此,酒店要加强互联网思维,将线上和线下服务相融合,提升客户的消费体验和对酒店价值的认可,从而发挥口碑效应,提升酒店收益。同时,酒店可以运用大数据技术,充分挖掘和拓展客户群体,利用互联网进行线上引流。如果酒店实力较强,可以投入资金开发专门的软件自用,实时掌握酒店的运营动态,便于管理酒店,降低人力成本。酒店在发挥传统优势时,将互联网思维渗入酒店经营当中,可以降低人力成本,提升客户的服务体验。这是保障竞争战略实施的一种重要手段。

STR(smith travel research)是根据酒店的特定属性和市场表现进行分类和分组的一种方法。通过将相似特征和市场定位的酒店归为同一竞争群,酒店管理者可以更好地了解自己在市场中的竞争对手,并做出相应的市场定位和策略决策。

STR酒店竞争群的划分通常基于多个因素,包括酒店的地理位置、星级评定、设施和服务水平、价格范围等。这些因素会影响酒店在市场中的竞争地位和客户群体。下面给出几种常见的酒店竞争群示例。

商务型酒店竞争群:包括同一地区的商务酒店,通常位于商业区或市中心,提

供便利的商务设施和服务,如会议室、商务中心和快速上网。

奢华型酒店竞争群:包括高端奢华酒店,提供豪华的住宿、高级设施和尊贵的服务,主要吸引高收入客户和奢华旅行者。

度假型酒店竞争群:包括度假村、度假酒店和度假公寓,位于旅游目的地或风景名胜区,提供休闲、娱乐和户外活动设施,吸引度假和休闲旅行者。

经济型酒店竞争群:包括经济型连锁酒店,提供基本的住宿设施和标准化服务,通常价格较低,适合预算有限的旅行者。

中档酒店竞争群:包括品牌连锁酒店或独立酒店,提供舒适、中等价格范围的住宿和服务,满足中等收入旅行者的需求。

4.6 小结

酒店竞争群是指酒店根据自身的实际状况,如主流客源、档次等,选定一组酒店,将自身的各项指标以及综合经营绩效等与该组酒店进行对比。酒店可以根据淡、旺季或者不同的竞争目的同时设置多个不同的竞争群。近年来,酒店业竞争越发激烈,建立酒店竞争群有利于提升酒店的核心竞争力,不断改善酒店的产品和服务质量,更好地满足客人需求,助力酒店的长远发展。在建立酒店竞争群时,首先要对酒店群做一个明确的定位;其次,酒店需要确定设置多大规模的竞争群;最后,酒店要确定竞争群之间的活动,也就是竞争群内部的成员怎么进行竞争。

酒店经营离不开行业内的竞争。在经营酒店时,酒店的经营者需要时刻关注竞争对手的动态,分析竞争对手的数量规模,以及其竞争手段,进而采取针对性的策略,尽最大努力从竞争中获取优势。酒店在竞争时,主要有四个步骤:确定酒店的主要竞争对象,这是酒店参与竞争的基础;分析酒店的竞争情况,确定竞争对手的优劣势,比较分析竞争对手的硬件设施和产品服务;确定本酒店的优劣势,发挥酒店优势,扬长避短;明确酒店的竞争策略,酒店会根据竞争地位不同而采取不同的竞争策略。竞争策略包括市场主导者策略、市场挑战者策略、市场跟随者策略和市场利基者策略。

要想成功地建立合适的酒店竞争群,筛选出合适的竞争成员或者说竞争对手是其中非常关键的步骤之一。主要从两个方面着手进行:第一,探究出寻求合适竞争对手的目的是什么。第二,找出与酒店客源重合度较高的其他酒店,可以从酒店的地理位置、档次、类型、配套功能及体量、品牌相似度这几个维度来进行考虑。地理位置是酒店在建立竞争群时要考虑的第一个维度,其他维度则不分先后。

竞争可以提高社会生产力,帮助促进合理配置社会资源。建立酒店竞争群对于酒店的经营具有十分重要的意义。建立酒店竞争群的意义:第一,建立酒店竞争群可以明确团队目标,避免员工迷茫。第二,建立酒店竞争群可以发挥"鲶鱼效应"作用,给酒店施加压力。第三,对于酒店来说,建立竞争群可以促使酒店持续创造。第四,建立酒店竞争群有利于提升酒店的整体业绩和核心竞争力。

竞争,是企业之间的一种博弈,是企业为了实现自身的生存和发展而不得不参与的一种活动。企业之间的竞争可以从三个角度去看待:商业模式竞争、品类竞争、定位竞争。商业模式竞争是指满足客户需求方式之间的竞争,可以分为四种基本类型,分别是产品领先模式、成本领先模式、服务领先模式与平台领先模式。品类竞争是中观层面上的竞争,企业之间的竞争实质上更多的是品牌所代表的品类之间的竞争。定位竞争则是微观层面的竞争,是指在同一品类下,品牌定位之间的竞争。

在市场上,有竞争,就会有竞争战略。酒店的竞争战略一般需要经历四个阶段:战略调查、战略提出、战略咨询、战略决策。战略管理是指企业围绕企业目标,根据企业的自身条件及内外部环境来制订战略目标,并通过实施各种行动去实现所制订的战略目标,同时对实现战略目标的过程进行监控,以保证战略目标可以按计划完成,是一个动态的管理过程。竞争战略是企业总体战略体系的一部分,用来指导企业在市场竞争中所采取的计划和行为。竞争战略主要分为成本领先战略、差异化战略、集中化战略这三种。企业在选择竞争战略时,会选择一种竞争战略作为主要的战略手段,同时辅以其他竞争战略。

酒店在选择竞争战略之前,需要对酒店自身及其内外部环境做出相应分析。外部环境对酒店经营的影响可以划分为两个主要的方面。一个方面是宏观环境因素,可以分类为政治法律环境因素、社会文化环境因素、经济环境因素和技术环境因素;另一个方面是酒店所在地的竞争环境因素,主要是酒店行业的竞争环境。对酒店内部环境的分析一般也是从两个方面着手。一个方面是要充分了解酒店自身所拥有的资源;另一个方面是酒店能否合理运用并整合自身所拥有的资源。酒店所拥有的资源和酒店的经营能力对竞争战略的制订起着关键性的作用。竞争战略的实施也依赖着相应的实施保障措施。第一,酒店要培养可持续发展的服务理念,不断完善服务体系。第二,酒店要加强员工的职业素养,提高员工业务能力。第三,酒店要强化互联网思维,做到线上、线下平台相结合。

练习题

以小组为单位,选择某一专业实习酒店,按照本章内容建立竞争群,并形成书面汇报材料。

第 5 章 酒店市场需求与市场预测

学习目标
1. 掌握限制性需求与非限制性需求的概念及场景。
2. 厘清长、短期需求预测的特点。
3. 了解收益管理预测的内容和步骤。
4. 运用常见的收益管理预测方法解决实际问题。

5.1 限制性需求与非限制性需求

限制性需求和非限制性需求是酒店市场需求中的两个重要概念。限制性需求指的是酒店的客房数量和资源等因素所限制的需求。例如,当一个酒店客房数量有限时,需求可能超过供给,酒店需要通过各种手段进行管理。非限制性需求则是指没有数量限制的需求,如对特定地理位置的需求、对酒店服务质量的需求等。

本节将详细探讨限制性需求和非限制性需求的定义、影响因素、二者区别以及行业趋势。

5.1.1 限制性需求的定义和特点

限制性需求是指在特定的时期或条件下,酒店所能提供的房间数量有限,而需求又高于供给的现象。这种情况下,酒店需要根据一定的策略来管理客房资源,以最大化收益。在限制性需求的情况下,酒店需要通过采取一系列措施,如提高房价、最小停留天数、限制预订时间等来平衡客房的供需关系。

限制性需求的特点包括以下几个方面。

①房间数量有限:在特定的时期或条件下,酒店所能提供的房间数量非常有限,无法满足所有客人的需求。

②需求高于供给:由于房间数量有限,客房的供给无法满足所有客人的需求,导致需求高于供给。

③价格敏感度高：客人通常会更加关注价格，因为他们需要平衡价格和需求之间的关系，以做出最优的决策。

④有季节性：限制性需求通常具有季节性，如假期、旅游旺季等。

5.1.2　非限制性需求的定义和特点

非限制性需求是指在任何时期或条件下，酒店都能够提供足够的客房数量，以满足所有客人的需求。在非限制性需求的情况下，客人可以根据自己的需求和预算选择合适的房型和价格，而酒店通常采取价格竞争策略，以吸引更多的客人入住。

非限制性需求的特点包括以下几个方面。

①房间数量充足：酒店能够在任何时期或条件下提供足够的客房数量，以满足所有客人的需求。

②需求等于供给：由于房间数量充足，客房的供给可以满足所有客人的需求，导致需求等于供给。

③价格敏感度低：酒店能够提供足够的客房数量，以满足所有客人的需求，相对客人对价格敏感度低，通常采取价格竞争策略来吸引更多的客人入住。

非限制性需求的特点包括房间数量充足、需求等于供给、价格敏感度低、季节性较弱等。在非限制性需求下，酒店通常采取价格竞争策略，以吸引更多的客人入住，从而提高酒店的市场份额和收益。

5.1.3　影响因素

限制性需求和非限制性需求的形成和变化受到许多因素的影响。以下是一些重要的影响因素。

①经济状况：经济状况是影响需求的一个重要因素。在经济繁荣期，人们的消费能力会增强，旅游需求也会随之增加。相反，在经济衰退期，人们的旅游消费意愿会减弱。

②行业竞争：酒店行业的竞争程度也是影响需求的一个因素。如果一个地区内的酒店竞争激烈，那么吸引顾客的难度就会增加。因此，酒店需求会受到其他酒店的竞争影响。

③旅游市场趋势：旅游市场趋势也是一个重要因素。如果某一种旅游类型或景点变得热门，那么相关的酒店需求也会增加。相反，如果某一种旅游类型或景点不再受欢迎，那么相关的酒店需求也会减少。

④季节性需求：某些酒店的需求量是季节性的。例如，一些海滨度假酒店在夏季的需求会增加，而在冬季则会减少。

⑤价格：价格也是影响需求的一个因素。如果酒店的价格过高，需求可能会减少。反之，如果酒店的价格较低，需求可能会增加。

5.1.4 限制性需求和非限制性需求的区别

限制性需求和非限制性需求的主要区别在于酒店所能提供的客房数量是否能够满足市场需求。在限制性需求下，酒店所能提供的客房数量有限，而市场需求高于供给，导致客房供不应求，酒店需要通过一定的管理策略来平衡客房的供需关系。而在非限制性需求下，酒店能够提供足够的客房数量，以满足所有客人的需求，因此酒店通常采取价格竞争策略来吸引更多的客人入住。

具体来说，限制性需求的特点包括房间数量有限、需求高于供给、价格敏感度高、有季节性等。在限制性需求下，酒店通常需要采取一系列措施，如提高房价、最小停留天数、限制预订时间等，以平衡客房的供需关系，确保最大化收益。

而非限制性需求的特点包括房间数量充足、需求等于供给、价格敏感度低、季节性较弱等。在非限制性需求下，酒店通常采取价格竞争策略，以吸引更多的客人入住，从而提高酒店的市场份额和收益。

以下用一个实例来说明限制性需求和非限制性需求的区别。假设某个城市内有一家酒店，该酒店只有50间客房。如果在某个旺季时期，有200个人想要预订该酒店的客房，那么这就是一个典型的限制性需求。即使这200个人都想要预订该酒店，但由于客房数量的限制，他们中只有一部分人能够成功预订。

相反，如果一家酒店的需求是非限制性的，那么客房数量不会对预订产生任何限制。例如，某个城市内有一家酒店，该酒店有500间客房，而当时只有200个人想要预订该酒店的客房。由于客房数量充足，所以200个人都可以成功预订客房，这就是一个典型的非限制性需求。

因此，酒店管理者需要根据市场需求和自身资源等条件，灵活运用限制性需求和非限制性需求策略，以达到最优化的经营目标。

5.1.5 行业趋势

行业趋势是指酒店业在一段时间内整体发展的趋势。这些趋势通常反映在市场规模、需求结构、消费者偏好等方面。了解行业趋势可以帮助酒店制订更准确、更切合实际的市场策略。以下是一些可能影响行业趋势的因素。

随着旅游业的不断发展和消费者对旅游产品的需求不断增长,酒店行业正处于快速发展阶段。在这个阶段,限制性需求和非限制性需求都将对市场需求产生影响。随着城市化的加速和旅游消费的增长,限制性需求可能会变得更加普遍。同时,随着新兴市场的不断涌现,非限制性需求也将得到进一步提高。

旅游业发展趋势:旅游业的发展对酒店业有着重要的影响。例如,随着人们旅游消费的增加,酒店需求也相应地增长。而经济不景气、自然灾害等因素可能导致旅游业和酒店业的萎缩。

科技创新:随着科技的发展,新的技术和服务方式不断涌现。例如,智能化设备和服务可以提高客户体验,促进酒店的发展,而新的在线平台和互联网技术也改变了顾客对酒店的选择和需求。

消费者偏好变化:随着消费者对旅行和住宿需求的变化,酒店业也需要跟随变化。例如,越来越多的顾客开始注重环保、健康和文化体验,这也影响了酒店业的产品和服务设计。

政策变化:政策变化也会对酒店业产生影响。例如,政府对旅游业的投资和规范政策等可以直接或间接地影响酒店业的发展。

对于限制性需求和非限制性需求,行业趋势也会有所不同。

对于限制性需求,行业趋势通常会集中在如何最大化资源和服务的利用率上,例如,推行差别化定价策略、提高入住率、优化资源配置等。随着科技的发展,酒店也开始采用智能化的技术,以提高服务质量和资源利用率,例如自动化的客房清洁系统和预订管理系统。

对于非限制性需求,行业趋势通常会集中在如何提高服务质量和客户满意度上。例如提供更加个性化和多元化的服务,提高员工素质和服务水平等。随着数字化转型的加速,酒店也开始采用在线预订、移动支付等数字化工具,以提高客户体验和满意度。

总的来说,不管是限制性需求还是非限制性需求,酒店行业的趋势都在向着更加智能化、个性化、数字化、环保和可持续发展的方向发展。

5.2　长期需求预测与短期需求预测

在酒店管理中,需求预测是一项非常重要的工作,它能够为酒店制订相应的战略和计划,提高营业收入和利润。因此,了解需求预测的方法和技巧对于酒店业务的成功运营至关重要。需求预测一般分为长期需求预测和短期需求预测两种类型,它们分别对应于不同时间范围内的需求预测。

5.2.1 长期需求预测的概念

长期需求预测指的是对未来几年内酒店市场需求变化的预测。这种预测是基于多种因素的综合分析,例如人口结构变化、经济发展趋势、旅游市场趋势、竞争格局等。通过对这些因素的分析和预测,可以确定未来市场的需求趋势,为酒店的规划和投资决策提供重要依据,同时也是酒店发展战略的重要参考。

长期需求预测是酒店管理的重要环节之一,因为它可以帮助酒店管理团队在未来几年内做出合理的规划和决策。对于长期需求预测,常用的预测方法包括趋势分析、回归分析和时间序列分析等。这些方法可以对市场需求的长期趋势、影响因素和变化进行分析和预测,从而帮助酒店制订合理的战略和规划。

在进行长期需求预测时,需要考虑多个因素,例如人口结构的变化、经济发展的趋势、旅游市场的趋势以及竞争格局的变化等。这些因素都会对市场需求产生影响,因此需要充分考虑它们的变化情况和趋势。例如,人口结构的变化可能会导致需求结构的变化,经济发展的趋势可能会影响人们的旅游消费水平,旅游市场的趋势则会对酒店的市场定位和产品策略产生影响,而竞争格局的变化则会影响酒店的市场份额和竞争优势。

长期需求预测通常需要通过多种数据和信息的收集和分析来完成。例如,可以通过调查市场需求的变化、收集相关的经济和旅游市场的数据、分析竞争对手的市场策略等方式来收集信息和数据。在收集数据和信息之后,需要进行数据分析和建模,以确定未来的市场趋势和预测值。长期需求预测的精度和可靠性取决于数据和信息的质量和数量,以及预测方法的准确性和科学性。

长期需求预测不仅对酒店业务的成功运营至关重要,还对酒店的规划和投资决策产生重大影响。因此,在进行长期需求预测时,需要充分考虑市场需求的变化和趋势,同时结合酒店的市场定位、产品策略和竞争优势来进行分析和预测。

5.2.2 长期需求预测的影响因素

长期需求预测是酒店管理中非常重要的一环,它可以为酒店制订适应市场需求的战略和计划,从而提高营业收入和利润。在进行长期需求预测时,需要考虑诸如人口结构变化、经济发展趋势、旅游市场趋势、竞争格局等因素,以确定未来市场的需求趋势。然而,长期需求预测的精度和可靠性受到许多影响因素的制约。以下是一些常见的影响因素。

第一,人口结构变化对市场需求的影响非常重要。人口的数量、年龄结构、收入水平和消费习惯等因素都会对市场需求产生影响。例如,随着人口老龄化趋势的加剧,酒店可能需要更多地考虑老年人的住宿需求。因此,在进行长期需求预测时,需要考虑人口结构变化的影响。

第二,经济发展趋势也是影响市场需求的重要因素之一。经济的增长、通货膨胀率、利率、货币政策等因素都会影响市场需求。例如,在经济萎缩期间,人们的旅游消费意愿可能下降,因此酒店的需求也会受到影响。因此,需要关注宏观经济的发展趋势,以确定未来市场的需求趋势。

第三,旅游市场趋势也对酒店的需求产生着直接的影响。旅游市场的变化趋势需要被充分考虑,以确定未来市场的需求趋势。例如,随着自由行和文化旅游的兴起,需要考虑到这些旅游形式的市场需求变化。此外,旅游业的发展还与国家和地区的政治、文化因素密切相关,需要对相关国家和地区的政策和文化背景进行深入了解,以便更好地进行需求预测。

第四,竞争格局也是影响市场需求的因素之一。市场上的竞争对手的数量、品牌影响力、市场策略等因素也会影响市场需求。因此,在进行长期需求预测时,需要充分考虑竞争格局的变化和趋势,以确定未来市场的需求趋势。

第五,技术创新也是影响市场需求的因素之一。科技的快速发展和普及,尤其是互联网和移动设备的广泛应用,对旅游和酒店业产生了重大影响。例如,许多消费者现在倾向于在线预订酒店,这意味着酒店需要拥有更好的数字营销策略和在线预订系统,以满足市场需求。因此,酒店需要充分考虑技术创新对市场需求的影响,并在策略制订中充分考虑数字化和智能化方面的趋势和机遇。

第六,自然环境和气候变化也是影响市场需求的因素。天气、自然灾害、环境问题等因素都会对旅游业和酒店业产生直接的影响。例如,当某地区发生自然灾害时,酒店的需求可能会下降,而气候变化和环境问题可能导致旅游需求和目的地的选择发生变化。因此,在进行长期需求预测时,需要考虑自然环境和气候变化等因素的影响。

综上所述,长期需求预测的精度和可靠性受到许多影响因素的制约。因此,酒店需要在进行长期需求预测时,全面考虑各种因素的影响,并不断更新预测结果,以适应市场需求的变化。

5.2.3　长期需求预测的方法

长期需求预测是一项复杂的工作,需要综合考虑许多因素,并使用多种预测方法和工具。以下是一些常用的长期需求预测方法。

(1) 趋势分析法

趋势分析法是最基本和常用的预测方法之一,它基于历史数据和趋势分析,预测未来需求趋势。具体来说,它是通过分析历史数据中的趋势、周期、季节性和异常值等因素来推断未来需求的变化趋势。趋势分析法的优点是简单易懂,适用于各种类型的数据,但缺点是只能对趋势进行预测,无法对周期性和季节性需求进行准确的预测。

(2) 回归分析法

回归分析法是一种建立数学模型的方法,可以使用历史数据和预测因素之间的关系来预测未来需求。它适用于多因素分析和对复杂需求进行预测。回归分析法的优点是可以提供更准确和详细的预测结果,但缺点是需要大量的数据和统计分析技术。

(3) 地理信息系统分析法

地理信息系统(GIS)分析法是一种综合利用地理信息和数据进行空间分析的方法,可以对不同区域的需求进行预测。该方法通过收集和整理各种地理信息,将其输入到地理信息系统中进行分析和预测。这种方法可以对不同区域的需求进行准确的预测,是制订酒店发展战略的有力工具。

(4) 财务模型分析法

财务模型分析法是通过对企业财务数据进行分析,预测未来需求趋势。具体来说,它是通过对现金流量、资本支出、负债和利润等因素进行分析,来预测未来的需求变化趋势。该方法适用于对酒店规划和投资决策进行长期预测和评估。

(5) 人工智能预测分析法

人工智能预测分析法是近年来发展起来的一种新方法,它利用机器学习、人工智能和大数据技术来预测未来需求。这种方法能够对大量数据进行分析和处理,提供准确的预测结果,并能够不断自我学习和更新预测结果。

需要注意的是,不同的方法都有其优缺点和适用范围。因此,在实际的需求预测中,需要根据具体情况选择合适的方法。

5.2.4 短期需求预测的概念

短期需求预测指的是对未来几周或几个月内酒店市场需求变化的预测。短期需求预测一般是针对特定季节或节假日等时间段的需求预测,以确定酒店的客房、餐饮和会议等业务的销售计划。短期需求预测的精度和及时性对于酒店的运营和管理至关重要。

短期需求预测需要考虑诸多因素,例如节假日的日期、天气状况、市场推广活动、竞争对手的市场策略等。这些因素都会对酒店的市场需求产生影响,因此需要充分考虑它们的变化情况和趋势。例如,在重要节假日期间,需要考虑到客人的旅游消费需求和旅游热点的变化,以制订相应的销售计划和推广策略。

短期需求预测的精度和及时性对于酒店业务的成功运营和管理至关重要。为了提高短期需求预测的精度和可靠性,需要采用合适的预测方法和技术。常用的短期需求预测方法包括趋势分析、回归分析、时间序列分析、人工神经网络等。同时,需要充分利用酒店的历史数据和相关信息,以确定未来市场的需求趋势和预测值。

5.2.5 短期需求预测的影响因素

短期需求预测通常是指对未来几个月内酒店市场需求变化的预测,相对于长期需求预测而言,短期需求预测更加具有时效性和操作性。在进行短期需求预测时,需要考虑以下几个方面的影响因素。

①季节性因素:旅游和酒店市场存在明显的季节性变化,如春节、暑假和国庆等长假期间酒店需求量通常会增加。因此,在进行短期需求预测时需要考虑到这些季节性因素的影响。

②周期性因素:酒店市场存在一定的周期性波动,如会议、展览、运动赛事等大型活动的举办会带动当地酒店需求量的增加。此外,还需要考虑到节假日等周期性因素对酒店市场需求的影响。

③经济因素:宏观经济因素对酒店市场需求的影响也非常重要。例如,经济繁荣时期,人们更愿意进行旅游和消费,酒店市场需求会相应增加;相反,在经济不景气时期,酒店市场需求则会受到一定程度的压制。

④竞争因素:酒店市场竞争激烈,其他酒店的市场活动和定价策略也会对酒店的需求产生影响。因此,在进行短期需求预测时,需要考虑到竞争对手的活动和策略的变化。

⑤其他因素:如自然灾害、政策变化、社会事件等突发事件也会对酒店市场需求产生影响,需要在进行短期需求预测时进行考虑。

需要注意的是,不同的影响因素对短期需求的影响程度也不尽相同,因此在进行短期需求预测时需要综合考虑各个因素的影响,并对其进行量化和分析。

5.2.6 短期需求预测的方法

短期需求预测是酒店管理中的一个重要工作,其准确性对于酒店的营业收入和利润都具有重要影响。在进行短期需求预测时,需要采用合适的方法和工具,结合市场趋势和影响因素等进行综合分析。以下是一些常见的短期需求预测方法。

①历史数据法:该方法是根据历史数据来推算未来的酒店市场需求。通过对酒店历史数据的分析,包括入住率、平均房价等指标的变化趋势,来推算未来的需求量。该方法的优点在于数据来源可靠,易于实施,但其缺点在于只适用于趋势比较稳定的市场。

②市场调查法:该方法是通过市场调查来获取市场需求信息,以预测未来的需求。市场调查可以通过问卷调查、电话调查、面对面访谈等方式进行,可以了解客户需求和偏好等信息来推算未来的需求量。该方法的优点在于可获得较为准确的市场信息,但其缺点在于调查成本较高,调查结果受调查对象的影响较大。

③统计预测法:该方法是通过建立数学模型来预测未来的需求量。其中较为常用的方法包括回归分析、时间序列分析、指数平滑法等。该方法的优点在于可以考虑多种因素对需求的影响,并能够对预测结果进行量化和分析。但其缺点在于需要大量的历史数据作为分析的基础,模型的建立和调整也需要专业知识和技能。

④专家判断法:该方法是通过专家的意见和判断来预测未来的需求。专家可以是酒店行业的从业人员、市场分析师等。该方法的优点在于可以充分考虑各种影响因素,但其缺点在于专家判断存在一定的主观性和不确定性。

需要注意的是,以上各种方法并不是相互独立的,而是可以结合使用。例如,可以通过历史数据法获取基础数据,然后再结合市场调查法或统计预测法进行进一步分析和修正。同时,在进行短期需求预测时,还需要注意对结果进行验证和调整,以提高预测的准确性和可靠性。

5.3 市场预测的概念

市场预测是指通过对市场趋势、消费者需求、竞争对手和政策法规等多种因素进行综合分析和判断,预测未来市场变化的趋势和规律,为企业制订相应的营销策略和发展规划提供依据。市场预测是市场研究的重要组成部分,其准确性和可靠性对于企业的发展和竞争力至关重要。

5.3.1 市场预测的意义和价值

市场预测在酒店行业中扮演着非常重要的角色。它不仅是制订酒店营销计划和定价策略的重要基础,还可以帮助酒店提前预知市场趋势,避免潜在的风险和机会损失,提高酒店经营管理的效率和效益。因此,市场预测的意义和价值在于为酒店提供决策支持和战略指导。

①市场预测可以帮助酒店制订有效的营销计划。在进行市场预测时,酒店可以根据市场需求的特点和趋势,制订合理的市场定位和推广策略,以满足不同客户群体的需求。例如,如果市场预测显示未来需求趋势将向高端客户群体倾斜,酒店可以通过提供更加豪华的住宿体验、增加高端设施和服务等方式来吸引这部分客户。而如果市场预测显示未来需求趋势将向自由行客户群体倾斜,酒店可以针对这部分客户制订相应的自由行套餐和推广策略,提高市场竞争力。

②市场预测可以帮助酒店制订合理的定价策略。在市场预测的基础上,酒店可以对未来市场需求的价格敏感度进行分析,确定未来价格变化的方向和范围,从而制订合理的价格策略。例如,如果市场预测显示未来需求将持续增长,酒店可以采取高价策略,以获取更高的收益;而如果市场预测显示未来需求将出现下降趋势,酒店则应采取低价策略,以吸引更多的客户并提高酒店的市场占有率。

③市场预测可以帮助酒店避免潜在的风险和机会损失。市场预测不仅可以预测未来市场需求的趋势和变化,还可以预测潜在的风险和机会。例如,市场预测可能会预测到未来可能会出现自然灾害、政治动荡、经济下滑等不可控因素,酒店可以提前制订应对措施,降低潜在损失;另外,在进行市场预测时,还应该考虑其他的因素,比如政治、社会、文化、技术等方面的变化。这些因素都可能对市场需求产生重要影响,从而影响市场的预测。例如,政治局势的变化可能会导致旅游业的萎缩,而技术进步则可能会带来新的旅游体验方式,从而带动市场需求的增长。因此,在市场预测中,必须要全面考虑各种可能的因素,并制订相应的预测策略。

总之,市场预测在酒店管理中是一项非常重要的工作,它对酒店的发展战略、投资决策、市场营销和收益管理等方面都有着重要的影响。在进行市场预测时,需要考虑多种因素,包括历史数据、市场趋势、行业趋势、政治、社会、文化、技术等方面的变化。同时,市场预测也需要根据具体情况选择不同的方法和工具,并在实践中不断优化和调整,以保证预测的准确性和实用性。

5.3.2 市场预测的基本原则

市场预测是酒店管理中非常重要的一项工作,它涉及酒店的经营决策、规划和投资等方面。市场预测的准确性直接影响到酒店的收益和利润。因此,在进行市场预测时,必须遵循一些基本原则,以提高预测的准确性和可靠性。

(1)连续性原则

连续性原则是指市场趋势在一定时期内会持续发展下去。市场的发展不会突然中断或改变方向。因此,在进行市场预测时,必须考虑市场趋势的持续性,并将历史趋势作为参考,以预测未来市场的发展方向。

(2)相关原则

相关原则是指市场的发展是受到多种因素的影响,这些因素之间相互关联,互相制约。因此,在进行市场预测时,必须综合考虑各种因素的影响,并对它们进行分析和判断,以确定它们对市场趋势的影响程度。

(3)质、量分析结合原则

市场预测不仅需要考虑数量因素,还需要考虑质量因素。例如,酒店的服务质量、管理水平、品牌知名度等因素都会对市场需求产生影响。因此,在进行市场预测时,需要将质量因素和数量因素结合起来进行分析,以得出更加准确和全面的预测结果。

(4)类推原则

类推原则是指市场发展趋势在一定程度上是可以推断和类比的。例如,在某个地区出现某种旅游热点后,类似的旅游热点可能会在相邻的地区出现。因此,在进行市场预测时,可以通过类比的方法来预测未来市场的发展趋势,以提高预测的准确性。

总之,市场预测的准确性直接关系到酒店的经营决策和发展战略,必须遵循科学的原则和方法,全面、客观地分析市场趋势和影响因素,以得出更加准确和可靠的预测结果。

5.3.3 市场预测的难点和挑战

市场预测在酒店管理中扮演着至关重要的角色,它不仅可以为酒店提供决策依据,还可以帮助酒店有效地制订市场营销策略和优化资源配置,以提高酒店的利润和市场竞争力。然而,市场预测的难点和挑战也是不容忽视的。

①市场预测的难点在于市场环境的复杂性和不确定性。市场环境的复杂性和

不确定性使得市场预测的精确度和可靠性难以保证。市场环境受到多种因素的影响,包括政策法规、社会文化、技术变革、竞争格局,等等。这些因素的不确定性和复杂性使得市场预测往往受到多种不确定性因素的影响,导致市场预测的精确度和可靠性难以保证。

②市场预测的难点还在于市场需求的多样性和变化性。市场需求的多样性和变化性是市场预测的另一个重要难点。市场需求的多样性体现在市场需求的种类、数量、质量、价格、时空分布等多个方面。市场需求的变化性则体现在市场需求的变化速度、变化幅度、变化趋势等多个方面。这些多样性和变化性使得市场预测难以总结出市场需求的变化趋势和规律。

③市场预测的难点还在于数据的获取和处理。市场预测需要依赖大量的数据来进行分析和预测,但是数据的获取和处理也是一个相对困难的过程。首先,数据的获取需要依赖多个渠道,包括市场调查、统计数据、专家访谈等。其次,数据的处理需要借助数据分析方法和工具,包括数据挖掘、统计分析、机器学习等。这些方法和工具需要专业的技术和知识,同时还需要耗费大量的时间和精力,使得市场预测的难度和成本都相对较高。

④市场预测的难点还在于人为因素的影响。市场预测往往需要多方面的专业知识和经验,需要分析和预测多个变量和因素的影响,同时还需要进行风险评估和决策制订。人为因素,如人员技能水平、主观偏见、情感因素等,可能会对预测结果产生影响。因此,在进行市场预测时,应该采用科学的方法,结合数据分析和专业经验,避免过度主观和情感因素的干扰,确保预测结果的准确性和可靠性。

在酒店行业中,市场预测的难点和挑战更加突出。因为酒店行业的需求和供给受到许多因素的影响,如季节性变化、政策法规、竞争格局等,加之酒店行业本身的特殊性质,如无形性、不可复制性等,使得酒店市场预测更加复杂和困难。

5.4 市场预测在收益管理中的作用

5.4.1 收益管理与市场预测的关系

收益管理是一种优化酒店收益的策略,通过合理定价和房型管理等手段,最大化酒店的收益和利润。市场预测在收益管理中起到了非常重要的作用,是收益管理的基础和核心之一。本节将重点探讨收益管理与市场预测的关系,以及市场预测在收益管理中的具体作用。

①收益管理需要依赖于市场预测来制订战略和计划。酒店通过对市场需求的预测,可以确定合适的房型组合和定价策略,以提高房间的销售率和利润。市场预测可以帮助酒店了解市场需求的变化趋势和预期,从而做出相应的调整和改变。例如,如果市场预测显示某个时间段的需求旺季,酒店可以通过提高房价来获得更高的利润。相反,如果市场预测显示某个时间段的需求淡季,酒店可以通过降低房价来吸引更多的客人,从而增加房间的销售率。

②市场预测可以帮助酒店优化房型管理。通过对市场需求的预测,酒店可以更好地管理房型,从而提高房间的利用率和收益。例如,如果市场预测显示某个房型的需求较高,酒店可以将该房型分配给更多的客人,并提高房价。相反,如果市场预测显示某个房型的需求较低,酒店可以将该房型转换为其他类型的房间或者通过低价促销的方式来提高销售率。通过合理的房型管理,酒店可以最大限度地利用资源,并提高收益和利润。

③市场预测可以帮助酒店确定销售目标和制订销售策略。市场预测可以为酒店提供关于市场需求和客户需求的信息,从而帮助酒店制订相应的销售目标和策略。例如,如果市场预测显示某个市场的需求较高,酒店可以将更多的销售资源分配给该市场,并制订针对该市场的销售策略。相反,如果市场预测显示某个市场的需求较低,酒店可以将销售资源转移到其他市场,或者通过调整价格和促销等手段来吸引更多的客户。

④市场预测可以帮助酒店制订适当的价格策略。通过对市场需求的预测,酒店可以了解到客户的需求和偏好,以及市场价格的变化趋势。在此基础上,酒店可以制订相应的价格策略,以确保酒店的价格具有竞争力且能够最大化收益。例如,如果市场需求较低,酒店可以采取降价策略来吸引客户,提高客房入住率和收益。相反,如果市场需求较高,酒店可以采取提价策略以增加收益。

总之,市场预测在收益管理中发挥着至关重要的作用。它可以帮助酒店了解市场需求和客户需求,制订相应的销售策略和价格策略,最大化收益和利润,同时也可以降低风险和增加经营效率。因此,对于任何一家酒店来说,市场预测都是一项必要且重要的工作。

5.4.2 市场预测在收益管理中的应用

市场预测在酒店收益管理中的应用是十分广泛的,其中最为常见的应用包括房价定价、房间配额管理、促销策略制订以及预算制订等方面。

①市场预测在房价定价方面有着重要的作用。通过对市场需求的预测,酒店

可以根据需求情况合理地定价,从而实现收益最大化。市场预测可以帮助酒店确定合理的房价范围,并根据市场的变化进行相应的调整。此外,市场预测还可以帮助酒店预测特定时间段内的需求高峰,从而制订不同的房价策略,如涨价或降价,以实现最佳的收益。

②市场预测在房间配额管理方面也发挥着关键的作用。房间配额管理是指酒店根据市场需求情况,合理地安排酒店房间的销售和分配。通过对市场需求的预测,酒店可以合理地分配房间配额,确保房间利用率的最大化。在需要的时候,酒店可以根据市场需求情况灵活调整房间配额,以最大化收益。

③市场预测在促销策略制订方面也有着重要的作用。市场预测可以帮助酒店确定最佳的促销时间和促销手段,从而吸引更多的客户,提高酒店的入住率和收益。例如,如果市场预测显示某个市场的需求较低,酒店可以通过促销手段吸引更多的客户,如降价促销、礼品赠送、增值服务等,从而提高房间销售量。

④市场预测在预算制订方面也有着重要的作用。市场预测可以帮助酒店制订合理的收入预算和成本预算,从而实现最佳的利润。通过对市场需求的预测,酒店可以预测未来的收入情况,并制订相应的预算,以确保酒店在经营过程中实现最佳的财务表现。

总之,市场预测在酒店收益管理中的应用非常广泛,通过对市场需求的准确预测,酒店可以更好地制订战略和策略,实现最佳的收益和利润。

5.4.3 酒店业务流程优化与市场预测

市场预测不仅可以在收益管理中起到重要作用,还可以在酒店业务流程优化中发挥作用。市场预测可以为酒店提供关于市场需求和客户需求的信息,从而帮助酒店进行业务流程优化。具体来说,市场预测可以帮助酒店实现以下业务流程优化。

(1)酒店产品和服务的定位

市场预测可以帮助酒店确定市场的需求趋势和客户需求,从而更好地定位酒店的产品和服务。通过市场预测,酒店可以了解市场对不同类型和价位的产品和服务的需求,根据市场需求来定位自己的产品和服务,从而更好地满足客户的需求。

(2)价格和促销策略的制订

市场预测可以帮助酒店制订更为准确的价格和促销策略。通过市场预测,酒店可以了解市场需求的变化趋势和客户对不同价格和促销策略的反应,从而更好地制订自己的价格和促销策略。通过合理的价格和促销策略,酒店可以吸引更多客户并提高营业收入。

(3)酒店资源的分配

市场预测可以帮助酒店更加合理地分配酒店资源。通过市场预测,酒店可以了解不同市场的需求和客户需求,从而合理地分配酒店的人力、物力和财力等资源。通过合理地分配资源,酒店可以提高工作效率并减少资源浪费,从而降低成本并提高营业收入。

(4)客户关系管理

市场预测可以帮助酒店更好地管理客户关系。通过市场预测,酒店可以了解不同客户的需求和偏好,从而为客户提供更为个性化和优质的服务。通过更好地管理客户关系,酒店可以提高客户满意度和忠诚度,从而提高客户的回头率和推荐率,并增加营业收入。

5.4.4 市场预测与收益管理系统的结合

市场预测和收益管理系统的结合是酒店提高收益管理和竞争力的重要手段之一。收益管理系统可以自动化地收集、分析和处理市场数据和客户数据,帮助酒店制订更加准确和实时的定价策略和房型策略,提高酒店的收益水平和利润率。

市场预测和收益管理系统的结合需要注意以下几个方面。

数据的准确性和可靠性:市场预测和收益管理系统需要基于准确和可靠的市场数据和客户数据,确保预测和分析结果的准确性和可靠性。

技术的支持和升级:市场预测和收益管理系统需要具备先进的技术和功能,以满足酒店不断变化的业务需求和挑战。同时,酒店需要不断对系统进行升级和优化,保持其竞争力和可持续性。

人才的培养和发展:市场预测和收益管理系统需要具备一定的技术和业务知识,酒店需要重视人才的培养和发展,提高员工的专业素质和综合能力。

5.5 收益管理预测的内容和步骤

5.5.1 收益管理预测的内容

收益管理是一种优化酒店收入的策略,涉及多个方面,如定价策略、房态管理、渠道管理等。而收益管理预测则是收益管理策略的基础,它需要考虑多种因素对酒店收入的影响,以预测未来的收益情况。在进行收益管理预测时,需要包括以下几个方面的内容。

(1)市场需求预测

市场需求预测是收益管理预测的基础,酒店需要了解市场需求的变化趋势,以制订相应的收益管理策略。市场需求预测需要考虑多个因素,如旅游市场趋势、竞争格局、人口变化、经济发展等。通过对市场需求的预测,酒店可以确定未来的客房需求情况,并制订相应的定价和房态管理策略。

(2)价格预测

价格预测是收益管理预测的关键内容,它需要预测未来客房价格的变化趋势,以便酒店制订相应的定价策略。价格预测需要考虑多个因素,如市场需求、竞争情况、季节变化、节假日等。通过对价格的预测,酒店可以确定最佳的定价策略,以实现最大化的收益。

(3)预订率预测

预订率预测是收益管理预测的重要内容之一,它需要预测未来客房的预订率,以便酒店做出相应的房态管理策略。预订率预测需要考虑多个因素,如市场需求、价格水平、竞争情况等。通过对预订率的预测,酒店可以确定最佳的房态管理策略,以实现最大化的收益。

(4)渠道预测

渠道预测是收益管理预测的另一个重要内容,它需要预测不同渠道的收益情况,以制订相应的渠道管理策略。渠道预测需要考虑多个因素,如渠道的订房比例、价格水平、市场需求等。通过对渠道的预测,酒店可以确定最佳的渠道管理策略,以实现最大化的收益。

(5)成本预测

成本预测是收益管理预测的另一个重要内容,它需要预测酒店的各种成本,以确定合理的价格和利润目标。成本预测主要包括以下内容。

①直接成本:酒店的直接成本包括人工成本、采购成本、营运成本等。酒店需要对这些成本进行预测和管理,以便确定合理的房价和营业成本,从而实现合理的利润目标。

②间接成本:酒店的间接成本包括管理费用、固定资产折旧费用、利息费用等。这些成本也需要进行预测和管理,以确保酒店在营运过程中的稳定性和可持续性。

③人力资源成本:酒店的人力资源成本包括员工薪资、培训费用、员工福利等。这些成本的预测和管理对于保持员工满意度、提高服务质量和减少人力资源成本

非常重要。

④设备维护成本:酒店的设备维护成本包括设备维修费用、保养费用等。这些成本需要进行预测和管理,以确保设备的正常运转和减少损失。

⑤其他成本:酒店的其他成本包括广告宣传费用、税费等。这些成本也需要进行预测和管理,以确保酒店在营运过程中的稳定性和可持续性。

通过对这些成本进行预测和管理,酒店可以更好地制订价格策略、优化成本结构、提高利润水平,并为收益管理的实施提供必要的数据支持。

5.5.2 收益管理预测的步骤

收益管理预测的步骤主要包括以下几个方面。

数据收集和整理:收益管理预测需要收集和整理大量的市场数据和客户数据,包括市场需求、价格趋势、客户行为、酒店业务等方面的数据。数据的准确性和可靠性是收益管理预测的前提和保障。

数据分析和挖掘:收益管理预测需要对收集到的数据进行深入的分析和挖掘,发现市场需求和价格趋势的规律和特点,了解客户行为和偏好的变化和趋势。数据分析和挖掘需要采用多种技术和方法,如机器学习、数据挖掘、模型预测等。

预测模型建立:收益管理预测需要建立相应的预测模型,以实现市场需求、价格趋势、客户行为和业务效益的预测和分析。预测模型的建立需要考虑多种因素,如数据样本的选择、特征选取、模型参数的设置等。

预测结果分析和评估:收益管理预测需要对预测结果进行深入的分析和评估,发现预测结果的优点和不足之处,从而不断优化和改进预测模型和算法。预测结果的分析和评估需要采用多种技术和方法,如误差分析、精度评估、灵敏度分析等。

决策制订和执行:收益管理预测需要根据预测结果制订相应的决策和执行计划,如定价策略、房型策略、销售策略等。决策制订和执行需要充分考虑市场需求和价格趋势的变化,灵活调整策略和措施,最大化酒店的收益和利润。

5.6 酒店收益预测方法

随着市场需求的不断变化和消费者行为的多样化,酒店业需要对市场需求和价格趋势进行准确的预测和分析,以制订相应的营销策略和收益管理计划。本节将介绍酒店收益预测的常用方法和技术,包括统计模型预测方法、机器学习预测方法、人工智能预测方法和大数据分析预测方法。

5.6.1 统计模型预测方法

统计模型预测方法是一种基于历史数据进行预测的方法,其核心在于利用时间序列分析和回归分析等方法,对市场需求和价格趋势进行预测和分析。统计模型预测方法常用的方法包括 ARIMA 模型、指数平滑模型、回归模型等。

ARIMA 模型是一种常用的统计模型预测方法,其核心在于对时间序列数据进行差分,使其变成平稳序列,然后再进行自回归和移动平均处理,得到预测结果。ARIMA 模型需要选择合适的参数,如差分阶数、自回归阶数、移动平均阶数等,以最大化预测的准确性和可靠性。

指数平滑模型是另一种常用的统计模型预测方法,其核心在于对历史数据进行平滑处理,使其更加平稳,然后利用指数加权的方法进行预测。指数平滑模型常用的方法包括简单指数平滑、双重指数平滑、三重指数平滑等,需要根据实际情况选择合适的方法和参数。

回归模型是一种基于历史数据和外部因素进行预测的方法,其核心在于利用多元回归分析方法,将市场需求和价格趋势与其他因素进行回归分析,得到预测结果。回归模型需要选择合适的变量和方法,以最大化预测的准确性和可靠性。

5.6.2 机器学习预测方法

机器学习预测方法是一种基于数据学习和模式识别进行预测的方法,其核心在于利用机器学习算法,自动地发现数据中的规律和特点,从而预测未来的市场需求和价格趋势。机器学习预测方法常用的方法包括决策树、神经网络、支持向量机等。

决策树是一种常用的机器学习预测方法,其核心在于利用树形结构对数据进行分类和预测。决策树可以自动地发现数据中的关联和规律,从而预测未来的市场需求和价格趋势。决策树需要选择合适的特征和参数,以最大化预测的准确性和可靠性。

神经网络是另一种常用的机器学习预测方法,其核心在于利用神经元和连接权重对数据进行分类和预测。神经网络可以自动地发现数据中的非线性关系和规律,从而预测未来的市场需求和价格趋势。神经网络需要选择合适的神经元网络结构和参数,以最大化预测的准确性和可靠性。

支持向量机是另一种常用的机器学习预测方法,其核心在于利用核函数将数据映射到高维空间中,从而进行分类和预测。支持向量机可以自动地发现数据中的非线性关系和规律,从而预测未来的市场需求和价格趋势。支持向量机需要选择合适的核函数和参数,以最大化预测的准确性和可靠性。

5.6.3 人工智能预测方法

人工智能预测方法是一种基于深度学习和自然语言处理等技术进行预测的方法,其核心在于利用神经网络和大规模语料库对数据进行分析和处理,从而预测未来的市场需求和价格趋势。人工智能预测方法常用的方法包括循环神经网络、卷积神经网络、自然语言处理等。

循环神经网络是一种常用的人工智能预测方法,其核心在于利用循环结构对序列数据进行处理,从而预测未来的市场需求和价格趋势。循环神经网络可以自动地发现序列数据中的时间依赖关系和规律,以最大化预测的准确性和可靠性。

卷积神经网络是另一种常用的人工智能预测方法,其核心在于利用卷积操作对数据进行处理,从而预测未来的市场需求和价格趋势。卷积神经网络可以自动地发现数据中的空间关系和规律,以最大化预测的准确性和可靠性。

自然语言处理是一种利用机器学习和人工智能技术对自然语言进行处理和分析的方法,其核心在于将语言转化为计算机可处理的形式,从而进行预测和分析。自然语言处理常用的方法包括文本分类、情感分析、机器翻译等。

5.6.4 大数据分析预测方法

大数据分析预测方法是一种基于大数据分析和数据挖掘技术进行预测的方法,其核心在于利用大数据分析和挖掘方法,自动地发现数据中的关联和规律,从而预测未来的市场需求和价格趋势。大数据分析预测方法常用的方法包括关联规则挖掘、聚类分析、分类分析等。

关联规则挖掘是一种常用的大数据分析预测方法,其核心在于利用数据中的关联和规律进行预测和分析。关联规则挖掘可以自动地发现数据中的关联和规律,以最大化预测的准确性和可靠性。

聚类分析是另一种常用的大数据分析预测方法,其核心在于将数据分成多个类别,从而预测未来的市场需求和价格趋势。聚类分析可以自动地发现数据中的相似性和差异性,以最大化预测的准确性和可靠性。

分类分析是一种将数据分类到预定义类别中的方法,其核心在于利用分类算法对数据进行分类和预测。分类分析可以自动地发现数据中的类别和规律,以最大化预测的准确性和可靠性。

5.7 小结

酒店收益预测是酒店业营销和收益管理的重要环节,其意义和价值在于提供客观、准确、可靠的市场需求和价格趋势预测,为酒店的营销和收益管理提供参考和指导。在市场需求和价格趋势的预测中,市场预测是酒店收益预测的基础和核心。市场预测的基本原则包括科学、客观、可靠、及时和全面,其核心是收集和分析市场和竞争情报,以预测未来市场需求和价格趋势。

在市场预测中,酒店业可以采用多种方法和技术,如统计模型预测方法、机器学习预测方法、人工智能预测方法和大数据分析预测方法等。不同的预测方法和技术应根据不同的市场需求和客户需求进行选择和应用。例如,统计模型预测方法适用于对历史数据进行趋势分析和预测;机器学习预测方法适用于对海量数据进行分析和挖掘;人工智能预测方法适用于对文本和语音等非结构化数据进行分析和处理;大数据分析预测方法适用于对海量数据进行关联和规律挖掘。

在酒店收益预测中,市场预测与收益管理系统的结合是至关重要的。收益管理系统可以自动地对客房价格进行动态调整,以满足市场需求和客户需求的变化,提高酒店的营销和收益管理水平。在收益管理系统的应用中,酒店业可以采用多种方法和技术,如智能定价、动态房价、预测分析等。不同的方法和技术应根据不同的市场需求和客户需求进行选择和应用。

酒店收益预测方法的应用和效果取决于预测方法的准确性和可靠性,以及其与收益管理系统的结合和应用。酒店业需要不断地更新和改进收益预测方法,以满足市场需求和客户需求的不断变化,提高酒店的营销和收益管理水平。同时,酒店业需要加强数据采集和管理,建立完整的数据分析和挖掘体系,以确保预测方法的数据来源和数据质量的可靠性和准确性。此外,酒店业需要加强对预测方法的人才培养和技术支持,以提高预测方法的可持续发展和应用效果。

在实践中,酒店业需要注意以下几点:

①建立完整的市场和竞争情报系统,收集和分析市场和竞争情报,以预测未来市场需求和价格趋势。

②选择合适的预测方法和技术,根据不同的市场需求和客户需求进行选择和应用。

③确保数据采集和管理的可靠性和准确性,建立完整的数据分析和挖掘体系。

④加强对预测方法的人才培养和技术支持,提高预测方法的可持续发展和应

用效果。

⑤将预测结果与收益管理系统相结合,自动地对酒店房价进行调整,提高酒店的营销和收益管理水平。

⑥不断地更新和改进收益预测方法,以满足市场需求和客户需求的不断变化,提高酒店的营销和收益管理水平。

综上所述,酒店收益预测是酒店业营销和收益管理的重要环节,其核心是市场预测和收益管理系统的结合。酒店业需要加强数据采集和管理,建立完整的数据分析和挖掘体系,不断地更新和改进收益预测方法,以满足市场需求和客户需求的不断变化,提高酒店的营销和收益管理水平。同时,酒店业需要加强对预测方法的人才培养和技术支持,以提高预测方法的可持续发展和应用效果,促进酒店业的可持续发展和创新发展。

练习题

如表5.1所示,某酒店在20X1年前7个月的实际团队订房量(总计团队订房量)和20X2年截至4月的实际团队订房量,由此来预测7月的销售。

表5.1　　　　　　　　　　　　　　　　　　　　　单位:间夜

年份	1月	2月	3月	4月	5月	6月	7月
20X1	350	680	740	860	880	920	890
20X2	360	690	700	750			

按照表5.1,2月预订量呈现上升趋势,3、4月预订进度放缓,且4月与前一年同期相比少了110个间夜,如果在7月前弥补,收益经理需要如何做?

第6章 价格管理与定价策略

学习目标
1. 了解酒店客房的价格类型及场景。
2. 掌握常见的酒店客房定价方法并能在实际中应用。

许多人认为价格管理是收益管理的核心。对收益管理持有过分简单观点的经理们经常错误地认为价格控制就是收益管理本身。收益管理涵盖的范围远远超过价格控制,尽管如此,每间夜的价格仍是关键的问题,有着战略和战术的重要意义。价格的战略观点有着深远的意义,其主要目标是通过在特定竞争对手组合中成功地定位价格和维持、增长市场份额来实现的。为了保持平衡,对于价格管理的战术观点聚焦短期的运营问题,思考同期当日和同期当周的价格管理问题,其主要目标是现金流的产生和收益的增长。

一家酒店价格管理战术应当与价格战略观点保持一致,价格战略和战术的不连贯性会造成诸多麻烦。例如,一家自己定位为价格不菲、服务品质一流的高端酒店(战略定位),为了市场的一点点波动就大打折扣,提供高额奖励(买二送一和双倍积分之类),这些战术措施将严重影响酒店战略定位的一致性。这样的偏离战略目标也将使得保持高端形象和价格变得非常困难。

战略价格水平和市场定位是专注努力和辛苦工作的结果,但是也很容易向错误的战术选择妥协。我们经常看到四钻全服务酒店突然之间与三钻有限服务酒店正面交锋。如果在市场下滑中出现现金短缺,高端酒店可能会选择价格竞争,以同等价格提供更高的价值。这种无奈的做法可能会造成成本比从其他酒店抢来的收入还要高。品牌稀释和产品贬值是有代价的。收益经理在选择一个从未涉足的细分市场之前应该三思。如果市场恢复,这个市场可能不再是其目标。打折并没有被证明是成功地提高可出租客房平均收入的手段。战略和战术一致的重要意义比经理们愿意承认的要高得多。

收益经理需要知道:客户更喜欢清楚知道在价格水平、便利和服务质量方面特定的品牌和服务提供商能够给他们什么。在这些方面的一致性对客户非常重要。

那些从不偏离自己的定位，从不任由价格上下波动，每个季节保持同样目标市场的酒店会得到回报，获得稳定的收入和更多的忠诚客户。

战术性收益管理的实施通常是基于短期内的市场调整和对定价策略的实时调整。酒店管理者面临的挑战之一是如何管理不断变化的市场趋势以及预测未来的需求。对于酒店收益管理的成功实施而言，战术性收益管理具有重大的战略和实际意义，其为酒店规划提供灵活的工具和策略以确定旺季和淡季的高峰和低峰。

战术性收益管理策略主要包括以下内容。

①定价和促销策略：根据市场调查和宾馆的房间供应量来创造灵活的定价政策。对于淡季和周末，可以推出不同的促销活动来吸引更多的顾客，如组合套餐等。

②预订管理：通过对过去的预订数据进行分析，制订相应的预订策略，以最大化利用每个房间的预订时间。这通常涉及实时调整酒店预订价格，以确保客房全部出租，并确保酒店最大化收入。

③渠道管理：营销和销售渠道对于收益管理非常重要。酒店可以通过多种渠道来促进销售，如注册宾馆的在线旅游代理商、宾馆网站等。在这个过程中，对于每个渠道的预订情况进行跟踪和管理，以便调整宾馆的售价并提高利润率。

④顾客关系管理：强大的客户关系管理和客户服务策略可以促进长期收益，很多酒店在"绿色经济"和可持续性、人员培训和开发以及客户满意度方面精心布局，以建立品牌公信力和口碑。对于酒店，这种长期关系还有助于提高客户回头率，从而提高收益。

⑤增值服务：通过提供增值服务，如早餐、健身房、会议室等，吸引客户增加消费，提高酒店收益。

最后需要指出的是，战术性收益管理需要具备一套强大的收益管理工具，从而帮助宾馆管理者实施有效的策略，该工具需要基于高级收益预测为酒店提供准确的销售数据分析，以及为策略制订和实施提供指导。

6.1 酒店客房价格的基本类型

价格的战术管理需要一个多层次的价格体系。什么是价格体系，什么又不是呢？假如酒店不同房型的定价不同，这反映了某种选择而不能称之为价格体系。房间的大小、位置、景观等可以而且应该体现在价格上（物理价格障碍）。相比之下，一个多层次的价格体系意味着同样的房间会以不同的价格出售。

有些酒店可以采用非常简单的定价原则,例如,一家位于主干道公路边上孤零零的汽车旅馆只能接待那些不预订而且从不住第二晚的旅行客人,从每晚的第一间房到满房之前的最后一间房,可能它只有一个价格。店主可能永远不需要也不想实行收益管理。另外,大多数酒店身在竞争激烈的饱和市场中,它们选择了复杂的房间定价方法,以反映季节性差异和顾客来源不同的事实。

价格体系,只要酒店认为合理,可以复杂也可以很简单。A 酒店可能为同样的房间提供 9 种价格,而 B 酒店提供 16 种,C 酒店提供 39 种。有些收益经理甚至提供 40 种以上的价格,让人大跌眼镜。有人可能会怀疑难道酒店真需要额外关注 39 种明显不同的客人群体吗?

158 元和 155 元之间有实际意义的区别吗?谁能够在 150~160 元的区间内,对 3 元差价的客人的购买习惯做出分析?如果这个差别能决定销售的成败,收益经理当然要认真思考。一个对不同的报价有定义的可以管理的体系更为合理。价格的不同应该反映的是购买行为、顾客需求、购买能力及基于客人感知的价值感受。

6.1.1　门市价

门市价是酒店在无限制需求基础上收取的最高价格,也被称为无预订散客价、最优价和挂牌价。这个价格是潜在顾客询问"今晚还有房吗"的时候得到的第一个报价。大多数行政机构要求酒店在醒目位置展示每个房型的门市价。研究表明,80% 以上的客人宣称他们试图与酒店协商一个较低的价格,而不是酒店报什么价格就住什么价格且同样的研究发现潜在客人经常试图不加价就获得所有的礼遇和附加利益。门市价是供多数客人讨价还价用的。酒店执行门市价的机会要看供给与需求的变化。需求过剩时期酒店议价地位较高,可以守住门市价。

被称为房价获得因素(rate achievement factor,RAF)的数据衡量了酒店执行门市价的有效性。房价有效性的计算是用某房型的实际平均房价与该房型的门市价进行比较得到的。例如,如果一种房型门市价 120 元,平均房价 84 元,那么房价获得因素等于 84 除以 120,为 70%。房价获得因素表明在某一时期门市价打折的程度。

门市价起源于酒店前台摆放着价格标牌的时代。如今,还摆着价格标牌的酒店已经很难见到了。酒店计算机管理系统价格实惠、使用方便,即便是小酒店也能买来用。酒店计算机管理系统为酒店的不同价格分配了价格代码,最高的价格是门市价;其他所有价格都低一些,表明因为某种原因打折了。

6.1.2 固定价格

固定价格是酒店客房价格在一定时间段内保持不变的价格类型。这种价格类型在一些情况下是非常有用的,例如在节假日和旅游旺季,由于供不应求,酒店通常会设置固定价格以确保客房的稳定性和可预测性。此外,酒店也可以使用固定价格来吸引预订客房的客户。

然而,固定价格也有其局限性。当市场需求发生变化时,固定价格可能无法及时响应。例如,在旅游淡季,酒店客房供过于求,此时固定价格就可能无法吸引足够的客户。因此,酒店经营者需要在制订固定价格时,考虑到市场需求的变化,并根据需要进行调整。

6.1.3 浮动价格

浮动价格是指酒店客房价格根据市场需求的变化进行调整的价格类型。这种价格类型适用于酒店需要根据市场需求的变化灵活调整客房价格的情况。通过浮动价格,酒店可以更好地适应市场需求的变化,并提高客房的销售额和利润。

例如,在旅游旺季,酒店客房供不应求,此时可以通过提高客房价格来获得更高的收益。而在旅游淡季,酒店客房供过于求,此时可以通过降低客房价格来吸引更多的客户。

然而,浮动价格也有其缺点。如果酒店经营者不能及时响应市场需求的变化,就会失去机会。因此,酒店经营者需要密切关注市场需求的变化,及时调整客房价格。

6.1.4 移动价格

移动价格是指酒店客房价格根据不同的市场需求和预订时间,进行调整的价格类型。这种价格类型适用于酒店需要根据客户的预订时间和需求,灵活调整客房价格的情况。

通过移动价格,酒店可以更好地根据客户的需求进行定价,并提高客房的销售额和利润。例如,在客户提前预订客房时,酒店可以提供更优惠的价格,以吸引客户提前预订;而在客户紧急预订客房时,酒店可以提供更高的价格,以获得更高的收益。

6.1.5 折扣价格

折扣价格是指酒店在特定时期或基于客户身份提供的优惠价格。这种价格类型可以吸引客户消费并提高客户的忠诚度。例如,酒店可以在节假日或特定时间段推出打折促销活动,吸引客户消费。此外,酒店还可以提供固定的折扣价格,主要针对老年人、学生、教师等特定客户群体。

酒店在制订折扣价格时需要注意以下几点:

首先,折扣价格不能过于频繁和过度,否则可能会降低酒店的品牌形象和盈利能力。其次,酒店需要考虑折扣价格的有效期限,过长或过短都会影响消费者的购买意愿。最后,酒店需要与其他定价策略相结合,以确保折扣价格不会对其他价格策略造成负面影响。

6.1.6 限时促销价格

限时促销价格是指酒店在一定时间段内提供的特定促销价格。这种价格类型可以刺激客户在短时间内消费,并提高酒店的收益。例如,酒店可以在节假日或特定时间段内推出限时促销价格,以吸引客户在短时间内预订客房。

酒店在制订限时促销价格时需要注意以下几点:

首先,酒店需要确定促销活动的时间和力度,以确保促销活动能够达到预期的效果。其次,酒店需要考虑促销价格对其他价格策略的影响,以确保整体定价策略的协调性和一致性。最后,酒店需要确保促销价格的公平性和合理性,避免因不合理的促销价格而损害酒店的声誉和品牌形象。

6.1.7 其他价格

特殊活动价格。特殊活动价格在北美会务公司负责会议时很常见,这涉及定价策略的一种应用。在中国,特殊价格的使用也是可能的,在中国的会务行业进行特殊活动价格首先需进行市场调研,了解客户需求,再考虑竞争环境,根据不同类型的会议和活动制订不同的定价策略,当然最重要的是不能违反当地法规以及商业伦理。

一家会务公司以房价作为某一活动协议的核心进行谈判,对其他收入来源(多功能厅出租、餐饮外卖、酒水采购等)造成重要影响。收益经理需要考虑这一活动总收入的影响,同时清楚理解不同收入来源的利润率情况。费用不同,同样的总收入可能意味着不同的利润。

员工价。大多数酒店对于本品牌或本集团员工因公或因私旅行住宿收取折扣价格。房价和公司政策各不相同，员工和所谓的朋友和亲属价格总是在有房的前提下提供。

免费房。为客户、潜在客户和不满意的客户提供免费房被认为是业务费用。为了平息客人不满，可以现场提供免费房，有时提供未来的免费住宿可能更加现实。

促销推广活动有时需要用住宿交换公关宣传。有些品牌使用免费房作为对员工的奖励。有些酒店以产品捐赠方式提供免费房支持慈善事业和活动。酒店会在员工连班工作，或遇天气紧急情况员工回家不安全的前提下，为员工提供免费房。

底价和最佳价格。我们习惯上称酒店在某一特定日期或星期愿意提供的最低价格为底价。因为受不同市场条件影响，具体价格比较灵活。由于市场变化和某一财务周期对现金流的要求，同一个星期的周一和周五底价可能不同。

作为行业的术语，底价正在被最佳价格所取代。术语是新的，而实际上意思是一样的。事实上，这两个术语在今天经常被交替使用，但是言外之意有所不同。严格地讲，底价比较固定，因为酒店根据自己掌握的信息、定价策略、市场地位确定底价，而不是站在顾客的角度。酒店可以定出最低的价格，并坚持不变。近些年来随着顾客获取信息能力的大幅提高，行业在定价问题上所持的观点有了偏移，底价逐渐被最佳价格所取代。酒店相信这个价格能够提供有吸引力的价值主张，带来足够的业务量。与底价不同的是，灵活的市场条件变化允许酒店快速、简便地调整最佳价格。在实际应用中，最佳价格是在酒店被迫重新考虑之前最好的价格。

酒店底价也会受停留时长影响。这一策略的目的是向住宿时间较长的客人提供奖励以期提高收入。简单的原则就是客人住宿时间越长，每晚平均的底价越低。最佳价格为一晚140元，如果客人住宿两晚，平均最佳价格可以降至129元，三晚可以降至115元。这些价格选择要在预订时告知客人。接受这样报价的客人以较低的价格为酒店贡献了更高的收入。不幸的是，多数客人旅行时长不灵活，旅行的安排在客人开始预订住宿之前往往已经确定了；客人旅行安排的不灵活性使得这种战术手段无法有效发挥作用。

总之，酒店客房价格的基本类型包括门市价、固定价格、浮动价格、移动价格、折扣价格和限时促销价格等。酒店经营者需要根据市场需求、客户价值、竞争环境和成本核算等因素，选择合适的定价方法和价格类型，以确保酒店的盈利能力和客户满意度。

6.2 酒店价格管理

6.2.1 客房成本的核算

客房成本的核算是指对酒店客房相关费用进行计算和分析的过程。了解客房成本可以帮助酒店管理者制订更为合理的客房定价策略,控制成本,提高盈利和利润率。

客房成本主要包括固定成本和可变成本两部分。固定成本是指与客房直接相关的费用,如房间租金、物业费用、保险费用等。这些费用与客房的使用频率无关,通常以月或年为单位进行核算。可变成本是指与客房使用直接相关的费用,如清洁费用、洗涤费用、能源费用等。这些费用的数额随客房使用量的变化而变化,通常以日或客房为单位进行核算。

客房成本的核算需要考虑到各项费用的实际情况,包括租金、水电费、房间维修等成本,同时也需要考虑到酒店的定位、服务水平等因素。客房成本的核算可以通过对酒店各项费用的核算和分析,得出每个客房的成本和总成本,以此为基础制订客房的定价策略。

在客房成本的核算中,还需要考虑到不同季节和市场情况对客房使用的影响,以确定合理的定价策略。同时,酒店还需要考虑客户需求和竞争情况,以制订适当的定价策略。客房成本的核算是酒店经营管理中的重要环节,需要不断更新和调整,以适应市场的变化和客户需求的变化,从而保持酒店的竞争力和盈利能力。

6.2.2 客房定价的目标和原则

客房定价是酒店经营中最重要的策略之一。通过合理的客房定价策略,可以最大化酒店的收益和利润。客房定价的目标是在满足客户需求的同时,最大化酒店收益和利润。客房定价的原则是以客户需求为导向,考虑市场竞争和成本控制,制订合理的定价策略。

客房定价的目标包括以下几个方面。

①最大化酒店收益和利润:客房定价的主要目标是最大化酒店收益和利润,同时满足客户需求和市场竞争的要求。

②维持市场份额和竞争力:客房定价需要考虑市场竞争和酒店的市场份额,以制订具有竞争力的价格策略。

③提高客户满意度和忠诚度：客房定价需要考虑客户需求和消费习惯，以制订满足客户需求的定价策略，从而提高客户满意度和忠诚度。

客房定价的原则包括以下几个方面。

①以客户需求为导向：客房定价需要以客户需求为导向，了解客户需求和消费习惯，从而制订满足客户需求的定价策略。

②考虑市场竞争和定价弹性：客房定价需要考虑市场竞争和客户对价格的反应，以制订具有竞争力的价格策略。

③保证利润和成本控制：客房定价需要保证酒店的利润和成本控制，以确保酒店的经营稳定和长期发展。

④采用灵活的定价策略：客房定价需要采用灵活的定价策略，根据市场需求和竞争情况，动态调整客房价格，以最大化酒店收益和利润。

⑤与产品组合和服务质量相匹配：客房定价需要与酒店的产品组合和服务质量相匹配，以提高客户满意度和忠诚度。

客房定价的目标和原则的合理运用，能够帮助酒店制订出适合自身情况的客房定价策略，以满足客户需求。保持酒店的客房定价目标是以最大化酒店收益为核心，同时考虑市场需求、竞争环境和客户需求等因素。为了实现这一目标，酒店需要遵循以下定价原则。

①市场定价原则：指酒店需要根据市场需求和竞争环境来制订客房价格。酒店应该密切关注市场需求和竞争环境的变化，灵活调整客房价格以适应市场变化，从而保持竞争力和盈利水平。

②成本定价原则：指酒店需要根据客房成本来制订价格。酒店需要对客房的成本进行精准核算，包括直接成本和间接成本等，并在此基础上合理确定客房价格，以确保酒店的盈利水平。

③竞争定价原则：指酒店需要根据竞争对手的定价水平和销售策略，灵活调整客房价格以保持竞争力。酒店应该密切关注竞争对手的价格策略和销售策略，从而制订更具竞争力的价格策略。

④客户定价原则：指酒店需要根据不同客户的需求和消费能力，制订不同的客房定价策略。例如，对于高端客户，酒店可以提供更高端的客房服务和更高的客房价格；而对于普通客户，酒店可以提供更为实惠的价格和服务。

总之，酒店在制订客房价格时，需要综合考虑市场需求、竞争环境、客户需求和成本等因素，灵活调整价格以适应市场变化，从而最大化酒店的收益和利润。同时，酒店也需要根据市场和客户的反馈，不断优化定价策略，提高客户满意度和忠诚度。

6.2.3 客房价格与市场需求的关系

客房价格与市场需求的关系是制订客房定价策略时需要考虑的重要因素之一。市场需求的变化会直接影响客房价格的浮动和变化,同时也会影响酒店的销售和收益情况。因此,对市场需求的了解和分析对于制订合理的客房定价策略非常重要。

市场需求的变化可以从多个方面进行分析。首先是季节性需求的变化,例如旅游旺季和淡季的区别,节假日和平日的消费习惯等。酒店需要根据不同的季节和节假日的特点,制订不同的客房定价策略,以最大限度地提高收益和利润。

其次是不同客户群体的需求变化,例如商务客户、休闲旅游客户等。不同客户群体的消费能力、消费需求和消费习惯不同,因此酒店需要根据不同客户群体的特点,制订不同的客房定价策略,以满足不同客户的需求和提高客户满意度。

另外,市场竞争的变化也会影响客房价格的浮动和变化。酒店需要密切关注市场竞争情况,了解竞争对手的定价策略和销售情况,以制订更为合理的客房定价策略,以保持市场竞争力和增加收益和利润。

总之,客房价格与市场需求的关系密不可分,了解和分析市场需求的变化对于制订合理的客房定价策略至关重要。酒店需要根据不同市场需求的变化,灵活调整客房价格,以最大限度地提高收益和利润。

6.2.4 客房价格与客户价值的关系

客房价格与客户价值的关系是指酒店客房价格与客户对酒店产品和服务的价值认知之间的关系。客户价值是指客户对酒店产品和服务的综合认知和评价,它包括了酒店的品牌形象、产品质量、服务水平、价格和其他因素等。

在制订客房价格时,酒店需要考虑客户的价值认知和期望,以确保客户认可和接受酒店的价格。客户对酒店产品和服务的价值认知和期望越高,酒店所能制订的价格就越高。

因此,酒店需要不断提高自身的品牌形象、产品质量和服务水平,以提高客户的价值认知和期望。同时,酒店需要了解客户的需求和消费习惯,以针对不同客户群体制订不同的价格策略,从而提高客户的消费意愿和忠诚度。

客户价值是一个相对而言的概念,不同的客户对酒店产品和服务的价值认知和期望也会有所不同。因此,在制订客房价格时,酒店需要考虑客户群体的差异性和多样性,以制订不同的客房价格策略,来满足不同客户群体的需求和期望。

除了客户的价值认知和期望,客房价格还需要考虑到酒店的成本和利润等因素。在制订客房价格时,酒店需要进行成本核算,以确保客房价格可以覆盖酒店的成本和获得足够的利润。同时,酒店还需要考虑市场竞争情况,制订有竞争力的价格策略,以保持市场地位和客户忠诚度。

综上所述,客房价格与客户价值之间存在着密切的关系。酒店需要不断提高自身的品牌形象、产品质量和服务水平,以提高客户的价值认知和期望,并结合成本和利润等因素,制订有竞争力的客房价格策略,以满足不同客户群体的需求和期望,最终提高酒店的收益和利润。

6.2.5 客房价格与竞争环境的关系

客房价格与竞争环境的关系是制订客房定价策略时需要考虑的重要因素。竞争环境是指酒店所处市场中其他酒店的数量、品牌、服务质量、地理位置等因素。通过了解竞争环境,酒店可以更好地制订客房定价策略,以吸引客户、提高收益和利润。

首先,当竞争环境激烈时,酒店需要制订更具竞争力的客房价格策略。此时,客房价格的定价应该考虑到市场需求和竞争对手的价格水平。如果酒店的客房价格过高,就会失去潜在客户的兴趣。如果酒店的客房价格过低,就会损害酒店的品牌形象和收益。因此,酒店需要根据市场需求和竞争对手的价格水平,制订出更具竞争力的客房价格策略。

其次,当竞争环境较为稳定时,酒店可以采用相对稳定的客房价格策略。在这种情况下,酒店可以根据市场需求和客户价值,制订相对稳定的客房价格,以吸引忠实客户和稳定收益。酒店还可以通过其他方式来提高竞争力,例如改进服务质量、拓展销售渠道、推广品牌形象等。

最后,当竞争环境变化时,酒店需要调整客房价格策略。如果酒店的竞争对手采用了新的营销策略或者开设了新的酒店,酒店需要及时调整客房价格策略,以保持竞争力。例如,如果竞争对手降低了客房价格,酒店也需要降低客房价格以保持竞争力。如果酒店在市场上取得了领先地位,可以考虑提高客房价格,以获得更高的利润。

在制订客房价格策略时,酒店需要考虑市场需求、客户价值和竞争环境等因素。通过对这些因素的综合考虑,酒店可以制订出合理的客房价格策略,以提高收益和利润。

6.3 酒店客房定价方法

6.3.1 市场需求定价法

市场需求定价法是一种根据市场需求确定价格的方法,通过了解市场需求和客户需求,以及竞争对手的价格和产品组合等因素,来决定酒店客房的价格。

在应用市场需求定价法时,酒店需要通过市场调查和分析,了解客户对不同价格水平和产品组合的消费意愿和需求。同时,还需要考虑到竞争对手的价格策略和产品组合,以制订更为合理的价格策略,从而提高酒店的市场竞争力。

市场需求定价法的优点在于,能够更准确地了解市场需求和客户需求,避免因价格过高或过低而影响客户的消费决策。同时,市场需求定价法也能够更好地反映市场需求和市场变化,使酒店能够更加灵活地调整客房价格和产品组合。

然而,市场需求定价法也存在一些缺点,如价格变动频繁,容易造成客户的不信任和不稳定的消费心态。同时,由于市场需求和竞争环境的变化,酒店需要不断地调整价格策略,增加了管理成本和风险。

因此,在应用市场需求定价法时,酒店需要综合考虑市场需求、竞争环境、客户价值等多个因素,以制订更为合理和稳定的客房价格策略,从而实现最大化收益和利润的目标。

6.3.2 成本加成定价法

成本加成定价法是指根据客房的成本,加上预期的利润率,确定客房价格的定价方法。这种定价方法适用于酒店经营者了解客房成本的情况,酒店经营者需要根据自身的利润目标制订客房价格。

成本加成定价法的优点在于,能够确保酒店获得一定的利润,以保证酒店的经营可持续性。缺点在于,该定价方法没有考虑市场需求和客户的价值认知等因素,可能会使酒店的客房价格过高或过低,导致客户流失或利润下降。

6.3.3 竞争定价法

竞争定价法是指根据竞争对手的定价策略,制订自己的客房定价策略。这种定价方法适用于市场竞争激烈的情况,酒店经营者需要制订相应的客房定价策略。

竞争定价法的优点在于,能够了解竞争对手的定价策略,及时制订相应的定价策略,以保持竞争力。缺点在于,该定价方法可能会导致价格战,使得酒店的利润下降,同时也可能会影响酒店的品牌价值和声誉。

6.3.4 价值定价法

价值定价法是基于客户对酒店产品和服务的价值认知来制订客房价格的定价方法。酒店经营者需要了解客户对不同的产品特点和服务的价值认知,以确定合理的客房价格。

通过价值定价法,酒店可以根据客户对酒店产品和服务的价值认知,确定价格的高低。如果客户对酒店产品和服务的价值认知较高,那么酒店可以设置较高的价格;如果客户对酒店产品和服务的价值认知较低,那么酒店可以设置较低的价格。

在进行价值定价时,酒店需要考虑以下因素。

①客户对不同因素的价值认知:客户对房间面积、设施和服务、地理位置和品牌等因素的价值认知不同。酒店经营者需要了解客户对这些因素的价值认知,以确定合理的客房价格。

②客户对竞争对手的价值认知:客户通常会比较不同竞争对手的产品和服务,对这些产品和服务的价值认知也会不同。因此,酒店经营者需要了解客户对竞争对手的价值认知,以确定与竞争对手相比较合理的客房价格。

③酒店产品和服务的品质:客户对酒店产品和服务的品质的价值认知也会影响客房价格的设定。如果酒店产品和服务的品质高,客户通常愿意支付更高的价格。

④市场需求:市场需求的变化也会影响酒店客房价格的设定。当市场需求旺盛时,酒店可以适当提高价格以获取更高的收益;而当市场需求不足时,降低价格可以吸引更多的客户。

⑤竞争环境:酒店所处的竞争环境也会影响客房价格的设定。酒店需要了解竞争对手的定价策略,以确定与竞争对手相比较合理的客房价格。

6.3.5 客户行为定价法

客户行为定价法是指根据客户的消费习惯和行为特征来设定价格的一种定价策略。这种定价法的基本思想是,利用客户在购买过程中的行为数据,进行差异化定价的方法。酒店可以通过分析客户的搜索记录、点击率、购买历史等行为数据,了解客户的购买偏好、购买能力、消费时间等行为特征,制订不同的价格策略,以达到最大化收益的目的。

客户行为定价法需要进行市场调查和数据分析,以了解不同客户群体的消费行为和偏好。在客户行为定价法中,常用的方法包括以下几种。

①差异定价:根据客户的消费能力和消费习惯的不同,制订不同的价格策略。例如,制订高端客户、普通客户、经济客户等不同的价格策略。

②按需定价:根据客户的消费需求和时间,制订不同的价格策略。例如,在旅游旺季和淡季,客户的消费需求和时间不同,可以制订不同的价格策略。

③时间定价:根据客户消费的时间和时间长度,制订不同的价格策略。例如,对于长期入住的客户,可以制订折扣价格,以鼓励客户长期入住。

④促销定价:通过促销手段,如折扣、礼品、优惠券等,制订不同的价格策略,以吸引客户消费。

客户行为定价法的优点是可以根据客户的实际需求和消费习惯来制订价格策略,提高客户满意度和忠诚度。同时,也可以最大化酒店的收益和利润。缺点是需要进行市场调查和数据分析,工作量较大,且定价策略需要不断调整和更新。此外,对于一些价格敏感的客户,可能会对定价策略不满意,影响酒店的声誉和市场形象。

6.4 收益管理的定价策略

收益管理是指通过优化酒店的价格、销售渠道和产品组合等,最大化酒店收益和利润的管理方法。对于酒店来说,有效的收益管理不仅可以提高酒店的收益和利润,还可以提高客户满意度,增强酒店的市场竞争力。以下是收益管理的定价策略。

6.4.1 客房价格的弹性分析

在收益管理中,理解客房价格的弹性分析是制订定价策略的关键之一。价格弹性分析是指当价格发生变化时,需求量的变化程度。如果价格变化对需求量变化的影响较小,那么价格就是不太弹性的。反之,如果价格变化对需求量变化的影响较大,那么价格就是比较弹性的。弹性分析可以帮助酒店预测客房需求量的变化,以便制订相应的定价策略。

客房价格的弹性分析可以通过多种方法进行。一种方法是价格-需求曲线分析。通过绘制价格-需求曲线,可以直观地了解客房价格对需求量的影响程度。

在绘制价格-需求曲线时,需要确定一定时间内的客房价格和需求量,以及其他影响因素。然后,通过计算价格和需求量之间的弹性系数,可以确定客房价格的弹性。

另一种方法是数据分析。通过收集客房销售数据和价格数据,可以分析客房价格对需求量的影响。通常,可以使用回归分析等方法进行数据分析,以确定价格和需求量之间的关系。在回归分析中,价格是自变量,需求量是因变量,通过计算价格和需求量之间的弹性系数,可以确定客房价格的弹性。

客房价格的弹性分析对于制订定价策略非常重要。如果价格弹性较小,酒店可以采取相对较高的价格策略,从而实现更高的收益。如果价格弹性较大,酒店应该采取相对较低的价格策略,以吸引更多的客户,从而提高收益。此外,在弹性分析的基础上,还可以采用差别定价策略,以满足不同客户的需求和预算。另一方面,如果酒店处于淡季,需求量相对较低,此时需要采取弹性价格策略。即在保证客房出租的基础上,通过降低价格来刺激需求,吸引更多的客户入住酒店。在这种情况下,客房价格的弹性较高,价格下调可以带来相应的需求增长和收益提升。但是,在降低价格时需要谨慎,以避免对市场定价和品牌形象造成负面影响。

在实际运用中,酒店需要根据市场环境和客户需求的变化,灵活调整客房价格。同时,还需要结合酒店的收益管理系统和市场预测结果,进行有效的定价策略制订和优化,以最大化酒店的收益和利润。

6.4.2 客房价格的差异化策略

客房价格的差异化策略是指根据不同客户的需求和偏好,制订不同的客房定价策略,以提高客户的消费意愿和满意度。通过制订差异化的价格策略,酒店可以满足不同客户群体的需求,从而增加客户的忠诚度和满意度,并提高酒店的收益和利润。

在制订差异化的客房价格策略时,酒店经营者需要了解不同客户群体的消费能力、消费习惯和需求。例如,商务客户通常更注重酒店的地理位置和服务质量,因此酒店可以根据商务客户的需求,提供更加高端和灵活的服务,如免费早餐、接机服务和商务中心等。对于休闲旅游客户,酒店可以提供更具吸引力的旅游服务和套餐,例如提供免费的旅游咨询、景点门票和SPA服务等,以提高客户的消费意愿和满意度。

另外,在制订差异化的客房价格策略时,酒店经营者还需要考虑客户的预订时间和需求。例如,对于提前预订客房的客户,酒店可以提供更加优惠的价格和更加灵活的预订政策,以吸引客户提前预订。

此外,客房价格的差异化策略还可以根据客户的身份进行制订。例如,对于老年人、学生、教师等特定客户群体,酒店可以提供相应的折扣和优惠,以提高客户的消费意愿和满意度。

总之,客房价格的差异化策略是提高酒店收益和利润的重要方法之一。通过了解不同客户群体的需求和偏好,制订差异化的客房定价策略,可以提高客户的忠诚度和满意度,进而提高酒店的收益和利润。

6.4.3 客房价格的套餐设计

客房价格的套餐设计是指将不同的客房服务和产品组合起来,以提高客户的消费意愿和满意度,从而增加酒店收益的方法。客房套餐设计的目的是为了刺激客户的购买欲望,通过组合不同的产品或服务,提供更高价值的服务,从而增加酒店的收益。

客房套餐可以根据客户的需求和偏好,组合不同的客房服务和产品。例如,酒店可以将客房和餐饮服务、旅游服务、SPA服务等组合起来,以打造更具吸引力的套餐产品。此外,酒店还可以针对不同的客户群体,推出不同的套餐产品,以提高客户的消费意愿和满意度。

客房套餐设计可以带来多方面的收益。

①提高客户满意度:客房套餐设计可以提供更全面的服务,满足客户不同的需求和偏好,从而提高客户的满意度。

②增加客户忠诚度:客房套餐设计可以为客户提供更高价值的服务,让客户感到更受关注和重视,从而增加客户的忠诚度。

③提高酒店收益:客房套餐设计可以通过组合不同的服务和产品,提高酒店的收益和利润,从而增加酒店的盈利能力。

在客房套餐设计中,酒店需要考虑以下因素。

①客户需求和偏好:客房套餐应该根据客户的不同需求和偏好进行设计,以提高客户的消费意愿和满意度。

②产品组合的多样性:客房套餐的产品组合应该具有多样性,以满足不同客户的需求和偏好。

③定价策略的灵活性:客房套餐的定价应该灵活,以适应不同客户的消费能力和需求。

④促销活动的策划:客房套餐的促销活动应该充分考虑客户的需求和偏好,以

吸引更多客户消费。

客房套餐设计是一种有效的酒店收益管理策略,通过组合不同的服务和产品,提供更高价值的服务,从而增加客户满意度和忠诚度,提高酒店的收益。另外,客房价格的套餐设计也可以促进客户消费意愿和提高酒店收益。通过将不同的客房服务和产品组合起来,酒店可以打造更具吸引力的套餐产品,从而吸引更多客户选择消费。

例如,酒店可以将客房和餐饮服务、旅游服务、SPA 服务等组合起来,提供各种套餐产品,如"周末自由行套餐""情人节浪漫之旅套餐"等。这些套餐产品不仅可以满足客户多样化的需求,还可以帮助酒店提高销售量和收益。

此外,酒店还可以根据季节、节假日等特定时段,推出相应的套餐产品,吸引客户消费。例如,酒店可以在春节、中秋节等传统节日推出相应的套餐产品,提供丰富的节日庆祝活动和特色美食,吸引客户前来消费。

综上所述,客房价格的套餐设计是酒店收益管理的重要策略之一,通过打造多样化、具有吸引力的套餐产品,可以提高客户消费意愿和满意度,同时增加酒店的收益和利润。

6.5 客房价格的分渠道管理

客房价格的分渠道管理是酒店收益管理的关键策略之一。随着旅游业的不断发展和线上旅游平台的兴起,酒店销售渠道变得更加多元化和复杂化。酒店需要针对不同销售渠道的特点和消费者需求,制订不同的客房定价策略,以提高销售量和收益。

酒店销售渠道主要包括在线旅游平台、直销、旅行社和企业合作等。不同销售渠道的特点和优势不同,因此酒店需要制订不同的客房定价策略,以最大限度地发挥销售渠道的优势,提高销售量和收益。

在线旅游平台是酒店销售渠道的重要组成部分。酒店可以通过在线旅游平台,向全球消费者展示自身的优势和特色,吸引更多客户消费。在线旅游平台的特点是信息透明、价格对比容易,因此酒店需要在在线旅游平台上制订有竞争力的客房价格,以提高销售量和收益。

直销是酒店销售渠道的传统方式,也是酒店收益管理的重要手段。酒店可以通过电话、电子邮件、官方网站等渠道,直接向客户销售客房。直销的特点是价格更加灵活、消费者更加稳定、成本更低,因此酒店需要通过直销制订有吸引力的价格,提高销售量和收益。

旅行社是酒店销售渠道的重要合作伙伴。酒店可以通过旅行社销售自身的客房,吸引更多团队客户和高端客户消费。旅行社的特点是团队客户和高端客户占比较高、销售渠道更为复杂,因此酒店需要与旅行社密切合作,制订符合旅行社销售需求的客房定价策略。

企业合作是酒店销售渠道的新兴方式。酒店可以与企业合作,为企业提供优惠的客房价格,吸引更多商务客户消费。企业合作的特点是消费者群体较为固定、消费频率较高、消费者需求较为明确,因此酒店需要根据企业客户的需求,制订符合其预算和消费需求的客房价格。另一种客房价格的分渠道管理方法是定价结构的分层,也称为层级定价(tiered pricing)。这种定价策略将客房分成不同层级,每个层级都有不同的价格和服务,以吸引不同层次客户的需求。

例如,酒店可以将客房分成豪华套房、高级客房、标准客房等不同层级,每个层级的价格和服务都不同。对于需要更高端服务和体验的客户,酒店可以提供豪华套房,并以更高的价格销售;而对于需要更经济实惠的客户,酒店可以提供标准客房,并以更低的价格销售。

在不同层级的客房中,酒店还可以针对不同客户群体制订不同的价格策略。例如,酒店可以为公司客户、会员和团体客户等提供特定的折扣和优惠,以提高客户的消费意愿和满意度。

除了分层定价外,酒店还可以采用价格捆绑(price bundling)的方法进行客房价格的分渠道管理。价格捆绑是指将不同产品或服务捆绑在一起销售,并以折扣价格销售,以提高销售量和收益。例如,酒店可以将客房和餐饮服务、旅游服务、SPA服务等组合起来,以打造更具吸引力的套餐产品,并以更优惠的价格销售。

在分渠道管理客房价格时,酒店需要根据不同销售渠道的特点和客户需求,制订不同的定价策略。例如,在在线旅游平台上销售客房时,酒店需要考虑平台佣金的成本,并制订相应的客房价格策略;而在直销渠道销售客房时,酒店可以提供更多的折扣和优惠,以提高客户的消费意愿和忠诚度。

6.6 酒店产品设计中的增收因素

6.6.1 酒店产品的组合设计

酒店产品的组合设计需要深入研究消费者的需求和行为,以及市场竞争情况。

通过市场调研、客户反馈和消费数据的分析,酒店可以了解不同客户群体的需求和偏好,进而有针对性地设计产品组合。例如,针对商务客户,酒店可以组合销售高端客房、会议室、商务餐饮等产品和服务,以满足他们的商务需求;而对于休闲旅游客户,酒店可以组合销售住宿、餐饮、旅游、SPA等产品和服务,以提供全面的休闲体验。

此外,酒店还需要关注市场竞争情况,了解同行业其他酒店的产品组合和销售策略,以及其他相关行业的竞争压力,以制订更为合理的销售策略。在制订产品组合时,酒店也需要考虑到成本和盈利情况。通过对成本和利润的核算,酒店可以合理地定价和组合销售产品和服务,以保证酒店的盈利和利润率。

对于酒店来说,产品组合的设计需要持续不断地调整和优化,以适应市场和客户需求的变化。酒店可以通过不断地跟踪市场动态、客户反馈和消费数据,来不断调整产品组合和销售策略,以提高销售额和利润率。

总之,酒店产品的组合设计是一项重要的策略,可以帮助酒店提高销售额和利润率。在设计产品组合时,酒店需要深入了解客户需求、市场竞争和成本情况,以制订合理的销售策略和定价策略。同时,酒店也需要不断调整和优化产品组合,以适应市场和客户需求的变化。

6.6.2 酒店产品的差异化设计

酒店产品的差异化设计是指在产品和服务的设计中,通过突出独特的特点和价值,使其成为与竞争对手的产品相比更具吸引力的一种策略。通过差异化设计,酒店可以提高品牌知名度和客户满意度,从而增加销售额和利润率。

酒店产品的差异化设计需要从多个方面入手,例如产品特点、服务质量、客户体验等方面。在产品设计中,可以通过独特的设计风格、特色装修、房间设施和服务设施等方面进行差异化设计。例如,一些主题酒店可以通过设计独特的房间主题和装饰,吸引客户的兴趣和注意力。在服务质量方面,可以通过培训员工的服务技能和态度,提供高品质的服务体验。在客户体验方面,可以通过提供个性化的服务、定制化的产品和智能化的设施等方式,增加客户的满意度和忠诚度。

酒店产品的差异化设计需要考虑到客户需求和市场趋势。了解客户的需求和偏好,以及市场竞争对手的产品特点和销售策略,可以帮助酒店经营者更好地进行差异化设计。同时,也需要注意成本和效益的平衡,避免过度投入导致经济效益不佳。

综上所述,酒店产品的差异化设计是提高酒店竞争力和盈利能力的重要策略之一。通过创新的设计和高品质的服务,可以打造具有吸引力的品牌形象和产品特点,提高客户满意度和忠诚度,从而增加销售额和利润率。

6.6.3 酒店产品的附加值设计

酒店产品的附加值设计是指为酒店产品和服务添加附加价值,以提高客户的消费意愿和满意度的一种策略。通过增加附加值,酒店可以提高产品的竞争力,从而提高销售额和利润率。附加值可以体现在产品的各个环节,例如,客房设施、服务质量、餐饮体验、旅游活动等方面。

对于客房设施,酒店可以增加高档家具、床品和卫浴设施等,以提高客房的舒适度和使用体验。在服务质量方面,酒店可以提供更加周到和细致的服务,例如,行李搬运、定制旅游路线等,以提高客户的满意度。在餐饮方面,酒店可以提供更加优质和有特色的菜品,例如,地方特色菜品或是对特定客户群体的定制菜单等,以提高客户的消费意愿和满意度。在旅游活动方面,酒店可以提供丰富多彩的旅游活动,例如,文化体验、娱乐活动等,以增加客户的消费体验和忠诚度。

通过增加酒店产品的附加值,不仅可以提高酒店的产品竞争力,还可以提高客户的消费意愿和满意度,从而促进酒店的销售和利润增长。

6.6.4 酒店产品的包装设计

酒店产品的包装设计是将多种产品和服务进行组合销售,以提供更为便利和优惠的消费体验的一种策略。包装设计可以使酒店产品更具吸引力,提高销售额和客户满意度。例如,酒店可以将客房和餐饮服务、旅游服务、SPA 服务等组合销售,形成更为完整的消费体验,从而提高客户的满意度和忠诚度。

在进行包装设计时,需要考虑产品组合的合理性、定价策略和销售渠道等多个方面的因素。合理的产品组合可以提高客户满意度,同时也需要考虑定价策略,以保证酒店的盈利和利润率。在选择销售渠道时,需要根据目标客户和市场需求,选择最为适合的渠道进行销售。

包装设计不仅仅是将不同的产品和服务进行简单的组合销售,还可以通过精心设计,提高产品和服务的附加值。例如,酒店可以为客户提供免费的早餐、SPA 服务或者酒吧饮品等,以增加产品的附加值,吸引客户消费。

酒店产品的包装设计需要不断地调整和改进,以适应市场需求的变化和客户需求的变化。通过不断地优化产品组合和销售策略,可以提高酒店的销售额和利润率,增强酒店在市场中的竞争力和客户满意度。

6.6.5 酒店产品的定制化设计

随着消费者对个性化需求的增加,酒店产品的定制化设计也变得越来越重要。定制化设计是根据客户个性化需求和偏好,提供个性化服务和产品的一种方式。通过定制化设计,酒店可以满足客户的特殊需求,提高客户的满意度和忠诚度,增加酒店的收益和利润。

定制化设计需要从多个方面考虑,包括客户需求、酒店资源和服务能力、成本控制等因素。酒店需要通过与客户的沟通,了解客户的特殊需求和偏好,并根据客户的需求,提供个性化的服务和产品。同时,酒店需要考虑自身资源和服务能力的限制,以确保定制化服务和产品的质量和效率。

在定制化设计方面,酒店可以提供多种服务和产品。例如,对于商务客户,酒店可以提供私人办公室、高速互联网等专业化服务,以满足客户的工作需求;而对于休闲旅游客户,酒店可以提供私人导游、定制旅游线路等旅游服务,以满足客户的旅游需求。通过提供个性化的服务和产品,酒店可以满足客户的多元化需求,增加客户的满意度和忠诚度,提高酒店的收益和利润。

总之,酒店产品的定制化设计可以为酒店带来更多的商机和收益。酒店需要根据客户需求和自身服务能力,提供个性化服务和产品,以满足客户的多元化需求,增加客户的满意度和忠诚度,提高酒店的竞争力和盈利能力。

6.7 小结

总之,客房价格的分渠道管理是酒店收益管理的重要策略之一,通过合理制订客房定价策略,酒店可以最大限度地提高收益和利润,同时保持竞争力和客户满意度。

在酒店经营中,客房定价是一个至关重要的方面。合理的客房定价可以帮助酒店最大限度地提高收益和利润,同时保持竞争力和客户满意度。常用的客房定价方法包括市场需求定价法、成本加成定价法、竞争定价法、价值定价法和客户行为定价法等,而客房价格的基本类型包括门市价、固定价格、浮动价格、移动价格、折扣价格和限时促销价格等。

除了这些基本的客房定价方法和类型外,酒店经营者还需要实施收益管理的定价策略,以最大化酒店收益和利润。这些策略包括客房价格的弹性分析、差异化策略和套餐设计。通过这些策略的实施,酒店可以更好地满足不同客户的需求和偏好，提高客户满意度和忠诚度，从而获得更高的收益和利润。

在实施客房定价和收益管理策略时，酒店经营者需要不断地监测市场需求、竞争环境和客户反馈等因素，并对定价策略进行调整和优化。只有不断地提高客房定价和收益管理水平，才能更好地适应市场变化，实现酒店经营的可持续发展。

练习题

1. 酒店客房的可变成本是什么，如何计算？

2. 某宾馆有客房 500 间，全部客房年度固定成本总额为 3 000 万元，单位变动成本为 120 元，预计全年客房出租率为 75％，成本利润率为 30％，增值税率为 6％，试求客房的价格。

（参考公式

$$P = \frac{\left(\frac{F_C}{Q} + V_C\right)(1 + R_P)}{1 - T_S}$$

P 为旅游产品价格，Q 为预计销售量，F_C 为固定成本，V_C 为单位变动成本，R_P 为成本加成率（利润率），$T_S =$ 营业税率.）

第7章 酒店动态定价与价格优化

学习目标

1. 掌握动态定价的概念及方法。
2. 学习折扣管理的类型。
3. 了解统一售价的概念及挑战。

酒店业作为服务业的代表之一,其经营模式和市场环境都比较特殊,需要采用独特的管理方式来提高收益和效益。其中,动态定价和价格优化是酒店业常用的管理策略之一。本章将重点介绍酒店动态定价和价格优化的方法、影响因素、折扣管理以及面临的挑战等方面的内容。

7.1 动态定价和价格优化

7.1.1 动态定价的概念

动态定价是指市场上商品价格随时间、需求和供应的变化而不断波动。这种价格变化可能是瞬时的,也可能是逐渐的。动态定价是根据市场需求和供应状况实时调整的,因此与静态价格不同。动态定价的实现方式有很多种。其中最为常见的是靠自动化的算法来决定价格。这些算法可以调整价格以匹配实时的需求和供应情况。另外,也有些公司根据条件制订动态定价,例如,天气、地理位置、时间、用户行为,等等。

为什么动态定价如此重要呢?首先,它可以帮助商家更好地满足消费者的需求。通过动态定价,商家可以根据消费者的需求和供应的变化来改变价格,从而提供更具竞争力的价格和更完美的客户体验。其次,动态定价也可以帮助商家更好地管理库存。通过定期分析销售趋势、更新库存管理和更新的价格策略,商家可以更精确地了解消费者的需求,从而更好地管理库存。最后,动态定价也可以减少商家的营销费用。通过在不同的时间点调整价格,商家可以更好地推销产品,同时最大限度地减少营销费用。

然而,动态定价也存在一些问题。例如,如果消费者发现价格一直在变化,可能会对品牌信誉造成不利影响。此外,在实践中,动态定价经常被拿来滥用,通过利用个人信息、地理位置和其他数据来进行不公平的价格差别对待。

在酒店经营中,动态定价的意义主要表现在以下几个方面。动态定价可以帮助酒店提高收益和利润。在市场需求旺盛、价格上涨时,酒店可以根据市场情况,动态调整客房价格,提高平均房价和客房收益。在市场需求不足、价格下降时,酒店也可以动态调整价格,降低平均房价和客房收益,从而提高酒店的收益和利润。动态定价也可以提高客户满意度。在市场需求旺盛、价格上涨时,酒店可以提高客房价格,为客户提供更加多样化的选择,提高客户满意度。在市场需求不足、价格下降时,酒店可以降低客房价格,为客户提供更加优惠的价格,吸引更多的客户入住,提高客户满意度和忠诚度。动态定价也可以提高酒店竞争力。在竞争激烈的酒店行业中,动态定价可以帮助酒店更好地满足不同客户需求,提高客户满意度和忠诚度,从而提高酒店的竞争力和市场份额。动态定价也可以提高酒店品牌知名度。通过动态定价,酒店可以吸引更多客户入住,提高酒店的知名度和品牌形象。此外,酒店还可以针对不同客户群体推出不同的优惠和促销活动,提高客户满意度和忠诚度,从而加深酒店在客户心中的品牌形象。动态定价可以促进酒店经营的发展和进步。通过动态定价,酒店可以更好地把握市场需求和价格变化,提高客房利用率和收益,促进酒店经营的发展和进步。

综上所述,动态定价对酒店经营具有非常重要的意义,可以提高酒店收益和利润、提高客户满意度、提高酒店竞争力、提高酒店品牌知名度、促进酒店经营的发展和进步等。因此,酒店应该时刻关注市场变化,灵活制订客房价格。

7.1.2 价格优化的意义

酒店价格的优化是酒店经营管理中非常重要的一环。通过在不同的时间点调整价格,酒店可以增加收益,提高利润率,优化房间出租率,提高酒店的客户满意度和品牌价值。

首先,酒店价格的优化可以帮助酒店增加收益。在旅游旺季里,酒店能够提高价格以应对旺季的需求,从而通过增加收益来获得更高的利润率。在淡季,酒店可通过降低价格吸引更多的客户,从而增加住客入住率,提高房间出租率。因此,酒店价格的优化可以带来多种收益,从而提高酒店经营的盈利水平。其次,价格优化还能帮助酒店提高客户满意度和口碑。通过合理调整价格,酒店可以提供更适宜的价格,吸引更多的客户,提高客户满意度和忠诚度。而提高客户满意度和忠诚度则会为酒店带来更多的正面口碑和良好的品牌形象,增加酒店的知名度和市场竞争力。另外,通过酒店价格的优化,还可以促进酒店品牌的发展。酒店通过调整价格,可以提高房间的利用率,使得酒店的品牌价值得到提升,进而推动品牌的发展。同时,酒店以价格优势可以吸引更多的顾客,提升竞争力,成为消费者心目中的首选酒店,进一步提高酒店品牌的知名度和口碑。最后,酒店价格的优化可以帮助酒店优化房间出租率,减少闲置资源浪费。通过合理的调整价格和销售策略,酒店可以最大限度地提高房间的利用率,减少床位闲置率,增加酒店的收益。同时,合理地调整价格也有助于降低酒店的运营成本,提高经营效率。

综上所述,酒店价格的优化在酒店管理中扮演着非常重要的角色,可以帮助酒店增加收益,提高客户满意度和品牌价值,优化房间出租率,减少床位闲置率。因此,在定价策略制定时,酒店应该在考虑多种因素的基础上,制订能够提高收益、满足客户需求的合理价格策略。

7.2 动态定价的方法

7.2.1 传统动态定价方法

酒店的传统动态定价方法主要是指酒店基于需求和供应的情况来调整价格的方法。这在旅游旺季时非常重要,因为这是酒店赚取最大收益的时候。酒店通常会根据不同的时间段、房型、客人类型以及区域等因素,调整不同的价格。以下是酒店传统动态定价方法的简要介绍。

① 简单动态定价方法。这是最为基本的定价模式。简单动态定价方法是根据时间点和需求情况来调整价格,在旺季时会采取更高的价格,而在淡季时则会采取更低的价格。这是一种相对简单的方法,但是可以很好地应对季节性波动和短期需求变化。

② 基于成本的动态定价方法。其是通过考虑成本元素来调整价格。这种方法将成本、运营费用和利润率作为基础,再根据实时的需求和供应情况,进行调整价格。因此,该方法可以在不影响酒店利润率的情况下,最大化客户满意度。

③ 预测分析动态定价方法。其是通过分析市场趋势和消费者行为来预测需求,并调整价格。该方法需要使用大量的市场和消费行为数据进行分析,因此需要具备数据分析和预测能力。然而,该方法可以更准确地预测需求变化,从而实现更

高的利润和销售。

④优惠券、特价和促销活动。除了基于需求和供应的定价方法,酒店还可以通过优惠券、特价和促销活动等方式来调整价格。这种方法可以创造更多销售机会,提高客户忠诚度和满意度。

总的来说,酒店的传统动态定价方法是非常重要的。通过调整价格,酒店可以更好地满足消费者的需求,提高客户满意度和品牌价值;同时,还可以最大限度地提高收益、降低成本,使酒店经营更加高效和成功。

7.2.2 预测性动态定价方法

酒店管理预测性动态定价方法是一种基于历史数据和市场动态,对未来价格进行预测和调整的方法。在酒店管理中,动态定价方法可以帮助酒店根据市场需求和竞争情况,及时调整价格,提高酒店收益和顾客满意度。

静态定价是指根据历史数据和市场情况,制订一个固定的价格,不考虑市场变化和竞争对手的价格策略。这种方法适用于市场比较稳定、价格波动较小的时期。但是,在市场需求发生变化、竞争对手的价格策略发生变化时,静态定价方法可能会导致酒店收益下降,顾客满意度下降。动态定价是指根据市场变化和竞争对手的价格策略,实时调整价格。这种方法可以使酒店在竞争中保持竞争力,提高收益和顾客满意度。但是,动态定价需要酒店具备较高的数据分析和决策能力,同时需要酒店对市场变化和竞争对手的价格策略进行及时反应。酒店管理预测性动态定价方法包括以下几种。

(1)线性回归分析法

线性回归分析法是一种通过建立自变量和因变量之间的线性关系,预测未来值的方法。在酒店管理中,线性回归分析法通常用于预测价格的变化趋势。

在进行线性回归分析时,需要确定自变量和因变量之间的关系。一般来说,自变量和因变量之间是存在一定的线性关系的。例如,当市场需求增加时,价格通常会随之增加;而当市场需求减少时,价格则可能会随之减少。因此,可以通过分析历史数据,确定自变量和因变量之间的线性关系,并建立线性回归模型。在建立线性回归模型时,需要考虑自变量和因变量的测量精度和数据质量。如果自变量和因变量的测量精度和数据质量都很高,那么建立的线性回归模型就会非常准确。在确定了线性回归模型后,可以通过对未来值进行预测,帮助酒店制订合适的价格策略。需要注意的是,线性回归分析法只适用于自变量和因变量之间存在一定的线性关系的情况。如果自变量和因变量之间的关系不是线性的,那么就需要使用其他的方法进行预测。此外,在应用线性回归分析法时,还需要注意排除干扰因素对分析结果的影响。

总之,线性回归分析法是一种简单且实用的酒店管理预测性动态定价方法,可以帮助酒店预测未来价格的变化趋势。但在应用该方法时,需要注意自变量和因变量之间的关系、测量精度和数据质量等因素,以获得更准确的预测结果。

(2)时间序列分析法

时间序列分析法是一种通过分析历史价格数据的趋势和波动情况,预测未来价格的方法。在酒店管理中,时间序列分析法通常用于预测未来价格的变化趋势。时间序列分析法的核心是对历史价格数据进行趋势分析和波动分析,以确定价格的变化趋势和波动规律。通过对历史数据进行趋势分析和波动分析,可以识别出价格的波动周期和趋势,从而建立对未来价格的预测模型。时间序列分析法通常包括以下步骤:数据收集、数据清洗、趋势分析、波动分析、建立预测模型。在建立预测模型时,需要考虑数据的质量和可靠性、趋势和波动规律的识别能力以及预测模型的准确性等因素。一般来说,建立的时间序列模型越准确,预测结果就越可靠。

需要注意的是,时间序列分析法只适用于历史数据中存在一定的趋势和波动规律的情况。如果历史数据中没有明显的趋势和波动规律,那么就需要使用其他的方法进行预测。此外,在应用时间序列分析法时,还需要注意排除干扰因素对分析结果的影响。总之,时间序列分析法是一种简单且实用的酒店管理预测性动态定价方法,可以帮助酒店预测未来价格的变化趋势。但在应用该方法时,需要注意历史数据中的趋势和波动规律、数据的质量和可靠性等因素,以获得更准确的预测结果。

(3)神经网络法

神经网络法是一种基于人工神经网络模型的预测方法,用于预测未来价格。在酒店管理中,神经网络法通常用于制订动态定价策略。

神经网络法的核心是利用人工神经网络模型学习历史数据中的模式和规律,从而预测未来价格。人工神经网络模型由多层神经元构成,每一层神经元都通过学习前一层的输入和权重,产生对下一层的输出。最终,输出层的输出结果即为对未来价格的预测结果。神经网络法通常包括以下步骤:数据收集、数据清洗、特征提取、训练模型、预测价格。

在建立神经网络模型时,需要考虑数据的质量和可靠性、网络层次的设计和优化以及模型的调试和优化等因素。一般来说,建立好的神经网络模型需要经过多次调试和优化,才能取得较好的预测效果。神经网络法只适用于历史数据中存在一定的模式和规律的情况。如果历史数据中没有明显的模式和规律,那么就需要使用其他的方法进行预测。此外,在应用神经网络法时,还需要注意排除干扰因素对分析结果的影响。

神经网络法是一种基于人工神经网络模型的预测方法,可以帮助酒店制订动态定价策略。但在应用该方法时,需要注意历史数据中的规律和模式、数据的质量和可靠性等因素,以获得更准确的预测结果。

（4）竞争环境分析法

竞争环境分析法是一种通过分析竞争对手的价格策略和市场地位,预测未来价格的方法。在酒店管理中,竞争环境分析法通常用于制订动态定价策略。其核心是通过对竞争对手的价格策略和市场地位进行分析,预测未来价格的变化趋势。具体来说,该方法包括以下步骤:收集竞争对手的价格信息、分析竞争对手的市场地位、分析竞争对手的价格策略、预测未来价格趋势。如果竞争对手的价格水平较高,那么酒店可以考虑降低价格,以保持竞争优势;如果竞争对手的价格水平较低,那么酒店可以考虑提高价格,以提高产品差异化和竞争力。

然而,竞争环境分析法只适用于市场竞争较为激烈的情况。在竞争激烈的市场中,竞争对手的价格策略会对酒店的未来价格产生重要影响。此外,在应用竞争环境分析法时,还需要注意竞争对手的市场地位、价格策略等因素,以获得更准确的预测结果。竞争环境分析法是一种通过分析竞争对手的价格策略和市场地位,预测未来价格的方法。在酒店管理中,该方法可以帮助酒店制订更具竞争力的动态定价策略。但在应用该方法时,需要注意竞争对手的市场地位、价格策略等因素,以获得更准确的预测结果。

在酒店管理中,预测性动态定价方法可以帮助酒店根据市场需求和竞争情况,及时调整价格,提高酒店收益和顾客满意度。以上几种方法,可以根据实际情况选择使用,以达到最佳的定价效果。

7.2.3　机器学习法

随着人工智能技术的不断发展,酒店行业在动态定价方面也逐渐采用了机器学习定价方法。机器学习通过算法训练来了解市场需求和客户行为,自动调整价格以匹配实时的需求和供应状况,从而实现最高的竞争优势。以下是酒店机器学习定价方法的简要介绍。

(1) 预测模型

通过构建客户需求模型，酒店可以预测市场需求和未来的入住率，从而实现更加准确、科学和高效的定价策略。预测模型通常考虑客户行为、历史预订数据和市场趋势等因素，从而生成每个时间段和房型的最佳价格方案。

(2) 基于强化学习的定价模型

在基于强化学习的定价模型中，酒店通过训练数据模型来优化价格，并跟踪消费者的反馈行为以纠正偏差。通过不断地观察和学习，强化学习可以实现快速调整价格，进一步提高酒店的利润和盈利能力。

(3) 随机森林算法

随机森林算法是一种流行的机器学习算法，用于克服传统的过拟合问题。在酒店定价中，随机森林算法可以帮助酒店有效地预测房间的价格范围，改善预测准确性和精度。

(4) 人工神经网络

人工神经网络是一种复杂的机器学习算法，用于处理大量复杂的数据。在酒店定价中，人工神经网络可以帮助酒店更好地了解客户行为和市场趋势，提高预测准确性和价格调整能力。

机器学习定价模型能够自动且精准地进行定价调整，可以提高酒店的效率、竞争力和利润率。然而，机器学习定价策略的成功需充分考虑多方面因素，如市场变化、竞争对手、客户行为，等等。酒店管理者需要根据实时的业务和市场情况来优化定价策略，从而实现最高的盈利和客户满意度。

7.3 影响动态定价的因素

7.3.1 市场需求

酒店动态定价是一种市场反应的价格策略，它根据市场需求的变化来进行价格调整。市场需求是指客人对酒店房间的需求量和价格敏感度的综合体现。市场需求的变化与酒店定价密切相关，因此酒店需要了解市场需求的变化，以便及时调整房价和优化收益。

(1) 市场需求对酒店动态定价的影响

市场需求的变化对酒店动态定价有重要影响，因为这影响了客人对酒店房间的需求量和价格敏感程度。市场需求越高，酒店就能够制订更高的房价，反之亦然。当市场需求高时,酒店因供不应求,可推动势态更高的定价策略,如高价策略或高增幅策略等。通过这种策略,酒店不仅能够提高收入,而且还能够提高利润率。市场需求高还意味着客人对价格不太敏感,所以酒店可以根据需要在不同节假日等特定时间段选择提高价格。当市场需求低时,酒店能够采取更为灵活的战略,如价格波动策略或增值服务策略,以吸引客人。价格波动策略可以是特价策略或打折策略,旨在在市场需求相对较低的时间吸引客人。增值服务策略可以是赠送早餐或免费升级客房等,以增加客人对酒店的满意度。此外,酒店还可以采取直接营销策略,如团队定价策略或优惠券策略等,以吸引更多的客人。

(2)市场需求的预测

了解市场需求和变化趋势对于制订合适的房价和市场策略至关重要。酒店可以通过以下方式进行市场需求的预测:通过历史数据和市场趋势分析,酒店可以了解市场需求的变化和预测未来趋势。数据分析可利用酒店管理系统提供的报告和分析等信息来收集数据。市场需求预测软件是一种自动化的方法,可以帮助酒店迅速分析市场需求的趋势和变化,从而确定定价策略。例如,Hotelligence 等市场需求软件能够将数据从不同渠道整合到一起,以便快速预测市场需求。酒店可以开展客户调查和市场调查,了解客人和市场需求的动态变化。通过调查收集的数据,酒店可以更精确地把握客人的需求和偏好,并做出针对性的定价和服务策略。

市场需求对于酒店动态定价具有至关重要的影响。酒店需要了解市场需求的变化,以便合理地调整房价,优化收益。了解市场需求的变化趋势是酒店成功运营的核心。通过市场需求预测,酒店可以快速响应市场变化,提高竞争力,增加利润。

7.3.2 竞争状况

在旅游业竞争越来越激烈的背景下,酒店动态定价已成为酒店竞争策略的重要组成部分。竞争状况直接影响酒店的销售和收益。因此,在制订酒店动态定价策略时,必须考虑酒店所处的竞争状况,以建立对手的动态定价先机,最大化收益。

酒店竞争状况可以分为以下三类。

(1)激烈竞争

在激烈竞争下,市场上存在多家同类酒店争夺旅客。由于市场供应量过大,酒店很难实现高价位的房价。为吸引客人,酒店需要采取更为灵活的动态定价策略。

(2) 中度竞争

中度竞争的市场情况比激烈竞争的市场情况好。市场供应相对充足,酒店动态定价的余地较大。根据市场变化,酒店可以适当调整房价,实现更大的收益。

(3) 缺乏竞争

当市场竞争较少时,酒店可通过设定略高的房价来实现更高的收益。当然,不应过度定价,以不影响顾客体验。

竞争会对价格产生影响。当酒店竞争激烈时,客人通常会选择价格较低的酒店。因此,酒店需要以更优惠的价格促进其酒店房间的出租率。在缺乏竞争的市场中,酒店可以通过适当调高房价,提高其业务赚取利润。竞争也会对服务质量产生一定的影响。在激烈竞争的市场条件下,酒店的服务质量和标准成为区分的关键。在提供过关服务的前提下,酒店可通过制订其动态定价策略来吸引客户,提高其竞争力,并增加收益。在竞争缺乏的市场中,酒店需要关注自己的服务质量,以便增强其吸引力,并进一步提高其竞争力。

要应对不同类型的市场竞争,酒店需要制订相应的定价策略。在激烈竞争的市场条件下,酒店需要采取符合市场需求的低价策略以赢得客户。酒店可以采用特价策略或打折策略,赢得客户。酒店还可以优化自己的销售渠道,通过在各个酒店预订网站上展示自己的优惠价格,以吸引更多的顾客。在中度竞争的市场条件下,酒店需要根据市场情况制订更为灵活的动态定价策略,并根据市场变化进行调整。此外,酒店还可以采用一些增值服务并通过这些增值服务来提高房间价格,从而最大限度地提高酒店的收益。当市场竞争缺乏时,酒店可以从更高的价格和良好的服务中获得更高的收益。此外,酒店可以通过深入了解客户需求,组织一些特殊的旅游活动,引进定制化服务来提高客户的黏性和忠诚度,从而达到长期利润最大化的目的。

酒店定价对酒店的竞争力和收益有着重要的影响。竞争状况是酒店制订定价策略的重要考虑因素之一。酒店应当根据竞争状况合理制订动态定价策略,以最大化其营业收入。因此,了解并及时调整自己的动态定价策略可以增强酒店竞争力,提高收益和市场份额。

7.3.3 成本和利润

酒店动态定价是指根据市场供需情况,采用价格弹性模型、市场反应模型等方法,通过对价格的变动来提高酒店收益和满足客户需求的一种策略。酒店动态定价时,成本和利润是酒店需要考虑的两个重要因素。只有在考虑到成本和利润的情况下，酒店才能做出合理的动态定价策略。

成本是酒店动态定价的重要组成部分，因为它会影响酒店的定价决策，并最终影响到酒店的利润水平。酒店在制订动态定价策略时，必须仔细考虑成本的因素。固定成本是指酒店在不管产量变化的情况下需要支付的费用。固定成本包括酒店的抵押贷款以及设备和装修费用等。在动态定价时，酒店的固定成本必须作为基准考虑，以确保酒店的收入可以覆盖其固定成本。可变成本是指根据销售产量变化而发生变化的酒店成本。可变成本包括房间维护、清洁和餐饮等费用。酒店的可变成本决定了酒店需求的最低价位。因此，在制订动态定价策略时，必须考虑酒店的可变成本，以确保酒店能够盈利。

利润是酒店动态定价的核心目标，是酒店考虑动态定价的最终收益。当酒店动态定价策略能够增加利润时，酒店就会采取这种策略。利润可由成本和收入之间的差额计算得出。因此，在制订动态定价策略的过程中，酒店必须仔细考虑以下因素。价格弹性是市场需求量对价格变化的敏感程度。当酒店价格弹性高时，即当价格变化较小时，顾客会对价格感到敏感，使得酒店较难对价格进行优化。因此，酒店应密切关注价格弹性，并制订针对性的价格策略，以最大化利润。酒店不仅要关注定价，还要关注增值服务，以提高客户满意度，并增加客户对酒店产品和服务的感受。在制订动态定价策略时，酒店应当考虑增加客户体验，以提高其客户贡献（即客户消费额），从而提高其利润。酒店的利润容忍度可以理解为一个酒店的利润是否能够覆盖其成本，从而带来合理的利润率。当酒店的利润容忍度较高时，意味着酒店拥有更灵活的动态定价策略。

在制订动态定价策略时，酒店需要同时考虑成本和利润。价格优化是指酒店在保留竞争力和利润之间进行平衡。酒店需要根据市场上需求变化来调整房价。例如，如果供应大于需求，酒店可以降低房价来吸引更多的客户。折扣策略可以帮助酒店缓解需求不足的问题。酒店可通过打折、邀请不同客户群体入住并享有指定优惠等方式来吸引客人。酒店可以制订打包销售策略，如"住宿加早餐""住宿加餐饮服务"，以提高房间的利用率。

成本和利润是酒店动态定价策略的两个重要影响因素。酒店在制订动态定价策略时，必须仔细考虑这两个因素，确保最大限度地提高酒店收益和盈利能力。酒店需要根据不同市场需求和节点考虑成本和利润关系，以制订精确的动态定价策略，以获取最大化收益。

7.3.4 季节性和节假日影响

季节性和节假日是酒店定价中至关重要的因素，因为它们始终会影响到酒店的需求和供应，从而影响到动态定价的制订。本节将探讨如何利用季节性和节假日因素来影响酒店动态定价的方法。

季节性是指一年中不同的季节所带来的需求差异。在旅游业中，季节性需求的变化非常明显。例如，在冬季酒店可能会遇到需求不足的问题，而在夏季则会面临客源过剩的问题。因此，在动态定价策略中，需要考虑季节性需求的变化并相应地调整价格。以下是一些常见的应对季节性需求变化的策略。

①糅合定价法：酒店可以根据季节性来将旺季与淡季价格混合，也就是糅合定价法。在淡季时会有更大的折扣优惠，而在旺季则会调高价格。这种方式能够有效平衡整年的收入，并鼓励客人在淡季来旅游。

②限制入住天数：在旺季期间，酒店需要限制入住天数来应对涌入的客流。这意味着酒店会要求客人至少入住三晚或以上。这种策略能确保酒店的入住率，并在旺季时保持价格稳定。

③灵活的退订政策：在淡季时，可以实行灵活的退订政策，即使客人在入住前取消预订，酒店也可以不收取罚款。这能够提高客人参与度，增加订房量。

节假日是另一个会影响酒店动态定价策略的因素。在不同的节假日，如国庆节、春节等，人们往往会有出游的计划，这也就带来了酒店客源的增加。以下是应对节假日影响的一些策略。

①提前预订政策：在节假日前，酒店可以建议提早预订，甚至会有预订奖励。这种策略能够确保酒店在节假日期间的入住率。

②智能定价：在节假日时，对于一些高端酒店，可以实行智能定价策略。智能定价指的是根据需求的变化和房型等级的不同，自动调整价格，从而优化收益。这种策略会使酒店的定价更具竞争力，并最大化酒店的收益。

③限制入住天数：在节假日期间，酒店往往涌入了很多客人，为了保障客人的体验，也为了酒店能获得最大收益，酒店可能会有入住天数的限制，例如至少入住两晚以上。这种策略会使得酒店的收益和入住率达到最大化。

在动态定价策略中，季节性和节假日需求变化的影响不可忽略。通过糅合定价、限制入住天数、灵活的退订政策等策略来应对季节性需求变化，以及提前预订、智能定价、限制入住天数等策略来应对节假日影响，能够优化酒店的收益，并提高客户的入住体验。

7.4 折扣管理

7.4.1 折扣的类型

酒店折扣是酒店销售中很重要的一部分,它可以吸引客人,提高酒店的入住率,同时也可以帮助酒店提高收益和利润。在这一节中,我们将会讨论几种酒店折扣的类型,以及它们的优缺点和应用场景。

(1) 预付房型折扣

预付房型折扣是指顾客提前预订房间并在线上支付,并且可以在入住时获得一定程度的折扣。这种方式可以帮助酒店降低预订成本并提前收到部分房费,客人则可以获得一定程度的价格优惠。这样可以提前锁定房间,并且可以获得一定程度的价格优惠,对于需要提前计划行程的客人来说比较有吸引力。但是客人需要提前支付房费,而且预订后不能更改或取消。这可能会对一些客人造成不便。它适用于节假日或会议期间客房供需紧张时,或者酒店在老客户或团体客户预订时推出的促销活动。

(2) 早订早得折扣

早订早得折扣是指客人提前预订酒店房间,并在一定时间内入住,可以享受一定的价格折扣。这种方式可以鼓励客人提前预订房间并在指定时间内入住,减少酒店的失去收益。它可以鼓励客人提前预订房间并在指定时间内入住,减少酒店失去收益的风险,同时也可以提高客房的早期销售。如果客人计划有变化,可能会影响入住时间,造成损失和不满意。它适用于酒店淡季或者预订需求不足的情况,或者在酒店新开业或重新装修之前,鼓励顾客提前预订房间。

(3) 连住优惠折扣

连住优惠折扣是指客人连续入住多天并在线下支付全部房费,可以享受一定程度的价格折扣。这种方式可以鼓励客人多住几天,并减少酒店的流失率,同时也可以提高酒店收益和利润。客人必须在线下支付全部房费。这可能会对客人造成经济压力和不便。它适用于假期或者会议期间客房供过于求时,或者在新开业或重新装修期间,促进客人多住几天。

(4) 长期住宿折扣

长期住宿折扣是指客人在酒店长期入住并在线下支付房费,可以享受一定程度的价格折扣。这种方式可以吸引一些长期出差、旅游或生活在当地的人士,从而提高酒店的稳定性和收入。吸引长期出差、旅游或生活在当地的人士,从而提高酒店的稳定性和收入。必须长期入住并在线下支付房费,不适用于短期出行的客人或者需要灵活安排行程的客人。它适用于商务型酒店或者公寓型酒店。

(5)其他折扣

除了以上几种常见的折扣方式,酒店还可以根据不同的需求和市场进行各种形式的优惠活动。比如,推出特定的旅游线路或者酒店套餐,并在营销渠道上进行推广和宣传。同时,在不同的节日、纪念日或者季节也可以根据需求进行不同形式的折扣活动。

酒店折扣是吸引顾客、提高入住率、增加收入和利润的重要手段之一。然而,酒店在推出不同的折扣方式时,需要根据市场需求和客人需求进行针对性的设计和推广,从而实现最好的效果。

7.4.2 折扣的影响

酒店折扣是酒店营销中的一个重要组成部分,可以吸引客人,增加酒店的入住率和营业额。然而,酒店折扣也带来一些影响。本节将会探讨酒店折扣的影响,包括其对酒店的品牌形象、收益和客人忠诚度等的影响。

(1)品牌形象影响

酒店折扣活动可以在一定程度上增强酒店在市场中的知名度和影响力,吸引更多的客人预订并体验酒店的服务。然而,如果折扣力度过大或者折扣方式不恰当,可能会给客人造成品质上的负面印象,并影响酒店的品牌形象和口碑。折扣活动可以吸引客人并提高酒店知名度和曝光率。如果折扣力度过大或者折扣方式不当,可能会对酒店品牌形象造成负面影响。它适用于提升酒店知名度、吸引新客户和提高销量的情况,但需要合理选择折扣方式,避免对酒店品牌形象造成负面影响。

(2)收益影响

酒店折扣活动可以增加入住率并提高酒店的营业额,但同时也会给酒店的收益带来影响。折扣的力度过大会影响酒店的收益,如果没有进行额外的控制和管理,很容易导致酒店的利润率下降。折扣活动可以增加酒店的营业额并提高入住率。力度过大会影响酒店收益和利润率。它适用于需要提高入住率、增加营业额的情况,但需要根据酒店实际情况和市场需求合理设置折扣,避免对酒店收益造成负面影响。

(3)客人忠诚度影响

通过折扣活动来吸引新客户是可以的,但如果只专注于新客户,忽略了老客户的感受,可能会导致老客户的流失。老客户流失会对酒店的客源结构和客人忠诚度造成负面影响,从而降低酒店的竞争力和收益。折扣活动可以吸引新客户。过于专注于新客户,忽略老客户可能会导致老客户的流失和客人忠诚度的降低。它适用于吸引新客户,但需要同时维护老客户的忠诚度和满意度,避免流失。

(4)酒店服务影响

折扣活动可以吸引更多的客人体验酒店的服务,同时也可能导致酒店服务质量下降。一些酒店可能在折扣活动中减少了员工数量或者降低了服务质量,这会给客人带来不良的入住体验,影响客人对酒店服务的评价和口碑。它适用于坚持服务质量和客人体验,同时也需要折扣活动来吸引更多客人的情况。

酒店折扣活动是吸引客人、提高入住率和营业额的有效手段之一,但也会带来品牌形象、收益、客人忠诚度和服务质量等影响。为了达到最好的效果,酒店需要根据实际需求和市场情况,选择合适的折扣方式,并严格控制和管理折扣的力度,避免对酒店的发展产生负面影响。同时,酒店也需要注重服务质量和客人体验,以维护良好的品牌形象和口碑。

7.5 统一售价及面临的挑战

7.5.1 统一售价的概念

酒店统一售价是指在不同的渠道和渠道商销售酒店房间时,酒店制订相同的价格政策,并统一向不同的渠道提供相同的价格和房型信息。这种售价模式旨在保持酒店的价格和品牌形象一致,增强酒店的市场知名度和形象。

(1)酒店统一售价的优点

酒店统一售价的优点是显而易见的。它为酒店管理提供了一个更高效的方法来管理不同渠道的房价。以下是几个主要的优点:实施统一售价政策可以提高酒店的品牌形象,为酒店带来更多的客户和升级销售机会。统一售价政策使酒店更好地控制在不同渠道售卖的售价和房型信息,降低管理风险,减少了在不同渠道间进行价格比对和管理的时间和精力成本。统一售价使酒店管理更加有条不紊,更加有序和更加智能化,提高了酒店的管理水平。

(2)酒店统一售价的运营模式

在酒店统一售价模式下,酒店需要选择一些具备信誉度和高服务质量的渠道,在这些渠道进行房间销售时提供相应的价格优惠方案。现在,大多数酒店都采用网络预订渠道,例如在线旅游代理商和酒店品牌官方网站,这些渠道都需要酒店进行培训,确保公布合适的价格和房型信息。酒店通常会选择不同的渠道来销售客房,例如通过前台销售、电话预订和线上预订的方式来分别销售房间。这些渠道需要由酒店管理和监控,所以酒店需要一个专门的管理团队,以确保各个渠道信息的准确性和一致性。

(3)酒店统一售价的实现方法

实现酒店统一售价并不是一件轻松的事情。以下是酒店管理可以采取的一些措施:选择合适的销售渠道,如在线旅游代理商和官方网站,可以减少管理成本和维护品牌形象。酒店应结合市场需求和竞争情况,确定合适的房价,避免价格竞争或价格过高。结合季节性和假期性的差异,对不同时间段的售价进行相应调整。酒店可以为会员或团体客户等不同客户类型设置不同的折扣或房价政策。

酒店统一售价是酒店营销中非常重要的一部分,可以增强酒店的品牌形象和知名度。通过确立合适的价格政策和管理模式,酒店可以更好地实现不同渠道的房价管理,提高管理效率和效益。然而,酒店也需要根据市场情况和客人需求调整房价政策,确保合适的售价和合适的管理方式,提高酒店的发展和可持续性。

7.5.2 统一售价的优点和缺点

酒店统一售价指的是酒店对其客房和服务所售出的价格保持一致的政策,即在不同的渠道上售出同样的产品时,以相同的价格来售出。在市场经济中,酒店统一售价被认为是一种合理的营销策略,其具有各种优点和缺点。

其优点主要包括①简化价格结构:酒店统一售价的最大优点之一是简化价格结构,即避免价格混乱、销售困难等问题。同一时间、同一种类型的客房和服务,采用同一价格,可以让客人更容易地了解价格,使预订更加方便。②降低成本:通过使用酒店统一售价,酒店可以在选择和管理价格方面节省时间和精力。酒店不必对不同的客户、时间段和渠道修改价格,这可以减少错误和疏漏的风险,提高工作效率。③增加客户信任感:酒店统一售价可以提高客人对酒店品牌的信任度,因为客人认为该品牌的每个酒店都是基于同一标准和定价策略操作管理的。④避免价格竞争:酒店统一售价可以避免在市场上与竞争者的价格战,更好地控制销售成本和利润率。通过避免价格竞争,酒店可以实现更稳定的业务,同时也可以提高产品和服务的品质。

缺点主要包括①限制了客户选择:酒店统一售价的最大缺点之一是限制了客户的选择。因为他们必须接受唯一的价格,而不能根据自己的需求或预算选择不同的价格方案。②适应性不足:酒店统一售价将所有的客户都视为同一类型的客户,而忽略了不同客户之间的个体差异,导致不同类型客户之间存在不同的需求和购买力。③客户不满意:酒店统一售价可能导致一些客户认为他们支付的价格过高或不公平。因此,其他酒店经常推出促销活动和特殊的优惠来吸引顾客。④难以控制价格波动:如果酒店因天气、大型活动等原因使客户需求变大时,酒店统一售价难以应对客户的需求,无法对需求做出及时和差异化的反应,导致价格波动问题。

综上所述,酒店统一售价虽然存在一些缺点,但随着市场需求日益增长,许多酒店仍在坚持使用该政策,因为它可以有效地控制成本、提高销量和市场占有率。对于酒店经理人员我们应该根据酒店的经营情况,选择适当的价格策略,以合理的价格获取更多的客源和利润。

7.5.3 面临的挑战和解决方法

酒店统一售价是一种用于控制成本和提高效率的有效策略。但是,随着市场需求的日益变化,酒店统一售价面临的挑战也越来越多。下面将介绍一些主要的挑战和解决方法。

(1)挑战

市场需求的变化导致了价格和其他销售策略的调整。如果酒店无法及时反应和响应,有可能会导致市场占有率的下降。酒店通过不同的渠道销售其产品和服务。然而,如果酒店无法有效地管理多个渠道上的数据和信息,那么就难以保持价格的统一标准。客户对价格非常敏感,如果酒店无法提供更具吸引力的价格,那么客户可能会选择其他酒店,从而导致其市场份额的下降。市场上的竞争者也在使用价格战略。如果酒店无法及时了解竞争者的价格和行动,那么它将难以抵抗价格战和竞争压力。

(2)解决方法

酒店的定价策略应基于市场需求和消费者,不断监控竞争对手在相同类别上的售价,实时调整售价。酒店应该采用一款值得信赖的软件系统,帮助管理者更好地控制各个渠道的销售数据、媒体信息、用户反馈等,并在系统中提供提前警告机制,以快速捕捉产品线的销售量变化。在合适的时机提供吸引顾客的促销活动,可能带来客户进入酒店和提高市场份额的优势。随着市场和消费者需求的变化,酒店不能满足之前的销售策略和定价策略。酒店应该不断地创新和进化,以满足市场需求和消费者。

酒店统一售价由于其简单、有效和高效的方式而受到欢迎。然而,当面临市场需求的变化,渠道管理的困难等问题时,酒店可能需要重新审视其策略。只有通过实时调整策略和积极跟进市场需求,酒店才能应对市场变化,保持其竞争优势,并提高客户满意度。

7.6 小结

酒店动态定价和价格优化是一种有效的酒店营销策略,通过使用实时数据和过去预测,以及市场需求变化等多方面因素,制订的一种能更好应对需求变化的价格策略。该技术可以帮助酒店管理者合理控制售价,提高酒店经营效率和市场占有率。

动态定价是指根据市场需求的变化不断调整酒店售价的策略。通过灵活管理酒店房间、设施以及服务,动态定价可以确保酒店在市场环境下更快、更准确、更合理地进行市场调整,从而更好地顺应市场需求,提高酒店的市场占有率。价格优化是针对动态定价的实践过程,也就是通过优化不同售价方案的收益率和利润率,保持酒店的收益最大化,同时提高酒店的客户满意度与忠诚度。市场营销中任何一家企业都可以通过动态定价和价格优化的方法来保持市场竞争力,而酒店特别是高档酒店、国际连锁酒店等更需要动态定价和价格优化。

实现酒店动态定价的最重要因素是数据,酒店需要搜集市场上的销售数据以及其他相关数据,评估市场需求变化,根据数据预测未来需求变化,同时也通过不断调整价格,提高酒店盈利能力。酒店动态定价最终目的在于提升收益,也就是说将货币投资的最大化。值得注意的是,酒店动态定价和价格优化也需要考虑客户行为模式、设施的服务成本、目标市场的需求以及实际经营过程的影响等因素。因此,对于酒店管理者来说,掌握这些数据和因素显得非常关键。

动态定价和价格优化带来的商业价值非常显著。首先,动态定价和价格优化可以优化客房的出租率,使客房使用率最大化,获得更多的收益。其次,可以提高客人的满意度,因为客人可以在同等价格享受更优质的服务和设施。最后,动态定价和价格优化可以提高酒店的市场占有率,并帮助酒店在激烈的市场竞争中脱颖而出,增加利润和盈利能力并提高酒店的品牌价值。

总之,酒店动态定价和价格优化策略可帮助酒店管理者对市场变化做出更快速和准确的决策,使其市场表现更加灵活,回应率高。因此,掌握和运用动态定价和价格优化策略是酒店管理者营销经营效果最优的方法之一。

练习题

1. 影响动态定价的因素有哪些?
2. 什么是统一售价?优缺点有哪些?
3. 折扣管理是什么?

第 8 章　酒店容量管理和替代分析

学习目标
1. 了解超额预订的定义及处理方法。
2. 明晰替代分析的原理及流程。

8.1　容量管理的基本概念

8.1.1　容量管理的定义和意义

容量管理是一项重要的管理活动,它是为确保系统或团队资源的满足能力,以满足业务或项目的需求,通过有效的规划、部署、监控和优化资源,确保所需资源容量的可用性,以便及时响应业务或项目的变化和需求。容量管理意义重大,对于组织或团队的运营和管理有着明显的推动和效益作用。容量管理可以使组织或团队充分利用资源,最大限度地提高资源利用效率和生产力,降低资源浪费和成本浪费,增强组织或团队的核心竞争力。具体来说,容量管理的意义可以从以下三个方面加以阐述。

(1) 保证业务或项目的稳定运行

在当今的竞争环境中,企业的生存和发展离不开业务和项目的稳定运行。而保证业务或项目的稳定运行,对于容量管理来说是至关重要的一个方面。

首先,业务或项目的稳定运行是企业和客户利益的保障。企业在日常运营中,需要面对供应链管理、技术维护、客户服务等诸多管理层面。如果业务或项目无法稳定运行,将会影响生产流程,影响企业利益的实现,甚至可能会导致合同违约,给客户带来损失,对企业形象造成严重的影响。

其次,业务或项目的稳定运行可以提高客户满意度。客户的体验是企业成功的一项关键指标。如果企业不能为客户提供良好的服务,以及项目和产品的高品质,客户就很难保持忠诚度。对于那些生产周期较长的项目和需求,项目的稳定运行会使得客户对企业的印象更深刻,从而加强企业和客户的关系。

最后,业务或项目的稳定运行是企业发展的稳定基础。业务和项目一旦发生中断和延迟,就会对整个企业产生严重的后果。中断和延迟会导致产品无法按时上市销售,节奏错乱,生产线停滞,从而导致的成本增加和营业收入下降。这将对整个企业的盈利能力产生严重的影响。而稳定运行的业务和项目,不仅有助于保障企业生产的正常进行,也为企业的持续发展奠定了坚实的基础。

(2)提高组织或团队的生产力

提高组织或团队的生产力是每个企业都追求的目标,而容量管理可以帮助企业实现这个目标。

首先,容量管理都可以通过合理规划系统或团队的资源,实现最优资源配置,最小化成本,从而提高生产力。例如,通过压缩或取消冗余资源,合理地分配更少的资源,从而提高资源利用率和利润率。同时,容量管理还可以通过减少系统或团队的停滞时间,优化生产供应链,提高企业的生产率和效率。这些措施旨在以最少的资源投入获得最多的产出,提高组织或团队的生产力和竞争力。

其次,容量管理可以实现资源的及时响应,以满足业务或项目的需求。无论是对于新生意的处理,还是其他因为业务变化而需要资源变化机动性的需求,容量管理都可以更加灵活地对资源进行调整,从而满足业务或项目需求,提高组织或团队的反应速度。这有助于确保组织或团队具备持续增长的能力,以及更好地满足客户的需求。

最后,容量管理可以提高组织或团队的灾备能力和数据保护能力,从而保证组织或团队的业务不中断,进一步提高生产力。在数据中心中,组织或团队为了防止出现停电、网络故障或系统故障等情况,需要提供充分的容量规划,构建可靠的数据保护机制,确保数据备份和恢复方案。这些举措能够获取零停机时间(LTO)的能力,保证生产、备份和恢复能力,提高组织或团队的应急响应能力。

(3)降低组织或团队的成本

随着业务和项目的增加,资源投入也在不断增长,如何更加有效地管理资源,降低组织或团队的成本是容量管理的重要目标之一。容量管理可以从资源规划、供应、监控、优化等方面入手,确保资源的最优使用,避免闲置和浪费,降低组织或团队的资源投入和管理成本。

酒店容量管理是指酒店根据市场需求和客房数量等因素,对客房进行有效管理和调配,以提高酒店收益和利润的一种管理策略。在市场需求旺盛、价格上涨时,酒店可以通过增加客房对外可销售数量,提高平均房价,从而增加客房收益。

在市场需求不足、价格下降时,酒店可以通过减少可对外销售的客房数量,降低平均房价和保证客房收益最大化,从而维持酒店的收益和利润。此外,酒店还可以利用容量管理策略,推出不同档次和价格的客房,满足不同客户需求,提高客户满意度和忠诚度,从而提高酒店的收益和利润。在酒店客房数量不变的情况下,通过有效的容量管理,酒店可以更好地把握市场需求和客房数量,提高客房利用率,降低能耗成本和客房成本。例如,当市场需求旺盛、客房供不应求时,酒店可以增加客房数量,提高客房利用率,从而增加酒店收益。当市场需求不足、客房空置率高时,酒店可以减少客房数量,降低客房成本,提高客房利用率。在竞争激烈的酒店行业中,酒店可以通过有效的容量管理,满足不同客户需求,提高客户满意度和忠诚度,从而提高酒店的竞争力和市场份额。例如,当市场需求旺盛、价格上涨时,高星级酒店可以通过增加客房数量,提高平均房价和客房收益,吸引更多的高端客户,提高竞争力。当市场需求不足、价格下降时,低星级酒店可以通过减少客房数量,降低客房成本,提高客户满意度和忠诚度,吸引更多的中低端客户,提高竞争力。通过有效的容量管理,酒店可以针对不同客户需求,推出不同档次和价格的客房,满足不同客户需求,提高客户满意度和忠诚度。例如,当市场需求旺盛、价格上涨时,高星级酒店可以通过推出高档客房,提高平均房价和客房收益,提高品牌知名度。当市场需求不足、价格下降时,低星级酒店可以通过推出经济实惠的客房,降低客房成本,提高客户满意度和忠诚度,提高品牌知名度。通过有效的容量管理,酒店可以更好地把握市场需求和客房数量,提高客房利用率,降低客房成本和能耗成本。此外,酒店还可以利用容量管理策略,优化酒店客房布局和设施,提高酒店运营效率和客户满意度。例如,当市场需求旺盛、客房供不应求时,酒店可以通过优化客房布局,提高客房利用率,降低客房成本。当市场需求不足、客房空置率高时,酒店可以通过增加设施和提供服务,提高客户满意度和忠诚度,降低能耗成本和客房成本。

综上所述,酒店容量管理对酒店经营具有非常重要的意义,可以提高酒店收益和利润、提高客房利用率、提高酒店竞争力、提高酒店品牌知名度、提高酒店运营效率等。因此,酒店应该加强容量管理,根据不同市场需求和客户需求,灵活调整客房数量,提高客户满意度和忠诚度,从而提高酒店的竞争力和市场份额。

8.1.2 酒店容量管理的特点

酒店容量管理是酒店和旅游业中极其重要的一个方面,它涉及对酒店客流量进行规划、控制、监测和优化,以达到最优经济效益的目标。在酒店容量管理中,有几个特点值得关注。

(1)前瞻性规划

酒店容量管理需要提前进行规划,从旅游市场研究中了解客户需求,预测未来的客户流量。这种规划得以实现,必须具有前瞻性。即通过调查、数据统计,把握客源市场、客情变化趋势,辨识酒店在市场上的定位,等等。只有当某种预测得以降低风险,且实施成本较低时,规划发挥作用才是有的放矢。规划需要对以上各要素进行合理分析和系统汇总,建立合适的统计分析模型。之后,根据统计依据,进行前瞻性规划。如果能够精准预测酒店容量需求,则可以实现在不同季度的最佳经营收益和利润,因为资源和储备都足够,手中的红利与丰收会更加丰盛。

(2)节约资源

酒店容量管理对资源的合理节约和利用也有极大的影响。特别是在淡季,酒店需要尽可能地减少床位数,尽量压缩餐饮、人工等方面的开支,以提高经济效益。酒店在淡季期间,住客的流量相对较少,如果酒店每天都提供高质量的服务,维持完整的设施设备,自然会引起浪费。因此,关键是如何在不降低酒店客户服务质量的前提下,压缩成本,确保利益最大化。

(3)注意安全管理

酒店容量管理也需要重视安全管理方面的问题。为了保证客人的安全和财产安全,酒店需要加强安全管理,采取必要的安全措施,确保酒店和房间的安全等方面。对于大型活动、特殊客人等个案,也需要提前做好安全保障的规划。

(4)科技化应用

随着科技的发展,更多的酒店正在采用智能化的管理系统来实现容量管理。智能化管理系统可以监测房间的使用情况,从而帮助酒店确定未来的容量需求。此外,酒店还可以利用这些数据做出最佳决策,如在协调资源和客户需求方面增加灵活性。智能系统也同样可以自动完成一些员工技术流程、远程云端控制进行管理,进一步实现科技容量管理的目标。

综上所述,酒店容量管理是酒店经营中极其重要的一个方面,对于提高酒店的经济和服务效益有着重要意义。酒店需要根据季节和客户流量变化,合理规划酒店资源、节约资源、加强安全管理等,以实现酒店容量管理的最佳经济效益。

第8章 酒店容量管理和替代分析

8.2 容量管理的基本方法

8.2.1 预售容量和可售容量的概念及其计算方法

为了更好地理解营销领域中的预售容量和可售容量的概念及计算方法,我们需要先了解一下它们的定义。预售容量是指在一个特定时间段内,可以被预订或预订的产品或服务的数量。这是指尚未实际销售的数量,但是已经被客户购买了一部分或全部数量的订单。这意味着这些订单中的产品或服务将在未来某个时间点实际提供给客户。可售容量是指在一个特定时间段内,实际可以用来销售的产品或服务的数量。这是指尚未出售或被预留的产品或服务数量,可以在任何时候提供给客户。现在我们来看看如何计算这两个概念的数量。

首先,计算预售容量,我们需要考虑所有已经销售但尚未交付的订单。这些订单中的产品或服务数量是预售容量。例如,如果一家酒店接受了100个客房的订单,但只有50个客房是当前可用的,那么剩余的50个客房将视为预售容量。其次,计算可售容量,我们需要考虑所有尚未被预订或出售的产品或服务数量。例如,一家餐厅共有100个座位,如果已经预订了50个座位,那么剩余的50个座位就是可售容量。那么,为什么会有预售容量和可售容量呢?主要是因为产品或服务可能需要提前预订或安排,以确保在将来的某个时间可用。举个例子,如果你要在某个特定的日子为你的孩子预订一张电影票,你需要提前购买预售票,这样你的孩子就可以在未来某个时间观看电影。因为预售票的数量是有限的,所以可能会出现售罄的情况。因此,预售容量和可售容量的计算是非常重要的,这样企业就可以预测未来需要多少产品或服务,以避免因需求过高而导致供应短缺的情况发生。

8.2.2 酒店容量管理的三种基本策略

在酒店管理中,容量管理是至关重要的,因为它能够确保酒店能够在不同时间段内以最佳的方式运作。酒店容量管理的三种基本策略包括"最大化入住率""控制成本"和"增加收入"。第一种策略是"最大化入住率"。这种策略针对的是在低峰期酒店入住率低的情况。为了提高入住率,酒店可以通过制订折扣优惠政策,吸引更多的顾客。比如,在低峰期,酒店可以推出针对某些客户群体的特别优惠,如老年人、学生、团体,等等。此外,酒店还可以通过提供免费服务、增加住宿天数等方式吸引客户入住。第二种策略是"控制成本"。这种策略尤其适用于高峰期。在高峰期，酒店需要确保在保持入住率的同时保持有效的成本控制，以避免出现利润下降的情况。为了做到这一点，酒店可以通过提高房价、压缩运营成本、减少人员开支、优化供应链等方式来控制成本。第三种策略是"增加收入"。这种策略可以在任何时间段内使用，并且可以帮助酒店更好地利用其资源。酒店可以通过增加额外的服务来增加收益。举个例子，酒店可以引入水疗中心、健身房、会议室等高附加值服务，以吸引客户。此外，酒店还可以开发新的住宿选项，例如尝试推出奢华客房或主题房间，来提高客户对酒店的满意度和忠诚度。

有一个收益最大化的策略是通过管理产品可用性，从所有询价中选择收益最高的预订。假设停留越长收益也越高，运用停留控制（或称时长控制）意味着酒店有条件地为客人提供客房，而不是先来先得。不能满足预订条件的预订将遭到拒绝，即使还有空房。

最低停留天数要求：最低停留天数要求是停留控制条件之一。在需求过剩的时期，收益经理可以限制只向那些同意最低停留天数的客人提供房间。假如持续多日的大型活动吸引那些停留多个晚上的客人，接待了停留时间短的预订可能会使得晚些时候预订较长时间的客人订不上房间。例如，纽约城市马拉松比赛一般是在秋季的一个周末举办，吸引成千上万的人。多数当地酒店根据这一活动对城市住宿产业的历来影响，要求最低两晚的预订条件。同样，度假酒店在旺季销售一周的打包价格，对较短时长的预订不感兴趣。基于停留方式的预期，这一策略的目的是接受产生高收益的预订以达到收入最大化。

这一策略可能的弱点是具有较高终身价值的客人可能会被拒绝。酒店应小心应对这类客人，超越系统的停留限制。记录和跟踪被拒绝的订单可能是个好主意，能够确保这一策略不被滥用或者对产量产生负面影响。假如数据显示最低停留要求带来了收益损失的负面结果，应该采取改正措施。

跨时段预订：有时候预测中有空闲时段。空闲时段是指某一天的出租率很低而前后几天的出租率都不低。跨时段策略旨在通过促销增加在空闲时段之间的入住订单，从而提高出租率。如果成功的话，这个策略可以从增加的预订天数和填补空闲时段中得到额外的收益。

不幸的是，潜在客户的旅行计划可能并不需要额外预订几天。旅行计划经常开始于交通预订，特别是机票预订。一旦航班安排确定了，多数客人是不大可能一时兴起改变航班的，不管酒店提供了多么好的奖励。这种情况使得预订员很难使用跨时段预订策略。

到达前预订：收益经理如果认为接受某一天到达的预订对酒店不利，可能选择关闭这一天的到达预订。这样做以后,关闭的那一天的到达预订就不能做了。关闭某一天的原因可能是一个或几个有特殊安保安排的贵宾;也可能是因为装修、大清扫、地面或者酒店部分区域整修的需要;还可能只是员工配备和业务流量的问题。如果那一天既是高出租率又是高业务量(前一晚入住的多数客人离店,或者多数的占房客人是当天到达),酒店有排班困难,可能在某一时刻会决定有问题的那一天不再接受预订。假如一家 350 间客房的酒店在 5 月 15 日预计有 335 间房的客人离店,来店的客人需要 340 间房(40 间散客,300 间会议客人)。所有会议客人按照日程安排将要参加 6 个不同的研讨会,每间房要按照不同的研讨会要求摆放不同的欢迎材料。客人将要从世界各地单独来店。因为酒店相信应对离店和到店的客人将使酒店资源极度紧张,销售剩下的 10 间客房与已经获得的收入相比不值一提,所以决定当天不再接待其他的客人入住。做出这样的决定之后,所有系统将显示同样的限制,没有预订员可以推翻来店控制措施。该酒店关闭了 5 月 15 日的来店预订。

这种策略应该小心使用,采取该策略的风险很高。高收入的预订(长住客人与满价客人),或者重要的终身忠诚客人可能会被拒绝,只是因为他们选择了"错误的"来店日期。按照收益管理的思维方式我们建议该酒店在上述情形下找到更好的方法处理运营面临的挑战(例如客房部和前台接待额外的资源)。继续接受预订,甚至超预订,转走低风险、低收入的客人,保留酒店最重要的收入来源的预订。收益经理需要在有众多选择时有所取舍。关闭某一天来店的预订,是发生特殊情况时的合理反应,但为了收益最大化,不能说是最佳选择。

综上所述,三种不同的容量管理策略可以帮助酒店在不同的时间段内实现最优的运作模式。这些策略也可以帮助酒店获取竞争优势,并在市场上脱颖而出。无论是在低峰期还是高峰期,酒店都有机会通过采用这些策略来提高其效益和利润。

8.3 客房超额预订及其风险

8.3.1 客房超额预订的定义和原理

客房超额预订是指酒店在预订过程中,为了最大限度地利用酒店宾馆客房的数量,在预订数量上设置超过宾馆实际客房数量的预订量。客房超额预订原则上是基于过去的数据集,所得到的预测结果的结果。它是酒店行业中非常重要的策略之一,因为它可以有效地提高酒店设施的利用率和收入。客房超额预订的原理是基于统计学、建模与预测方法来预测未来酒店客房的需求量,然后根据预测结果更加全面且科学地制订预订计划,从而填补实际预订标准和容量之间的空白。为了达到这个目的,酒店需要收集和分析大量的客户数据,以预测未来的需求量。这些数据包括以前的预订记录、同比增长、其他市场趋势以及当地大型活动等,所有这些因素都会对酒店的客房需求产生影响。在客房超额预订策略中,酒店管理需制订一个科学的模型,将实际预订量和超额预订量平衡,以确保酒店没有过多的超额预订导致退房。这些模型使用各种方法来准确预测每个时段对酒店客房容量的需求,以便制订更好的房间价格,以达到客户预订和酒店收益的完美平衡。此外,在酒店的客房超额预订政策中,超额预订是一个本地重要的问题。如果客房超额预订量太多,则可能会导致酒店入住率下降(客户反感从而采取抵制酒店的方式)。因此,酒店必须仔细权衡实际市场需求和客房预订情况之间的平衡,以确保酒店最大限度地优化使用客房。

实现客房超额预订需要注意以下几点:准确预测客户需求和客房供应量。酒店需要准确预测客户需求和客房供应量,以便制订合适的超额预订策略。建立完善的预订系统和质量控制体系。酒店需要建立完善的预订系统和质量控制体系,确保客房预订和入住过程的安全和高效。采取灵活的定价策略。酒店需要采取灵活的定价策略,根据客户需求和价格敏感度,针对性地推出不同档次和价格的客房,提高客房利用率和收益。加强客户服务和沟通。酒店需要加强客户服务和沟通,及时与客户沟通,了解客户需求和满意度,提高客户满意度和忠诚度。

总之,客房超额预订是提高酒店客房利用率和盈利能力的一种有效策略。酒店需要根据自身情况和市场需求,制订合适的超额预订策略,并通过建立完善的预订系统和质量控制体系,加强客户服务和沟通等措施,确保超额预订策略的顺利实施。酒店经营者应在收集并分析相关市场、客户和经济因素的基础上,采取适当的预测方法,以制订科学的客房预订额度。

8.3.2　客房超额预订可能带来的风险

客房超额预订,又称为过度预订,是酒店行业中常见的一种实践方法。一般来说,酒店会将更多的客房分配给客户进行预订,而超过了酒店可用房间的数量。这种实践可以帮助酒店提高入住率和收入,但也可能给酒店带来一些风险。第一个可能性的风险是超额预订可能导致酒店没有足够的房间来供应所有的客人,从而影响酒店的信誉。如果酒店在高峰期间过度预订,许多客人可能会发现没有可用房间,并不得不被转移到其他酒店。这不仅会令客人不满,还会让酒店失去生意。第二个可能性的风险是因为客房超额预订可能带来巨大的取消预订和不到场的风险。当酒店取消客人预订时,可能导致客人的震惊和不满,从而对酒店产生负面影响。此外,如果客房超额预订的客人没有出现,酒店则会丧失这些房间的销售机会,从而导致收入上的损失。第三个可能性的风险是因为客房超额预订可能会导致操作混乱,从而影响到酒店的服务质量。如果酒店过度订房却没有可以让客人入住的房间,前台可能会因此繁忙而无法及时为客人提供服务。这可能会导致客户体验的急剧下降,并导致更多的客人不满意。

从以上所述,如果酒店想要通过客房超额预订来提高收入,同时避免以上所述的风险,需要在实践中采取各种应对措施。这些措施包括制订合理的预订策略,以及加强联动与沟通。只有这样,酒店才能在安全和有效的前提下提高收入和利润。

8.4 超额预订的处理方法

8.4.1 超额预订的概念及其原因

酒店超额预订是指酒店按可供出租的房间数量超过其实际可用的数量进行预订的做法。这种做法往往会导致当客人实际到达酒店时,酒店无法满足他们的要求,因为没有足够的房间可以提供。以下是一些可能导致酒店超额预订的原因。

(1)技术问题:技术问题频繁出现在现代社会。企业受到技术问题的困扰时,往往会面临很多麻烦和财务风险。在酒店超额预订的情况下,技术问题可能是一个导致酒店无法及时同步更新房间预订数量的根本原因。本节将探讨技术问题对酒店超额预订的影响,并提供一些解决这些问题的方案。

技术问题可能会导致以下影响:当网络故障、软件故障等技术问题出现时,酒店的预订数量可能无法与实际房间数量同步更新,因此可能会导致酒店的过度预订问题。如果这些问题无法及时解决,酒店无法满足客人的要求,将会影响酒店的信誉和形象。技术问题也可能会导致酒店的预订服务不稳定,例如客人可能在网上预订房间后无法确认预订是否成功,或者酒店预订通道可能无法与其他渠道同步更新。因此酒店客观上面临丢失业务和收益的风险。技术问题可能会让客户感到失望或者困惑。例如,客人可能会遇到无法预订房间的问题,或者被告知没有可用房间,尽管他们尝试预订时看到的空间数量远远超出酒店实际数量。这些问题不仅会影响客户的感受体验,而且还可能导致客户评价恶劣,继而给酒店带来消极影响。

(2) **低价策略**:首先,为了制订一套有效的酒店预订低价策略,我们需要首先了解市场需求和竞争情况。通过市场调研,我们可以得到不同时间、不同房型的客户的需求情况和竞争对手的价格水平。以此为基础,我们可以制订针对性的低价策略。其次,针对不同的客户需求,我们可以采用不同的定价策略。例如,对于节假日的客户需求,我们可以采取提前预订优惠、团体住宿折扣等策略;对于经常提前预订的客户,我们可以采取逐年加码的奖励措施,以激励他们持续预订酒店。还可以采取动态定价策略,根据不同时间段和客户需求的变化,调整酒店房价。例如,在非旅游旺季,可以通过直销或在线预订平台推出更加低价的房型,以吸引更多的客户入住。最后,在执行低价策略时,我们需要注意以下几点。第一,低价策略的实施需要和酒店品牌和星级相协调,不能过分降低价格而导致滞销或者对品牌形象造成负面影响。第二,低价策略需要与酒店的优惠政策相互配合,例如积分、会员卡等激励措施。第三,如果实施低价策略后造成了客户服务水平的降低,酒店也要对此做出适当的反应,及时调整服务质量,保障客户体验。总之,酒店预订低价策略的制订和实施对于提升酒店市场竞争力和客户满意度具有很大的影响。在实施过程中,我们需要根据市场和客户需求的变化,灵活调整策略,以达到更好的效果。

(3) **缺乏预测能力**:酒店业是一个高度竞争的行业。为了成功,酒店必须关注顾客需求,并能够满足他们。然而,酒店的预订通常会受到许多因素的影响,这些因素难以预测。季节、天气状况、假期等都可能影响酒店的客流量。如果酒店没有足够的预测能力,它就难以预订所需要的房间数量,可能会导致损失或者不必要的浪费。一个酒店要预测客流量,需要考虑众多因素。其中最重要的是季节——酒店的预订量通常受到旅游旺季和淡季的影响。例如,许多人在国庆节期间喜欢出游,这会使得当地的酒店预订率大幅上升。如果酒店没有对这一趋势有所准备,它可能会导致意外的客房短缺。同样,如果酒店预订量太高,可能导致超额预订,浪费许多房间。天气状况也是一个因素。如果天气太热或太冷,可能会导致人们取消旅行计划。这会使酒店陷入困境,因为它们无法预测客人数量是否会减少。在这种情况,酒店可能需要放弃一些房间,以避免空房浪费。周末和假期也是预订量的重要指标。周末通常是酒店预订量最高的时间之一,因为人们有更多的空闲时间。假期更是如此,许多人会选择出游度假。酒店必须要考虑到这些因素,以便能够预测客流量并做出适当的安排。

(4) **支付保障**:竞争激烈的酒店行业,保证收入和避免风险成为酒店经营的两大难题。因此,酒店会采取各种手段以确保收入,其中超额预订已经成为一种常见的方式。该方法的优点是显而易见的:它可以帮助酒店提前锁定收入,减少空闲房间对酒店的影响,提高酒店利润。然而,这种方法所带来的风险也不容小觑:如果酒店无法合理预测客流量,过度预订会导致客房被过多预订,从而给顾客带来不便,同时也会增加酒店的财务负担。为了减轻这种风险,酒店可以通过政策保障来实现支付保障。政策保障(也称为保险)是一种保护酒店的方式,通常涵盖了一个范围,包括例如顾客取消预订、无法入住和未付款等问题。这种保障为酒店提供了一种确保收入和减少风险的方式。酒店可以通过向顾客收取一定的费用作为预订保证金,并在顾客取消预订时将该金额返还给顾客。这样,酒店可以保证预订的可信度,因为顾客的保证金越高,意味着他们越有可能入住酒店,同时也会减少过度预订所带来的财务风险。

总之,酒店超额预订往往会导致酒店声誉的损失,尤其是在在线评论时代,它仍然是一个令人烦恼的问题,酒店应该尽量避免这种做法。

8.4.2 超额预订后的处理方法

在酒店管理中,超额预订是一个普遍存在的问题。超额预订是指当酒店接受的预订数量超出其可用房间数量时产生的现象。这种情况可能会导致酒店错失收入,同时也会给客人带来不便和不满。那么,如果酒店面临超额预订的情况,应该如何处理呢?

沟通是解决任何问题的关键。因此,在面对超额预订的情况时,酒店应该尽量联系客人,向他们说明情况,并向他们提供一些替代方案。在确认无法满足客人已经预订的房间时,酒店应该主动向客人提供其他酒店的房间选择。这些酒店应该提供与原酒店相似的服务和便利。如果可能的话,酒店应该尝试向客人提供升级房间的选择。这可以使客人感到满意,同时也可以解决房间不足的问题。酒店应该合理安排房间,避免多预订同一类型的房间。此外,酒店也可以尝试增加可预订的房间数量,以降低过度预订的概率。当酒店确定无法再接受更多的预订时,应该停止预订活动。这可以避免过度预订的出现,给客人带来不必要的麻烦和不满。

1. 预防措施

经理们必须在关键日期防止客人延住。聪明的做法是标出离店计划不明的客人,得到他们具体离店时间的承诺。前台员工需要在客人到店、办理入住时与其沟通并确认离店日期并在登记卡上标明,特别是在超预订的当日。

有些客人可能在入住时真的不知道住几天。另一些人可能会忘了告知前台行程变更。当出现超预订时,前厅经理要跟踪在店客人,清晰告知客人酒店可以留他们住几天。

如果客人计划在超预订当天延住,需要格外小心。客人是否有权比到店时确认的离店日期多住一晚呢?当然有。这种事情一直在发生。那么客人这样做是否不需要酒店的同意呢?当然不是。协议双方(无论书面还是口头约定)都应该接受修订。价格和离店日期在酒店和客人之间订立的简单协议中是关键部分。酒店经理合理拒绝客人延住是绝对站得住脚的。向客人解释情况并提供选择对解决问题通常有帮助。

再次强调,管理层必须做出选择:是处理打算延住客人的不满,还是应对那些拿着预订单但是要被转走的客人。针对这种情形真的要三思。如果有唯一的收益管理规则,我们可以简单地理解为陌生客人的生意不能威胁熟客的生意。收益管理的思维提出客户较高的终身价值非常重要,不能冒着失去这一类客户的风险去接待那些陌生的、可能再也不会来的客人。本着这样的想法,决策可以具体问题具体分析。

如果客人必须被转走,哪些客人应被转走的问题必须解决。挑选的过程首先从确认哪些是任何情况下酒店都不希望将其转走的客人开始。这些人中有重要贵宾、特殊需求客人、多晚停留客人和其他不适合转走的客人。被转走的客人经常(但不是所有)是晚来的客人。鉴于来店时间较晚,单身女性客人和商务客人往往不适合。对于公司协议客人,不能只看一次入住做出决定,整个公司客户可能因为转走了错误的客人而面临风险。只住一晚的、首次入住的休闲客人可能是潜在的对象,如果可以同时获得别的地方的免费住房,他们对酒店的道歉不会太在意。

收益经理、前厅部经理、行政管家们必须合作去预见酒店房间短缺的日子。如果合作有效的话,酒店可以找到足够多的可用房,大幅度降低转走客人的数量。这样可以产生很大的不同。

2. 拓展房源

经验丰富的酒店经理知道如果仔细寻找是能够找到额外房间的。第一步是与酒店管理系统核对在退房期间客房人工检查的客房日报表。酒店前厅和客房部对于同一房间的状态的记录经常不一致。如果酒店管理系统显示某间房是有客房,而客房部的报告显示房间没有行李和任何住宿迹象,则要调查清楚差异的原因。

在满房时应该考虑待修房的问题。待修原因(如果有的话)很重要,它决定待修状态是否可以修改。有些客房暂停服务是为了计划维护工作或者是彻底清洁。另外一些房间报待修的原因可能是因为一些小缺陷。如果一间待修客房被退回库存,可以分配给新来的客人,也许要合理提供折扣,但不用转走客人。客房部和工程部的员工最了解房间情况,所以前台员工要和他们密切合作。为了避免转走客人,有时翘边的壁纸、撕破的浴帘和较大的地毯污渍可以被暂时遮挡,或者提供折扣,并告知客人由于即将入住的房间有一些缺陷,因此酒店会提供相应的房价折扣,询问客人是否能够接受。

有些酒店有小型会议室或者行政会议室可以暂时用来安排只住一晚的客人。如果这些会议室有卫生间,可以摆放推拉床,或者滚动式折叠床,有些客人为了得到折扣价或者免费早餐券等其他奖励,是愿意接受暂住一晚的。多数地方健康和安全规定要求每个临时房间要有独立的卫生间、电视机、电话和独立上锁的门。

如果酒店套房有连通门分开客厅和卧室,而且各自有通向走廊的门,房间里都有电视、电话、邻近的卫生间,就可以单独出售。客人到店时可以自愿得到特殊折扣。这样的房间也需要推拉沙发、墨菲隐形床,或者滚动式折叠床。

如果某种房型卖完了,升级入住是很有用的战术。酒店缺少客人一开始预订的无烟双人床房间,而将客人升级到小套间,可以使客人满意。如果3间单间的预订客人是3个同时来入住的同事,脑筋灵活的前台服务员可以向客人提供1间多个卧室的套间进行升级,换取单独的标准间;为客人提供1瓶好酒可以使交易顺利进行,这样酒店收回了3间客房。

总而言之,面对酒店的过度预订问题,酒店应该倡导良好的沟通,提供替代方案,尝试升级房间等方式,以最大限度地保障客人的利益和服务品质。这不仅有助于留住客人,也可以提升酒店的声誉和盈利能力。

8.5 替代分析法

8.5.1 替代分析法的概念和意义

酒店管理替代分析是一种经济分析工具,可以用来比较不同的酒店管理方案。该工具通过将成本、效益、风险等因素进行量化分析,为酒店管理者提供决策参考。酒店管理替代分析的意义在于,它可以帮助酒店管理者在做出决策前,评估不同方案的效益和成本。通过对酒店管理方案的定量分析,可以帮助管理者选择最佳方案,避免盲目决策和浪费资源的情况出现。这种分析方法可以用于评估各种酒店

管理方案,如从第三方供应商采购具有高成本的服务和从内部进行培训以提高员工技能等。通过比较,酒店管理者可以基于相应的成本和效益,决定什么方案能为酒店带来最大的价值。

替代分析方法可以提高酒店决策的科学性和准确性。在酒店经营和决策中,备选方案往往有很多,通过替代分析方法,可以对不同方案进行比较和分析,找出最优和最劣的方案,从而避免盲目决策和决策失误,提高决策的科学性和准确性。在酒店投资中,风险是不可避免的,通过替代分析方法,可以对不同方案进行风险评估和分析,找出风险最小的方案,从而降低酒店投资风险,保障投资回报。在酒店经营中,替代分析方法可以帮助酒店管理者及时发现问题和优化方案,提高酒店经营效率和客户满意度。例如,通过替代分析方法,酒店可以根据不同客户需求,推出不同档次和价格的客房,提高客房利用率和客户满意度。在酒店经营和决策中,替代分析方法可以帮助酒店管理者综合考虑环境、社会、经济等因素,选择最优方案,降低酒店经营对环境和社会的影响,促进酒店可持续发展。

总之,酒店管理替代分析是酒店管理中非常重要的工具之一,它帮助管理者做出明智的决策,提高酒店的绩效,增强酒店竞争力。替代分析方法在酒店经营和决策中有着重要的作用,可以提高酒店决策的科学性和准确性,降低酒店投资风险,提高酒店经营效率,促进酒店可持续发展。因此,酒店管理者应该熟练掌握替代分析方法,将其应用于酒店经营和决策中,以提高酒店的竞争力和市场份额。

8.5.2　替代分析法在酒店管理中的应用

替代分析在酒店管理中应用广泛,主要体现在以下方面:替代分析可以用于酒店管理者在购买新设备、引进新技术等方面做出决策。比如,管理者可以通过替代分析评估使用新设备的成本和效益,避免盲目投资。替代分析在选择酒店供应商方面也非常重要。管理者可以通过评估不同供应商的产品和服务,找到最经济实用的供应链方案。替代分析可以帮助酒店管理者控制成本。例如,管理者可以通过这一方法比较不同采购渠道的成本,选择最经济实用的采购方式。替代分析在人力资源管理方面也很重要。例如,管理者可以通过这种方法评估自己培训员工的成本和效益,比较用内部培训和外部培训的成本。替代分析可以帮助酒店管理者做出最优的战略决策。例如,值得在酒店休闲娱乐方面开展什么样的活动,如何增加收入等。酒店投资决策是酒店管理中的重要环节,替代分析方法可以帮助酒店管理者做出科学和准确的投资决策。在酒店投资决策中,管理者需要综合考虑酒店规模、投资成本、运营费用、预期收益等因素,以确定最佳投资方案。替代分析

第 8 章 酒店容量管理和替代分析

方法可以通过比较不同投资方案的优缺点,找出最优的投资方案,从而帮助管理者做出正确的投资决策。在客房管理中,管理者需要根据不同客户需求,推出不同档次和价格的客房,以提高客房利用率和客户满意度。替代分析方法可以帮助管理者找出最优的客房定价方案,从而满足不同客户需求,提高客房利用率和客户满意度。在市场营销中,管理者需要根据不同季节、节假日等因素,制订不同的营销策略,以吸引潜在客户。替代分析方法可以帮助管理者找出最优的营销策略,从而满足不同季节、节假日等因素的需求,提高市场营销效果和客户满意度。在酒店服务质量管理中,管理者需要根据不同客户群体的需求,制订不同的服务质量标准,以提高客户满意度。替代分析方法可以帮助管理者找出最优的服务质量标准,从而满足不同客户群体的需求,提高酒店服务质量和客户满意度。

替代分析方法可以帮助酒店管理者提高酒店经营效率。在酒店经营中,管理者需要根据不同客户需求,推出不同档次和价格的客房,以提高客房利用率和客户满意度。通过使用替代分析方法,管理者可以找出最优的客房定价方案,从而满足不同客户需求,提高客房利用率和客户满意度,从而提高酒店经营效率。在酒店服务质量管理中,管理者需要根据不同客户群体的需求,制订不同的服务质量标准,以提高客户满意度。通过使用替代分析方法,管理者可以找出最优的服务质量标准,从而满足不同客户群体的需求,提高酒店服务质量和客户满意度,从而提高酒店的竞争力和市场份额。在酒店经营中,管理者需要综合考虑酒店规模、投资成本、运营费用、预期收益等因素,以确定最佳投资方案。通过使用替代分析方法,管理者可以比较不同投资方案的优缺点,找出最优的投资方案,从而降低酒店经营风险,保障投资回报。

总之,替代分析方法在酒店管理中的应用可以提高酒店投资决策的科学性和准确性、酒店经营效率、酒店服务质量和客户满意度,降低酒店经营风险,从而促进酒店的健康和可持续发展。另外,替代分析方法还可以帮助酒店管理者更好地了解市场和客户需求,制订更加科学和有效的营销策略和服务质量标准,从而提高酒店的竞争力和市场份额。

具体来说,替代分析方法在酒店管理中的应用可以帮助酒店管理者做出更加明智的决策,例如在客房定价、营销策略、服务质量管理等方面。在客房定价方面,管理者可以使用替代分析方法,比较不同价格方案的优缺点,找出最优的价格方案,从而满足不同客户的需求,提高客房利用率和客户满意度。在营销策略方面,管理者可以使用替代分析方法,比较不同营销策略的优缺点,找出最优的营销策略,从而吸引更多的潜在客户,提高酒店的知名度和市场份额。在服务质量管理方面,管理者可以使用替代分析方法,比较不同服务质量标准的优缺点,找出最优的服务质量标准,从而满足不同客户群体的需求,提高酒店服务质量和客户满意度。

因此,酒店管理者应该重视替代分析方法的应用,不断探索和完善替代分析方法在酒店管理中的应用,以提高酒店的市场竞争力和盈利能力。

8.6 小结

酒店容量管理和替代分析是酒店经营中非常重要的两个方面,它们的目的是确保酒店能够在最繁忙的时间段和活动中提供足够的客房和服务,同时最大限度地减少对客户的影响。

酒店容量管理和替代分析可以帮助酒店提高经营效率,减少资源浪费。通过预测和分析最繁忙的时间段和活动,酒店可以制订最佳的客房预订策略,确保酒店在高峰期有足够的客房可供使用。同时,酒店还可以根据客户预订情况和酒店资源情况,灵活地调整客房数量和服务,以避免资源浪费和服务质量下降。酒店容量管理和替代分析可以提高客户满意度,增强酒店的竞争力。通过预测和分析最繁忙的时间段和活动,酒店可以确保客户在高峰期得到最佳的服务体验,比如在最繁忙的时间段,酒店可以提供更加周到的服务、更加舒适的客房和更加高效的预订流程,从而提高客户满意度和忠诚度。酒店容量管理和替代分析可以帮助酒店降低运营成本,提高盈利能力。通过预测和分析最繁忙的时间段和活动,酒店可以优化客房预订策略,避免客房空置和资源浪费,从而降低酒店运营成本。同时,酒店还可以根据替代分析结果,灵活地调整客房数量和服务水平,以避免服务质量下降和客房空置,从而提高酒店盈利能力。

酒店容量管理的具体实施方法包括以下几个方面:酒店需要对客房、会议室、餐厅等资源进行规划和管理,确保在高峰期酒店资源能够充分利用,并且避免资源浪费。酒店需要根据预测分析结果,制订最佳的客房预订策略,确保在高峰期酒店客房能够充分利用,并且提供最佳的服务。酒店需要根据预测分析结果,制订最佳的客房容量规划,确保在高峰期酒店客房能够充分利用,并且提供最佳的服务。

替代分析的具体实施方法包括以下几个方面:酒店需要对客房状态进行监控,确保在客房空置时,可以及时进行补充,避免客房空置和资源浪费。酒店需要根据预测分析结果,制订灵活的定价策略,确保在高峰期酒店客房能够充分利用,并且提供最佳的服务。酒店需要根据预测分析结果,优化客户体验,确保客户在高峰期得到最佳的服务体验,从而提高客户满意度和忠诚度。

练习题

1. 拓展房源的方法有哪些?
2. 案例分析。

某酒店拥有500间客房。5月1日,2日,3日,这些客房全部可用,酒店收益经理预测了这三天的入住率,5月1日为85%,5月2日为90%,5月3日为80%,并结合了各部门信息,最后给出了散客价格及预测消费相关的数据:平均散客房价为275元,可变成本为25元,散客早餐为15元,成本为4元,就餐率为70%;午餐为35元,成本为10元,就餐率为15%;晚餐为45元,成本为15元,就餐率为30%;酒水价格为5元,成本为2元,就餐率为35%。

此时,从预订部接到一单团客的信息:

房价为125元,早餐为12元,午餐为25元,晚餐为35元;酒水价格为5元,就餐率50%。

团队其他服务需求如表8.1所示。

表8.1

日期	房间数	早餐/位	午餐/位	晚餐/位	会议室费用/元
5月1日	125	0	0	125	300
5月2日	105	105	0	0	300
5月3日	80	80	50	0	0

请用替代分析法对以上案例进行计算和分析,并作答是否应该接受团客预订及其原因。

第 9 章　收益管理与市场营销战略

学习目标
1. 明确市场细分的概念和标准。
2. 了解战略捆绑的定义及应用。
3. 了解客户关系管理的概念和方法。
4. 掌握市场营销组合的概念和常见形式。

9.1　酒店市场细分概念及方法

9.1.1　酒店市场细分的概念

　　所谓的市场细分,就是企业按照某一个或者某几个特定的标准,将不同的客户分为几种客户类别,每种客户类别就相当于其中的一个子市场。市场细分通常依据顾客的需要作为划分的起点,根据不同顾客的消费行为和消费习惯,从一个整体上将顾客分为相似的顾客群。简而言之,就是把一个大的市场划分成了几个小的市场,而每个小的市场中的顾客都有着相同的消费需求、购买心理、消费模式以及购买方法。对市场进行划分,是确定目标市场的一项重要工作。在酒店的各项活动中,将某一市场划分为酒店的目标市场,制订适当的产品、服务、定价、促销和分配体系,以达到该市场中客户的需求和愿望。美国营销专家温德尔·史密斯(Wendell. R. Smith)在 20 世纪 50 年代中叶提出了"市场细分"这一理念。

　　在相同的市场范围内,不同的消费者在消费需求与消费习惯上存在着相似之处;但是,在不同的细分市场中,消费者对于相同的产品或服务的需求和愿望也有着比较显著的差异。

　　酒店要与数以万计的客人打交道,他们的需要和要求各不相同,而且他们分布在各个不同的区域,同样会受到各种环境因素的影响。同时,由于酒店自身资源、设备和技术的局限性,也无法满足所有客人的差异化需要。酒店只有以自己的有利条件为基础,才能开展对特定市场的服务和营销活动。如何划分适合自己经营的目标市场,这就需要对市场进行细分。

将一个复杂的酒店市场,通过硬件、价格、服务、品牌等因素,将其分解为多个不同的小市场,从而选择出最合适的酒店市场,这就是酒店市场细分。所以,酒店的市场细分,就是酒店按照不同的消费对象的不同的要求,把整个酒店市场分成几个子市场的过程。

酒店行业包含了众多的用户和买家,但买家与买家之间总是存在着一定的差异。不同的顾客需求,不同的消费购买行为,不同的价值观,不同消费观,不同的顾客,需要制订不同的营销计划。

9.1.2 酒店市场的分类方法

酒店市场划分是指酒店经营者根据顾客的某些喜好,将一个不完全相同的市场划分为两个或更多相同的市场,并以此来决定其目标市场。对酒店进行有效的市场划分,可以更好地把握酒店的商机,更好地把握酒店顾客的需要,更好地制订酒店的经营战略。

酒店规划经理可以通过多种因素来划分酒店的市场,通常有如下的方法。

① 按照地域划分。该方法以目前和未来旅客来源地作为研究的起点。从目的地酒店远近来看,可以将酒店业分为远、近两类;按照旅客的流动情况,酒店市场可以划分为一、二、三类;按照旅行的发生国或目的地,可以将酒店市场划分为不同的国家或区域。

② 按种群划分的研究。也就是以游客的年龄,性别,家庭大小,婚姻状况,收入水平,职业等为基础,把一个单纯的市场分为几个子市场。随着年龄的增长,人们对于居住环境的舒适性、价格和安全性等方面的需求也越来越多,因此,人们在选择住房时也会受到年龄的影响。不同年龄段的人有不同的需求。

③ 心智划分法。通过对顾客价值敏感度的分析,我们可以把消费者分为四类,即习惯型、理智型、经济型和冲动型。研究结果表明,多数有需要的顾客在入住时,会存在以价钱与入住感受为考量的情况。从这一点可以看出,在酒店市场中,消费者对无论是价格还是价值都很敏感。这一类型的消费者既注重自身对价格的认识,也注重自身对价值的认识,因此,他们在每次购物中都会花一些时间和努力,来寻找可供选择的产品。

④ 基于行为的划分。消费的结果是由消费者的行为决定的,它更能体现出不同消费者之间的不同需求,因此,它是市场划分的起点。很多营销人员将行为要素

视为划分市场的最佳出发点。消费动机、消费数量、消费模式、消费偏好等是影响消费行为的重要因素。

根据消费目的可以将顾客分为公务客人、会议客人、团体观光客人、散客游览者、探亲访友者等,他们的目标和要求各不相同。如,参会嘉宾,对酒店、会务等方面的需求;有的游客通常要求酒店有一个放松的氛围,可以在晚上进行休闲娱乐,对价格较为敏感。通过对入住动机进行分类,可以使酒店更好地进行有目标的服务。

从顾客的角度来看,酒店市场可以划分为群体顾客和个体顾客两类。当前,酒店的群体消费以旅游、会议、体育等群体为主;个人游客以商务个人游客和家庭游客为主。从顾客对酒店服务的购买角度来看,酒店服务可以划分为两类:一类是直接预订,另一类是中间商预订。

9.1.3 酒店常见的细分市场

酒店常见的细分市场可以包括以下几个方面。

商务市场是酒店业中的一个重要市场,其主要客户群体是商务旅客和企业团队。商务客人一般对住宿环境的舒适度和便利性要求较高,同时也需要提供专业的商务设施和服务,以保证商务出行的顺利和成功。因此,商务市场的酒店通常会提供以下专业的商务设施和服务:商务中心、会议室、高速互联网、餐饮服务等。商务市场的酒店通常位于商业中心区域或机场附近,方便客人前往商务活动地点或乘坐飞机出行。同时,商务市场的酒店也要秉持专业和高效的服务态度,以满足客人的需求和期望,提升客户满意度和口碑。

休闲市场是酒店业中的另一重要市场,其主要客户群体是休闲旅游客人和度假游客。休闲市场的酒店注重提供舒适的住宿环境和丰富的娱乐设施和服务,以满足客人对于休闲度假的需求和期望。因此,休闲市场的酒店通常会提供以下专业的休闲设施和服务:健身房、SPA 中心、娱乐设施、美食餐饮等。休闲市场的酒店通常位于风景优美、气候宜人的度假区域或城市周边,以满足客人对于自然风光和休闲度假的需求。同时,休闲市场的酒店也要注重提高服务质量和客户满意度,让客人享受到放松和愉悦的度假体验,从而提升酒店的品牌形象和市场竞争力。

奢华市场是酒店业中最高端的市场之一,主要面向那些对于住宿环境和服务有高要求的高端客户。这些客户通常需要尊贵奢华的住宿环境和服务,以满足其高品质的生活方式和尊贵的旅行需求。因此,奢华市场的酒店注重提供以下专业的奢华设施和服务:私人管家、私人服务、私人餐厅、私人花园和泳池等。奢华市场的酒店通常位于城市的高端商业区或旅游景点附近,以方便客人的出行和活动。同时,酒店也注重提供高品质的服务和客户体验,以满足高端客户的追求,从而提升酒店的品牌价值和市场地位。

长住市场是指专门针对长期居住客人的市场,这些客人通常需要长期住宿和生活服务,并有较高的住宿要求。为了满足长住客人的需求,酒店通常提供以下专业的长住服务:长期住宿服务、社交和娱乐活动等。长住市场的酒店通常位于城市中心或商业区附近,以方便长住客人的工作和生活。同时,酒店也注重提供舒适和便利的住宿环境,以满足长住客人的各种需求和要求,从而提升酒店的品牌价值和市场地位。

9.1.4 市场细分在酒店收益管理中的作用

酒店市场细分的本质,就是要对属于不同种类的顾客进行选择,以识别出需要差异化的顾客群体,从而将整个市场分为不同的市场。这样的划分形式可以给酒店的收益管理带来很多好处,可以概括为以下几个方面。

1. 有利于酒店发现市场机会,促进市场竞争

市场机会指的是在一个市场上,存在一些顾客当前没有被满足的需求,或者是没有被全部满足的需要和价值。在进行市场划分的过程中,我们能够对每一种不同的客户群体的需求特点有一个清晰的认识,了解客户对酒店目前服务的满意程度,发现哪些客户群的需求未被满足或者没有被充分满足,从而提高酒店在竞争市场的竞争优势。酒店的市场机会是客观存在的。从供需矛盾上来说,平衡是暂时的且相对的,而不平衡是长期的且绝对的,一旦出现供不应求,就存在补充供给的机会。我国酒店业目前的市场供应比需求要多一些,但如果把这个市场进行细分,也会发现其中存在各种差别。顾客的需求是多种多样的,而酒店的产品和服务又是相对比较单一的,这样的供需关系也就会产生缺口,进而形成了酒店的市场机遇。

2. 增强酒店市场适应力,利于开拓和抢占市场

中小型酒店的资源与规模都受到限制,抵御风险的能力不高,但却具备着强大的转型能力,能够在市场中脱颖而出。酒店如果进行市场细分,找准目标市场,并且增加产品种类,提高服务水平,那么它们可以很轻易地找到一些目前情况下无法被满足的市场,从而使自己在激烈的市场竞争中获得成功,提前开拓和抢占酒店市场。

3. 更好地进行个性化的服务,更好地发挥自己的优势

酒店进行市场细分可以发现消费者的喜好,根据不同的消费者需求,制订个性化服务。在酒店进行个性化服务的过程中,首先要对顾客的个性化需求有一个清晰的认识,而市场细分就是对顾客需求的影响因素进行具体分析;然后对这些需求进行分类,从而形成了不同的市场。市场细分为实现酒店的个性化服务战略提供了依据,从而更好地发挥酒店优势,占领市场。

4. 提高酒店的经营效益

酒店是一种经营活动,要想获得理想的经营效益,就要把资源投入到目标市场中去。酒店如果盲目经营,不去了解消费者需求,只会事倍功半。酒店进行市场细分可以快速了解客户需求,制订适合酒店的经营策略。所以,只有对市场进行深入的分析,才能使酒店获得利润。

9.2 战略性捆绑销售

9.2.1 捆绑销售的概念

所谓"捆绑销售",就是把两种或者多种商品进行"捆绑"的一种营销与定价方法,消费者必须同时购买两种或者多种的商品。捆绑销售实际上是资源的再次利用和组合,把当前市场畅销的产品和滞销的产品组合起来,带动滞销产品的销售。这是企业使用最小的成本,获得最大的可观利益的销售形势。酒店在进行酒店房间、产品和服务的销售过程中,可以根据消费者内心对产品和服务的偏好,制订合适的捆绑销售规则,在消费者选择满意的产品时,也可以使酒店获得更大的利益。捆绑销售是一种当前流行的新型营销模式,已经逐渐被更多的公司所关注并使用。

但是并非所有公司的产品和服务都可以被任意"捆绑"。捆绑销售要想实现"1+1>2"的效应,就必须使两类产品能够互相配合,互相促进,不会产生冲突,捆绑营销的成败也取决于如何制订合适的捆绑战略。

9.2.2 捆绑销售的形式

捆绑销售有多种多样的形式。常见的捆绑销售有以下几种形式:

①特价采购,即顾客在买了一个商品后,能以低于市场价的商品后,再次购买到这一商品商品。

②特定价格销售,即商品 A 与商品 B 不分开定价,而是按商品包装后的特定价格进行销售。

③包装出售,即商品的销售采用统一的包装,商品 A 与商品 B 放在一个包装内销售。

9.2.3 捆绑销售的条件

并非所有公司的产品和服务都可以被任意"捆绑"。捆绑销售要实现"1+1＞2"的效应,就必须实现二者之间的协同与互补。因此,捆绑的成功取决于以下几个因素。

①捆绑的商品是否具有互补的性质。策略性、补充性产品在捆绑销售中有两个特征:第一,它们是或可能与被捆绑产品相关联的;第二,它们在相互间的竞争性位置上存在着重要的作用。商品捆绑销售,让消费者可以将自己购买的不同商品连在一起,以整体的方式来测量其特性,而非个别地测量其特性,或将其作为一个整体来计算其购买和使用的费用。

因此,当商品之间的互补程度更高时,消费者就有足够的理由去买这一组合。这样,在捆绑销售中,就不会有"强行搭配"的嫌疑了。然后,特价就变成了一个真实的动机,而非阻碍。基于交叉弹性原理,当一种商品的需求量与其互补的价格呈反向变动时,则通过对某一种商品进行低价销售,以提高双方的消费水平,从而产生了一种互惠互利的关系。

而如果是一种替代品,那么消费者就会在两种替代品之间做出选择,而不会再有其他的需求。也就是说,这两种商品不是互相促进,而是互相竞争。因此,当两个商品同时出售时,就会有一种看不见的阻碍,就会造成顾客金钱上的损失。因此,两个产品的捆绑最好是互为补充的,或者是相互独立的,而不是相互竞争的替代。

②不同销售对象之间的重叠程度。在捆绑销售模式下,双方的目标市场应该存在很大的交集。这是唯一可以确保两个或者更多个商品在同一时间内被顾客所需要。假设捆绑商品在消费者群体中存在差异,那么,只有这些存在差异的消费者会在同一时间进行购买,并在同一时间达成收益共享的协定,这种可能性很小。

③商品定价定位的一致性。按照市场营销理论,一个人的职业、收入、财富、教育程度等因素,可以将这个人分为几个类别。在某一类别中,其消费需求在不同的层面上存在着不同的水平。因此,想要形成一个互相促进的捆绑销售,就必须要两种产品,都能满足这一类的需求。

9.2.4 战略性捆绑销售的作用

战略性捆绑销售作为一个十分重要的销售手段,在市场中被越来越多的企业所使用。战略性捆绑销售有以下作用。

(1)减少销售费用

捆绑销售能够减少销售费用。以学习沟通的方式获取学习效果,以提升行销效能,减少行销费用;减少销售人员的费用;与具有互补性的公司进行广告宣传,也可以减少广告费。

(2)改善服务水平

与其他公司共享销售人员和分销渠道,可以让客户更容易地进行采购和获得更好的服务,从而提高了客户的差异性和忠诚度。

(3)提高企业的品牌知名度

通过"捆绑"的方式,实现了"互惠"的品牌形象。不知名的公司可以与品牌公司进行合作捆绑,这样可以让自己的公司和品牌的形象得到提升。具有品牌优势的企业还可以利用其他企业的核心优势进行互补,从而提高自身的产品,进一步提高客户的满意度,同时也让品牌形象得到了更好的优化。

(4)提高对风险的抵抗力

在进行捆绑销售的情况下,不同企业之间可以进行分工合作,实现各自的优势互补,从而形成一个大型的、动态的、有弹性的、可持续发展能力的企业联盟。在遇到销售风险时,可以进行风险分担,减少风险带来的损失,提高抗风险能力。

(5)达到帕累托优

意大利经济学家帕累托(Vilfredo Pareto)指出,当资源分配不再能够在不伤害任何人的情况下让某个人过上更好的生活时,就是社会资源分配的最佳状况,也就是帕累托最佳状况。通过捆绑销售,实现资源共享,实现优势互补,从而使得合作各方的利益最大化,让双方的资源都能得到合理并且获得最大价值的利用,并进一步接近帕累托最优。

(6)实现企业间的共赢

由于相似产品的质量和功能基本相同,所以在产品的质量和功能上,原本想要购买类似产品的顾客转向了这个产品,而原本想要购买这个产品的顾客则增加了购买的数量。因此,商家可以通过和不同商家的合作,进行产品的捆绑销售,实现提高市场份额和销售额的目标。与此同时,在捆绑销售中可以进行提前预订销售。许多消费者在一个周期中提前消费,这样会对下一个周期的销售产生一定的影响,其实就是对下一个周期的销售有一定的保障。这也可以加快资金的流转速度，提升资金的利用率。

9.2.5 酒店进行战略性捆绑销售的建议

捆绑销售属于一种过度营销，它只能达到一种短期的效果，很难形成一个公司的长期效益，也很难形成一个公司的核心竞争力。在一个特定的时间段里，市场是有限制的。当一个商品的市场份额增加，将会使类似商品的市场份额减少，销量减少。因为消费者提前消费，在随后的一段时间里，对于类似商品的购买能力将会减弱，这将不可避免地会使公司的商品出现库存，从而使公司的现金流变得更加困难。如果一个公司没有足够的承受能力，就会导致公司倒闭。

虽然科技进步了，很多商品的成本已经下降，但是企业并没有因此而降低商品的价格，反而通过附加费用，也就是额外的赠送，来保持或获取更高的利润。因为不同的公司都在竞相生产同质的产品，所以捆绑销售对各个公司的效果都不是很好。因此，在这种情况下，必须要引入顾客价值，而酒店的捆绑销售又是建立在酒店这一服务行业的基础之上，因此，顾客价值就变得尤为重要。当客户具有较高的预期价值时，他们就会进行消费，而当客户的体验得到满足时，他们就会产生重复消费的可能性，进而产生客户忠诚。根据战略性捆绑销售，为增加酒店收益，有以下建议。

①在产品捆绑组合方面，产品的选择包含了细分领域的多样化策略。产品层面的战略主要是从两个角度来进行：一是以市场分割为中心，二是以组合的方法来进行。在捆绑销售中，最根本的问题就是产品应该如何进行组合。组合的方法有很多种，因此，怎样才能够满足客户的价值期望，并让客户感到满意，这一点非常重要。

客户选择绑定销售的原因之一，是因为多个产品与服务的组合，能够节约客户的搜寻成本。搜寻成本的减少，从本质上来说，就是客户的利润增长。而客户利润的增长，必然会对客户的预期价值与满意度产生影响。此外，在这个充满了各种稀奇古怪的市场环境下，客户们也对更多的、更有创意的捆绑销售的组合模式有了需求。

②在产品定价层面，主要有灵活的定价优势和无形的栅栏战略。捆绑销售将多部门的产品和服务结合起来，从而降低了营销成本。因此，通常情况下都会有价格优惠。对于有价格优惠的酒店，大多数消费者都能接受，而且大多数情况下都是有限制的。一个产品或一个战略，其极限条件只有两类：一类是真实的，一类是非

真实的。

因此,酒店要想进行捆绑销售,为了提升客户价值,一方面,要将价格优惠力度进行灵活性化,要与限制条件的成本相匹配。另一方面,在实际情况下,应当尽可能地将差别价格的费用扣除,缩小为捆绑销售产品提供的服务差异。

③在酒店服务层面上,主要包含了服务过程的有效率与产品品质的无差别策略。酒店是一个服务性产业,其产品与服务之间存在着大量的交互,因此,酒店对其服务层面的战略需求就是在整个服务过程中,实现高效率、高品质的捆绑销售。在酒店销售的服务战略上,酒店应更加注意整个过程让客户满意。

9.3 客户关系管理

9.3.1 客户关系的概念

在企业的生产运营过程中,客户是最重要的一种资源。在这种资源中,企业客户的数量和质量对企业的经济效益和未来发展起到了至关重要的作用。服务型企业以为客户提供各种类型的服务为主体,客户体验对其影响很大。客户关系指的是通过各种方式与客户之间建立起服务和利益关系,从而推动企业的经营目标得以成功实现。

根据特定的客户类别,这些关联无论在内容上,还是在形式上,都有很大的不同,可能是单纯的通信关联,也可能是单纯的事务关联。但随着市场的迅速发展,尤其是市场营销管理日趋成熟,客户关系管理也出现了多样化的发展趋势,比如买卖关系、联盟关系、合作关系等。

在市场营销中,客户关系是一个非常重要的问题,它的发展至今已有20多年的历史。从现在的情况来看,从总体上来说,它可以被划分成如下几种类型:

第一种是商业上的联系。客户与酒店之间的联系仅限于对酒店产品的消费,企业也很难对客户的信息进行完整的掌握,而且不愿意主动地对客户信息进行了解。第二种是供应方的联系。站在企业的立场上,供应关系是维持利润的重要因素。第三种是合作关系。合作关系指的是,双方(企业与客户)通过协商,确定了合作内容,比如产品或服务交易等之后,维持的一种特殊的关系,这种关系对彼此都有很高的忠诚度。任何一方违反了这个协议,都是要付出代价的。

9.3.2 客户关系管理的概念

客户关系管理是一种以提高顾客满意度与忠诚度为目的,致力于改善客户关系,并以提高客户满意度与忠诚度为目的的新的企业经营模式。客户关系管理主要包含了以下几个方面:

①客户的经营。客户管理就是针对与客户有关的市场营销活动,生产活动,售后服务等,对客户进行全方位的管理。

②客户关系的有效管理。客户关系是一种以顾客和企业同时为中心的关系。

③综合经营。客户关系管理是一种整体性的管理,它是以顾客为核心的原则,利用现代化的信息技术和客户管理的概念,对客户进行全方位的服务管理,从保留客户转向提升客户满意度的方向,把公司和客户的利益看成一个整体,从而达到公司与客户整体利益的整合。

9.3.3 酒店客户关系管理提升的原则

在酒店之间的竞争日益加剧的情况下,酒店所能提供的产品和服务的同质化特点也变得更加明显。因此,酒店必须要将自己的竞争优势凸显出来,实行客户关系管理,提高客户的忠诚度。制订有目标的提高战略,首先要确定战略的基本原理。酒店在提高客户关系管理方面,坚持"全员参与,客户至上,服务到位,管理明确"的四条原则。

第一,全员参与,就是所有人都要参加。酒店的客户关系管理要求酒店的所有员工都要参与到各个方面的工作中来,这样才能把潜在的,偶然的客户变成酒店的忠诚客户。

第二,客户至上,就是客户是第一位的。酒店是一种具有代表性的服务业,为客户提供优质的服务,满足客户的个人需要,最大化地发挥和发掘客户的价值,才能使酒店的价值得到充分的体现。

第三,服务到位,就是要提供优质的服务。以客户为中心,以优质的服务为宗旨,在降低酒店运营费用的前提下,获得预期的收入。

第四,管理明确,就是酒店的管理要严格,权责分明。酒店客户关系管理是酒店企业成功运营的重要保证。清楚的业务流程,清楚的业务系统,将有利于提高酒店客户关系管理的有效性。

9.3.4 当前酒店在客户关系管理中常出现的问题

第一,客户价值识别及价值区分体系不健全。

要想进行好的客户关系管理,首先要对客户价值进行辨识。当前,尽管很多酒店都会根据客户过去的消费金额和消费频率,对客户的价值进行一个粗略的考虑,并利用节日的问候以及其他的交流方式,与客户维持良好的联系。但是,由于缺乏对客户价值定量的评价,因此难以对客户价值形成一个全面清晰的认识,这就使得酒店在实际操作中不能很好地引导客户关系管理的工作,也就会导致酒店忽略一些高质量的客户,从而导致客户流失,使酒店的利润受到损害。

当前对酒店 VIP 管理制度了解的员工并不多,从这一点可以看出,很多酒店的客户分级制度并没有被很好地贯彻和发展,客户价值区别体系也需要进一步的完善。如果客户价值识别体系不够完善,就不能对顾客的忠诚度起到很好的激励和奖励作用。

第二,客户关系管理信息技术薄弱。

客户关系管理技术并非单纯的一种关系管理技术,它不仅应该具备适应能力,还应该拥有一定的灵活性、信息共享性。一般情况下,它在三个方面的功能可以为客户关系管理提供支持。

一是营销管理方面,分析客户市场信息,来指导企业的经营,帮助企业科学地制订市场和产品战略,并对营销活动展开追踪和分析。当前,多数酒店所采用的酒店管理信息系统中,前厅部和客房部都是主要的使用部门,其应用层次还处于操作层次,很少有报告分析的内容,就算有但分析的内容也不完整,不能对市场营销工作产生指导性的价值,也不能为决策层提供决策依据。

二是在销售管理上,客户关系管理系统应该有存储和便于日后查询的功能,并且可以从过去的销售资料中,提出相应的方案,这样就可以提升销售员的工作效率。当前,很多酒店的销售信息都是分布在销售部和财务部门,并没有得到统一的管理。而且,销售信息都是由员工在 EXCEL 表格中输入的,缺少了统一性、规范性,不能根据输入的信息来勾画出客户的总体情况,而且工作效率低下,不便于抽取,也不能使这些数据得到更深层次的分析与应用。

三是客服,客户关系管理系统还应该有一个功能,那就是利用整合的技术,为客户提供持续的服务。例如,将客服软件整合到电话,电子邮件,微信等,这样就可以把客户的各类反馈资料储存到资料库里。将上述信息技术进行比较,并与调查结果相结合,我们可以发现,当前的酒店管理信息系统并没有提供客户关系管理功能,只有前台管理模块和客房管理模块,只完成了基本业务管理功能,而那些有利于客户关系管理的功能模块,比如公关营销、客史管理、会员管理等,都处在了闲置状态,这就表明了这些模块的功能缺乏适应性,缺乏更新和发展,也可以看出,酒店在使用客户关系管理信息技术方面的不足。

第三,缺乏有效的专业化定制方案。

缺乏为客户提供个性化的服务测量方法。在现代社会中,客户关系管理的一个主要目标:利用对客户数据进行分析,从而对客户的个体化需求有更多的了解,并与酒店的具体情况相结合,为客户提供具有个性化的服务和产品,以达到客户的要求。然而,当前许多酒店并没有对客户的资料进行充分的分析,也没有为客户制订出一套专业化的个性化服务执行计划。酒店营销计划缺少一套科学的、有效的原则和具体的计划。很多酒店的前台工作人员,在为客户提供服务的时候,没有能够根据客户的需要,及时地为他们提供个性化的产品和服务。

多数职员相信收集客户资料的目标在于制订大众传播策略,以提高客户的服务品质。所以,当遇到较为特别的客户要求时,这些职员更倾向于认为客户是刁钻的,是存心挑刺。这种关键的资料并未被列入客户资料收集体系中,很明显,对于客户的特殊计划是不利的。另一方面,专业的方案定制服务只是一种形式,太过肤浅。从酒店的内部客人历史数据来看,现在的酒店,有的已经有了个性化的服务,但是却太过简单,太过肤浅,有些 VIP 客户的个性化定制,都是大同小异,这种个性化的设计,明显不能体现"个性",也就不能发挥出它的作用。

9.3.5 酒店客户关系管理提升的措施

第一,建立基于客户贡献价值的客户关系管理机制。

当今,随着消费者的需求越来越个人化、差异化,市场上出现了进行差别营销的现象,使得公司的投资与回报之间的不平衡更为严重。酒店必须根据自身的特点,确定自己的市场定位,发挥自身的优势。客户划分的目标是通过对客户的需求特征和价值贡献进行分类,从而达到对公司资源的最大效用,其核心的划分变量就是客户价值的差别。

在客户价值基础上进行客户分类,能够有效地分配顾客资源。以客户贡献值为衡量客户分类的主控因素,是以"商业化"的理念为基础的,客户与酒店的合作必须建立在互惠双赢的基础上,才能使酒店与客户的合作更加健康、可持续。

第二,建立"以客户为中心"的企业文化。

通常情况下,企业文化指的是酒店所有员工所具有的一种共同的价值取向和行为规范,它有助于员工了解酒店的愿景和承担的社会责任,而客户关系管理是一种经营哲学,对酒店的实际工作起到了指导作用。客户关系管理要求将客户至上的商业哲学融入酒店的企业文化,并对客户进行选择性的服务。在客户价值的基础上,采取差异化的客户关系战略,对客户的当前价值以及对未来价值的预期进行充分的理解,对客户的支持给予高度的重视,并与客户进行共享,随时关注客户的反应,用跟客户的沟通交流来了解客户的满意程度,为客户创造出令人欣喜的产品和服务。

制订以客户为导向的公司战略、流程和架构,将"客户为本"的企业文化付诸实施,同时也需要通过领导、管理系统和酒店内部的关系来对员工的行为进行指导和规范。领导要以客户至上为原则,让客户感受到酒店的重视,为一线员工提供必要的资源,帮助他们为客户提供高质量的服务。系统的管理要区别出员工在创造客户价值上的优劣。这可以反映出员工对客户满意、客户流失等指标的重视程度。训练系统要以客户为本的经营理念来进行训练。公司内部要构建一个方便的、能够将客户关系管理知识和信息传递到其他地方的交流机制,来构建一个以客户为核心的企业组织,并对在创造客户价值上做出显著贡献的员工进行表扬和奖励。以"客户为中心"的企业文化的构建,要从多个角度进行系统性的构建。思维的构建要在不知不觉中进行,这是一项长期的工作。

第三,建立客户服务跟踪档案制度。

①明确建立客户跟踪档案制度的目的。在展开具体工作前,酒店客户关系管理部门要明确建立跟项目的,先对客户进行有针对性的前期调查,进一步细化客户关系管理目的。调查的过程必须遵循"公平、公正、公开"的原则。酒店客户关系管理部门通过各种途径,搭建与客户沟通和交流的平台,并对客户的意见进行汇总和归类,形成专门的问题解决报告。之后,酒店客户关系管理部门把汇总的报告直接发布到与客户交流和联系的平台上。

②建立一个专门客户服务的档案。在酒店的服务出现问题前,酒店要先设立一个核心客户沟通小组,并设立专门的工作人员进行专门管理。在该小组中,客户专员可以与客户直接沟通,对合理要求和特殊要求要有专案。客户专员将这些信息进行分类,然后直接汇报给主管和副经理,将客户的要求转化为实际的服务,从而问题扼杀在摇篮之中。

③对客户反映的处理情况进行反馈。在处理完客户的意见之后,酒店不论其处理的结果与客户的预期一致与否,均应向有问题的客户做出回应。客户收到反馈后,对于与基本期望方向一致的整改意见,可以根据意见处理与自己需要一致的

程度,给予相应的打分。当然,如果不能得到满意的答复,也要向客户说明原因,并提出今后的改善方案。

9.4 营销组合管理

9.4.1 营销组合的概念

营销组合是一个公司的总体营销方案,也就是对公司所掌握的所有营销要素包括产品质量,包装,服务,价格,分销渠道,广告等进行最优的组合。公司将这些要素综合运用起来,以适应目标市场的需求。在运用的过程中,它们可以相互配合,发挥各自的优势,避开各自的不足,从而更好地达到营销的目的。

营销组合是由公司制订的一套可受控的营销策略,可在目标市场上取得预期的反应。营销组合由影响产品需求的所有手段组成。营销组合或市场营销组合是指一个公司或者企业为了达到自身的营销目标而使用的营销策略和工具的组合。营销组合是指在满足客户要求的前提下,通过对各种可控制的因素进行最优的组合。企业对消费者需求进行探究的重点:4p(产品(product)、价格(price)、推广(promotion)、渠道(place))、6p(产品(product)、价格(price)、渠道(place)、促销(promotion)、公共关系(public relationship)、政治权力(political power))、7p(产品(product)、价格(price)、渠道(place)、促销(promotion)、人员(people)、有形展示(physical evidence)和过程(process))、10p(调查(probing)、分割(partitioning)、定位(positioning)、产品(product)、价格(price)、渠道(place)、促销(promotion)、人员(personal)、政治权力(political power)、公共关系(public relationship))和11p(调查(probing)、分割(partitioning)、定位(positioning)、产品(product)、价格(price)、渠道(place)、促销(promotion)、人员(personal)、政治权力(political power)、公共关系(public relationship)、员工(people))以及4C(消费者(customer)、成本(cost)、便利性(convenience)、沟通(communication))。

9.4.2 营销组合的特点

营销组合是一种很重要的企业营销方式,它有如下特征。

(1)营销组合是一种可变的组合

组成"4Ps"的各种独立的因素是最后影响并确定营销效果的决定因素。营销组合的最后成果是组成"4Ps"的各种独立因素的功能。从这种关系的角度来看,企业的营销组合是一种动态的组合,任何一种因素的变化,都可能导致一种新的组合,从而带来不同的市场效应。

(2)市场组合的层级

营销组合包含很多层面,从整体来看,"4Ps"是一套较大的层面,而每个"P"又包含几个层面的因素。因此,企业在制订市场策略时,既有较强的针对性,又有较强的灵活性;既可以在四大因素间进行最优搭配,又可以在各因素内合理安排搭配。

(3)全方位的整合营销

企业要对具体的市场营销环境,企业的资源和目标市场的需要特征进行准确的分析和判断,从而找到最优的市场营销策略。这就好像一种药方,四种药材的功效都是不一样的,但是四种药材同时使用,效果却要比单独使用一种药材的效果加起来还要大。营销组合也是一样,只要它们是最优搭配,就会形成一个全面的合力。在此意义上,营销组合也是一门运作的艺术与技能。

(4)需要有足够的适应力来进行营销

营销组合是由可以控制的因素组合而成的。企业通常对一个营销组合拥有完全自主决定权。比如,企业可以依据市场的需要,来决定其产品的构成、制订有竞争力的定价以及最适合的营销渠道、推广媒介等。

然而,企业并非在一片空白中形成了一套营销组合。由于市场竞争、客户需求特征以及外部环境发生了改变,因此,要想使自己的营销组合始终处于有竞争力的状态,就必须随时对其进行调整和测试。总体而言,企业要对外部环境有足够的适应性,并能迅速做出反应。

9.4.3 营销组合策略

1. 4R策略

4R策略是以关系营销为核心,注重企业和客户关系的长期互动,重在培育顾客忠诚的一种理论。4R策略包含4个要素,即关联(relevance)、反应(reaction)、关系(relationship)、报酬(reward)。4R策略认为,为了避免客户流失,且能获得持久、稳固的市场,企业应该在不断变动的市场环境下,与客户建立起一种持久的、持续的、相互影响的关系;在客户需求快速改变的情况下,企业应该学习聆听客户声音,及时发现并挖掘客户的期望和不满以及它们的潜在演化,并构建相应的响应机制,使之能够在最短时间内应对市场的改变。企业应该与客户建立起一种长久且稳定的友好关系,将实现销售的目标转移到对客户的责任与承诺上,这样才有可能实现客户的第二次购买,并保持客户的忠诚度。企业应该以市场收益为目标,把市场作为公司发展的动力和来源,并与市场维持良好的关系。4R 市场运作的关键包括以下几个方面。

(1)与客户保持密切的关系

企业要用一些行之有效的方法,在需求、营销等方面与客户保持密切联系。企业应与客户联结起来,降低客户的损失,从而提升客户的忠诚度,获得长久而稳定的市场,提高酒店的市场营销收益。

(2)加快响应市场的速度

大部分企业都喜欢对客户说话,而忽视了"聆听"这一点。在一个互相渗透、互相影响的市场环境下,企业最实际的问题不是如何制订、实施计划与控制,而是如何在最短的时间内听取客户的期望与要求,并在最短的时间内做出回应,以满足客户的要求。这也有利于酒店更好地适应市场。

(3)强调与客户的相互影响

4R 策略理论指出,目前赢得市场的关键点已经转移到了与客户之间的长久、稳定的联系上。将买卖转化为一种义务,并与客户之间形成一种互动,是赢得市场的关键。

(4)酬劳是营销的来源

因为市场营销的目的是要关注结果,关注企业在市场营销中的收益,因此,企业不能去做没有意义的事,要去满足客户的需要,给客户带来价值。在一定程度上,企业与客户之间的利益联系是建立在利益交换的基础之上的。而对收益的追逐则是营销发展的原动力,营销的终极价值就是它能否为企业提供长期或短期的收益。

4R 策略理论最突出的特征就是对市场的一种全新的行销架构的重新归纳,并提出了一个全新的行销架构。这一理论以市场日益成熟和竞争日益加剧为基础。然而,如同所有的理论一样,4R 策略理论也存在着它的不足。比如与客户建立联系,这需要一个强大的基础,或者是一些特殊的条件。这不是一个企业能够轻松实现的。

2. 4C 策略

4C 策略是美国营销学家劳特朋(Lauterborn)教授于 1990 年首次提出的。该策略以客户的需要为出发点,首先解决客户的问题。这就要求企业要将客户的满意度摆在首要位置，要尽可能地减少客户的采购费用，还要考虑客户在采购时的方便程度，而不仅仅是站在企业的立场上来确定销售渠道的策略，最终还要将客户作为一个核心，进行行之有效的市场交流。4C策略强调以客户为中心，这是目前消费者在营销中日益占据主动地位的市场对企业提出的需要。

4C市场组合最终是为客户解决问题。因此，在生产过程中，企业必须对客户进行深入的理解与研究，并针对客户的需要，为客户提供符合客户要求的产品。

客户（consumer）主要指客户的需求。企业必须首先了解和研究客户，根据客户的需求来提供产品。同时，企业提供的不仅仅是产品和服务，更重要的是由此产生的客户价值（customer value）。

客户的成本（cost）不仅是指企业提供给客户产品的成本和客户购买产品的成本，而且是指产品的定价应当是既低于客户的心理预期价格，又能够在一定程度上给企业带来可观的利润。在这个过程中，消费者的购物费用，除了金钱，还有时间、精神等的花费及购物的风险。

便利（convenience）是指为客户提供最大程度的方便。4C策略理论认为，在制订销售战略时，应以客户为中心，而非以自己为中心。要做好售前、售中、售后三个方面的工作，才能让消费者在购买的时候享受到方便。方便是客户十分关切和重视的基本需求。

沟通（communication）是指市场营销中宣传产品的作用。4C策略理论认为，企业必须要和客户进行双向的互动，与客户建立起一种以双方利益为基础的新的客户关系。它不只是商家单方面的宣传、劝说，更多的是通过交流，寻找到共同达到目的的一条捷径。

在4C策略的指引下，企业对"4C"的重视程度日益提高，并与"4C"形成了一种更紧密、更动态化的互动关系。而如今，客户思考价格时，往往会先以"该商品到底值几个钱"为前提。

4C策略理论的缺陷：总的来说，4C策略理论侧重于以客户为中心，相对于以市场为中心的4P，它有了长足的进步和发展。但是，从企业的营销实践以及市场的发展趋势来看，4C策略仍有如下缺陷。

第一，4C策略是以客户为中心，但市场经济需要以竞争为中心，酒店市场的营销也已进入以市场为中心的时期。"以客户为中心"和"以市场为中心"的根本差别："以客户为中心"着眼于新的客户需要；而后者则是既能看清市场的需要，又更加关注竞争者，能沉着地分析自己的优势和劣势，并采取适当的对策，从而在竞争中获得发展。

第二,尽管 4C 策略已经被整合到了市场营销的战略与行动之中,但是企业的市场营销将在一个新的层面上被同质化。相似的企业之间,充其量只是存在着一个程度上的差异,但却无法形成一个营销个性或者是营销特点,来保证企业长期稳定发展。

第三,4C 策略是以客户需要为导向的,但是客户需要也存在着合理性的问题。消费者总想要物美价廉,尤其是对价钱没有限制的时候。如果仅仅从客户的角度去考虑,那么企业势必要花费更多的钱,时间一长,就会对企业的发展产生不利的影响。因此,从长期来看,企业应该在"共赢"的基础上进行长期的发展,这也是 4C 企业亟待解决的问题。

第四,4C 策略还没有反映出既能获得客户,又能长久占有客户的关系营销理念。不能解决诸如为客户提供综合解决方案、快速响应等可操作性问题。

第五,4C 策略虽然整体上是 4P 的转换与发展,但是其对客户需求的适应性更强一些。随着市场的发展,企业有必要从更高的层面,以更高效的方法,在企业和客户之间,构建出一种不同于传统的、具有互动关系、共赢关系、关联关系等不同于传统的主动关系。

自 20 世纪 50～70 年代以来,不少企业已经成功地利用 4C 策略理念,创下了一个又一个奇迹。然而,4C 策略太过重视客户的地位,而客户的需求又具有多样性和个性化,这导致了企业不断地对产品结构和工艺流程进行调整,并不断地购买和添加新的设备,而这些设备有许多都是非常特殊的,这就导致企业的利润大幅度下降。

3. 4P 策略

4P 营销策略是在市场上广泛使用的营销策略之一。一个成功的、完全的营销行动,是指用合适的产品,合适的价格,合适的渠道,合适的推广方式,把合适的产品或服务推向一个特定的市场。

4P 的营销组合包括四个因素,即产品、价格、推广、渠道。产品:关注于产品所开发的特点,将产品的功特点置于首位。价格:依据不同的竞争市场,制订有差别的市场定价,以企业的品牌策略为基础,关注品牌内涵。推广:企业不直接面向客户,重点在于培养分销商和建立销售网络。企业与客户之间的关系是由分销商实现的。渠道:企业通过采取不同手段的营销策略来刺激消费者,使用促销手段来增加消费者购买产品的欲望,提高销售量。

4P 为企业经营管理提供了基本的理论架构。这一理论以个体企业为研究对象,从两方面来看,企业的市场营销行为是由两类因素所决定的。一类是企业无法掌控的,如政治,法律,经济,人文,地理等,这些都是企业无法掌控的。这就是企业所面对的外在环境。一类是企业能掌控的,如产品,价格,销售,宣传等市场要素。这些都是企业能掌控的。企业市场营销的本质是通过对产品、价格、销售、促销等方面的规划与执行,来对这些不受控制的因素做出积极的、动态的响应,以促进交易的达成,达到个体或组织的目的。科特勒(Kotler)认为,"一家企业若能制造出合适的产品,确定合适的价格,使用合适的销售渠道,配合合适的促销,便能取得成功"。因此,企业营销的关键是要建立和执行行之有效的企业营销组合。

4P营销策略将企业营销这一错综复杂的经济现象,总结成三个圆,将企业营销过程中可用的数以千计的要素归纳为四大要素。由于其独特的优点,该模式迅速传播开来,并迅速成为市场研究领域和实践工作者所公认的一种行销模式。4P理论主要是从供应商的角度,对市场的需求和变化进行分析,从而在竞争中取得胜利。4P是行销学的基础理论,是把复杂的行销行为简单化、抽象化、系统化,建立起行销的基础架构,推动行销理论的发展和推广。

9.4.4 营销组合策略的意义

1. 理论意义

营销组合的产生,标志着营销理念的完全转换,也就是营销理念的发展。其核心就是围绕着目标客户的需求,进行营销组合,以整体的市场为重点,以盈利为目的,达到企业的营销目标。在此,作为一种营销工具,营销组合是非常重要的。

①营销组合反映了以明显的"管理导向"为特征的现代营销科学的一个重要特征,也就是强调从营销管理的决定这一观点出发,以买家行为为中心,重点在于调整企业的营销策略。因此,在众多的研究方法中,决策研究法表现出了通用性强、适用面广的优势,并成了一种被广泛应用于市场营销问题研究的重要方法。

②营销组合以系统论为视角,对系统与外界的连接方法进行了分析,认为系统有加工和转化的作用。系统与外界是以物质、能量、信息被输入到系统,再被转化为物质、能量、信息,再被输出到系统外的方式来连接的。

企业是一个开放性的系统。一方面,企业会从外部环境中将信息、能量、原材料等输入进来,这些都是企业进行市场营销的根本,它反映出了外部环境对企业营销活动的制约作用。因此,企业必须对这一点表现出很强的适应能力,并根据它的变化,制订出相应的营销策略。另一方面,企业通过积极、创新的营销方式,促进企业可持续发展。

③系统理论中的整体性观点,强调"总体"的作用比"单独"的作用总和更大,并有"单独"所没有的新性质、新特征。这一点对了解一个体系的本质是非常必要的,而且比起关注单个体系中各组成元素之间的相互作用和总体功能更为必要。

在这个原则下,企业的营销组合就是指企业在经营活动中,对企业经营活动中的各种经营活动进行优化,从而达到企业经营活动的最大效果。所以,企业的营销成功与否,将主要依赖于企业营销战略的选择及其联合使用的结果,这就是营销组合的魔力所在。

2. 实践意义

对企业而言,营销策略的组合在企业的具体工作中具有如下现实意义。

(1)有利于建立合适的营销策略

市场营销策略实质上是一种企业运作与管理策略,它的核心是企业的目标与市场要素的配合。因为制订市场营销策略的起点是实现企业的使命与目标,因此,以投资收益率、市场占有率或其他目标作为对比选择的基础,来进行市场营销策略的制订,这是一种更加切合现实的做法。

营销要素组合是企业进行营销的策略依据,既可以把这四种要素结合起来,又可以按照产品与市场的特征,重点选择一种或两种要素,并把它们结合起来,形成相应的营销策略,是一件非常精细而又烦琐的事情。

(2)以强有力的方式应对竞争

在进行市场要素的组合时,要对自身的优缺点进行分析,才能发挥其优点,避免其缺点。在运用市场要素的综合运用来提高竞争力的时候,有两点需要尤其重视:第一,不同的产业,不同的产品,所运用的市场因子应该是不一样的。第二,在强调一种行销要素的同时,也要注意其他要素的协同效应,以达到预期的行销成效。

(3)向企业提出经营体系的理念

在实际工作中,我们发现,以市场营销组合为中心来制订企业的战略规划与工作部署,能够形成一个由点及面的相对系统的运作管理思想。许多企业设立了不同的部门,确定了不同部门的明确分工,对企业内外的信息流程进行了确定。市场要素的组合使各个部门之间的工作得到更好的协调。

9.5 市场情报与大数据应用

随着互联网与信息技术的广泛应用,人们创造的数据以几何倍数的速度膨胀。云计算将我们带入了一个大数据的时代。大数据已经扩散到了各行各业,对许多企业的经营理念,尤其是对传统企业来说,都是一种颠覆。在这样的大环境中,大数据也在不断地冲击着酒店企业。大数据在酒店产业中所展现出来的巨大价值,引起了酒店业界的广泛关注。如何利用大数据为酒店企业的运营与管理提供有效的决策支持,是当前酒店企业面临的一个重要课题。

在进行市场营销的过程中,酒店要注重利用重要数据。目前,酒店的营业收入都是基于自己的大数据库,而不是与大市场的大数据相结合。酒店的收益管理所要做到的,就是既要保证当日的客房卖完,又要提高整体的入住率。我们在制订酒店收入管理战略的时候,要从不同的角度去考虑问题。把自己想象成一个消费者,站在消费者的角度去选择自己愿意消费的产品。我们应该学习如何运用网络上的大数据,为酒店制订盈利战略。

(1)酒店大数据采购

在实际工作中,我们可以很容易地看到,大数据分析已经被广泛地运用到了采购领域。比如,企业会追踪市场的行情,并依赖于高级的分析模式与预测方法,以规避市场风险。随着时间的推移,供应链日益复杂化,产品种类不断增多,市场波动不断加剧,同时受到外界环境的干扰也不断增加。这就给酒店如何在整个供应链中高效地进行有限的资源配置带来了困难。

这种新的分析方式,可以让采购部更好地运用策略性职能,最大限度地为酒店的每一个环节提供最优的资源配置。在电商平台迅速发展的今天,酒店的采购已经不只是本地的、线下的采购了。这就对酒店的采购部门提出了更高的要求。他们要通过网络上的大数据,在成本的最优与产品的需求之间找到一个平衡,从而让酒店能够买到更好更便宜的商品。

(2)酒店大数据的管理

针对酒店的大数据管理,酒店经理们肩负着重大的职责。在酒店的运作中,许多战略若得不到管理的支撑,那就是空谈,无法付诸实施。酒店的管理者要激励员工在日常工作中挖掘出大数据,为酒店提供更高质量的服务。比如,酒店的人力资源部,可以通过以往的资料,在当前的大背景下,通过互联网上的大数据,来进行人员的招募与训练。另外,酒店在运营的时候,也要学习如何运用大数据,去引领行业,找到更好的行业建议。

时代在发展,我们酒店经营者的观念也要不断进行更新。只有管理者的管理水平不断提高,酒店才能制订出更好的战略,从而获得更大的利润。

9.6 小结

在大数据快速发展的时代,酒店要善于观察形势,找准自己的定位,根据市场细分,锁定市场客户。在应用好4P营销策略的基础上,根据自身特点和客户需求制订具有特色的营销策略。酒店应与客户保持经常沟通与联系,发现自己在营销过程中的不足之处,并及时改正,确保提升自己的服务质量。在大数据的潮流下,酒店应紧跟潮流,运用好大数据酒店分析等机制,促进酒店长远的发展。

练习题

1. 酒店客户管理提升的措施有哪些?
2. 4P市场营销策略的具体应用和面临的挑战有哪些?

第 10 章　酒店收益管理与分销渠道

学习目标
1. 了解营销渠道的概念和类型。
2. 了解酒店分销渠道的类型及其管理应用。

10.1　分销渠道的概念和类型

10.1.1　分销渠道的概念

分销渠道,是由各种不同的中间商将商品和服务从生产商到顾客(使用者)之间连接起来的全部渠道。分销渠道就是指一种商品在恰当的时间,恰当的地点,销售给需要的顾客。网上销售与传统的销售渠道有很大的不同,顾客使用电子方式进行下单,然后透过互联网来加快沟通的速率,提高了企业的工作效率,同时也降低了生产成本,也在一定程度上减少了在传统销售渠道过程中的产品供给过剩。同时,分销渠道分销还能加速信息传输,提升客户服务能力。互联网的交互性使得企业能够与其供应链中的其他企业建立密切的合作和联系关系。

以商业活动为基础而产生的商品实体在空间上的迁移,这就是物流。在一般情况下,商流和物流都会以产品的价值为中心,在产品的周围构成一条从产品到消费者的一定的路径或通道,从营销的观点来看,这种路径就是分销渠道。在酒店产品分销渠道过程中,酒店允许供货商获得客户的交易资料,这有助于加强销售渠道之间的合作与联系。利用当前流行的电子信息智能化手段,企业掌握企业客户的订单信息。这使得企业能够准确地掌握客户需求,从而能够减少企业的存货,提高企业的竞争能力。在分销渠道过程中,由于互联网需要活跃的协作与交流,这使得供应链的管理更趋完善。

对于分销渠道这一概念,我们可以从以下三个方面来认识。

①分销渠道以生产商为出发点,以满足消费者需求为最终销售目的。分销渠

道可以看成是一条商品可以进行流通的道路,这条道路的首端与商品生产者相连,末端则与消费者相连接。分销渠道可以将生产者所提供的商品或劳务,不断地向消费者流动。这种流动就是物权的流转。

②分销渠道是产品生产商依其商品的不同特点而组织的一系列路径。在大部分情形下,厂商的渠道政策均会充分考量作为其行动主体的中间人。

③产品从生产方到消费方的转换,一般有两种流动形态:一种是作为销售和销售结果的价值形态流动,这就是商业流动。另一种就是商品的所有权由一位拥有者向下一位拥有者的转变,直到最终到达消费者的手里,这就是物权的流动。

10.1.2　分销渠道的类型

由于不同消费者的消费目的的不同,一般来说,个人消费和团体集体消费,在挑选产品和购买产品的过程中也会存在数量、价格或运输等方面的差异。因此,按照是否有中间人介入交易,个人消费和团体消费两种方式的全部渠道,可分为两种最为基础的销售渠道:直接分销渠道与间接分销渠道。直接分销渠道有短通路和长通路之分。我国企业形成了两种不同的模式,一是企业对个人进行销售,二是企业对团体用户进行销售。

1. 直接分销渠道

直接分销渠道是一种不需要任何中间人参与的商品销售方式。直接分销的方式为生产商—使用者。公司的直接经销方法很多,大致可分为以下几种。

①按订单分配。这是一种以产品为基础和主要原料,以产品和服务为主要内容,在一定的期限内,按照合同的要求,向顾客提供产品和支付货款。通常情况下,主动联系的主要是销售商(比如制造商会派人去推销),但也有一些畅销的商品,或者是紧俏的原材料、零件等,是顾客主动联系的。

②营业网点的售货。生产厂家一般都会把自己的店面设在生产区之外,或者是用户比较集中的地区,或者是商业区。还有一批临近客户或商圈的制造企业,把店面设在工厂前面。

③连锁销售。比如销售企业与销售企业之间,生产企业与生产企业之间的结盟。

下面介绍直接分销渠道的优缺点。

(1)直接分销渠道的优点

①有利于供需双方进行信息交流,实现按需制造,更好地满足客户需求。因为

是在现场进行的,所以客户可以更好地了解产品的性能、特性及使用方式;制造商可以对客户的需求等特征以及它们的变化趋势进行直观的认识,从而对竞争对手的优缺点以及市场环境的改变有更多的认识。这就为进行按需生产提供了有利的条件。

②能够减少商品在流通中的损失。在货物流通过程中,取消了中间环节,从而降低了货物的损耗,同时也加速了货物的流通。

③能让买方和卖方的市场更加稳定。通常情况下,采用直接销售的方式,都会签署一份合同,按照合同的约定,在一段时间之内,买卖双方的关系都会被以法律的方式固化。这样就可以将自己的注意力转移到其他的战略计划上。

④可以将推广活动与销售活动结合起来。这是一种商业上的直销式的行为。

(2)直接分销渠道的缺点

①在消费对象与分销渠道上,消费者的消费行为呈现出小型化、多样化、重现化的特征。制造商若想要凭借自己的能力去扩大自己的营销网络,由于他们的能力是有限的,因此可能在一定情况下会适得其反。在短期之内,他们的产品很难被广泛地分发出去,也很难快速地占据或者巩固市场。公司的目标客户的需求没有得到及时的满足,他们就会转向其他制造商的产品。这样,公司就会丧失自己的目标客户和市场份额。

②在商务合作主体层面,商务合作主体具有较强的营销经验,能够更好地理解消费者的消费习惯,是与商务客体合作中不可或缺的"桥梁"。而制造公司自己销售自己的产品,则将这座桥拆掉,必然要自己做市场调研工作,并承担由中间人承担的人力、财力、物力等成本。这就增加了生产工人的负担,使制造公司的注意力被转移。同时,企业会丧失与消费者的供需关系,使得企业无法依靠与消费者的供需关系,并且无法充分发挥其自身的优势,从而降低企业的产品价值,也降低了企业竞争力。

③在厂商与厂商间:厂商只通过直接分销渠道进行产品销售,导致目标消费者无法得到及时的产品供应,厂商会借机抢占目标市场,抢夺目标消费者。在生产群体市场中,企业的目标客户多为向其购买其商品的生产使用者,而这些使用者也多为与其进行专业化合作的合作伙伴。所以,丧失了目标顾客,也就丧失了合作者。因为厂商间的科学技术与管理经验的沟通受阻,导致该企业难以实现专业化合作,进而影响该企业的产品无法获取市场占有率与潜在的业务合作,造成了一种恶性循环。

2. 间接分销渠道

间接分销渠道指的是，生产商通过批发商把产品提供给顾客或使用者，而中间人参与了交易过程的销售渠道。在这种情况下，制造商卖货给批发商，批发商再将货品卖给零售商，最后由零售商将商品卖给个体消费者（也有一部分是群体使用者），其中的批发商和零售商具有代表性。从目前的情况看，消费产品的总需求量和潜在的市场都是巨大的，并且大多数产品的市场已经从"卖方"向"买方"转变。

同时，在消费品的销售中，市场调控所占的比例大大提高，不同企业之间的合作也越来越广泛和紧密。在这种情况下，如何有效地运用间接分销渠道来扩大其商品的销售，就成了当今许多公司在经营过程中所要考虑的一个问题。

由于我国商品经济的不断发展和流通体制的不断改革，间接分销渠道在商品中所占的比例不断增加。在当前的市场上，许多企业通过与中间商建立联系，互相合作进行销售。例如：中间商为他们合作的企业举办活动，宣传产品等。

以下介绍间接分销渠道的优缺点。

（1）间接分销渠道的优点

①促进商品的流通。在商品流通的起点，中间商与生产者联系在一起；在结束的时候，中间商与消费者联系在一起，这对调整生产和消费之间在品种、数量、时间和空间上的冲突起到了很好的作用。这样做不仅可以让生产厂家的目标客户满意，使生产企业的产品价值得以快速实现，还可以让产品得到更多的分发，占领市场从而强化现有的目标市场，并拓展了新的市场。

②缓解了生产者人力、财力和物力上的短缺。由于中间商购买了生产者的商品，支付了货款，使得生产者能够更快地实现其商品的价值，从而开启一个新的资本流通和生产流程。另外，由于中间商不仅要负担产品的仓储、运输等成本，而且还要负担其他环节的人力、物力，从而补充了生产厂家在市场上的实力。

③进行间接宣传。顾客们在购买产品时对比多种品牌之后，才会去买一件自己心仪的商品，而一个中间商经常会同时经销几个品牌的类似商品。因此，中间商对类似商品的不同介绍和宣传，会对商品的销量产生很大的影响。另外，强大的中间商可以为其提供一定的广告推广成本，并提供一定的售后服务。因此，如果生产者能够与中间商进行很好的合作，将能够提高其商品的销路，并且能够及时地从他们处获得市场的资讯。

④这对企业间的分工合作是有利的。随着生产技术水平的不断发展和提高，专业化的分工越来越细化。企业只有在进行了大量的专业化合作之后，才能更好

地进行商品专业化生产,为消费者提供更加多样化的产品,而中间商是专业化合作发展的必然结果。生产者把生产和销售混为一谈,不仅不利于商品的有效流动,而且还会分散生产者的精力。因此有了中间商的联系和合作,生产者就能摆脱繁杂的销售工作,把精力放在生产上,专心于技术研发与创新,推动生产厂商间的分工合作,从而提高生产运作的效率。

(2)间接分销渠道的缺点

①会产生"消费迟滞差异"。中间商买了东西,也不一定就能卖得掉,也有可能卖不掉。一个生产商当它的大部分销路受到阻碍时,就会出现"需求迟滞",也就是说,在时空上,需求落后于供给。但是,当产能确定后,人力、物力、财力等都会照常运行,产量很难大幅度下降。如果需求持续下降,则将出现供应超过需求的情况。如果大部分产品都是如此,那就使市场存货增加。

②会增加消费者的心理压力,造成消费者的抵制。在流通过程中,货物的贮运和损失会加大,若全部传递到物价上,则会加重消费者的负担。另外,由于中间商的服务质量不高,也会造成消费者对产品产生反感,进而造成购买行为的改变。

③不方便进行直接的讯息交流。如果与中间商的合作不够好,制造企业很难从中间商处获取关于产品的反馈,也就难以理解和把握顾客对于产品的看法、竞争者的产品的状况、自己与竞争对手的优缺点、目标市场的发展趋势等。在瞬息万变,信息大爆炸的今天,如果一个公司的信息不够准确,就会导致公司的生产和运营出现混乱,并且很难维持高的市场效率。

10.2　酒店常用的分销渠道

酒店分销渠道指的是在酒店市场上,酒店所提供给的产品由旅游业等生产公司和企业移动到所要消费该产品的客户身上所经过的途径。酒店常用的分销渠道主要包括以下几种。

1. 旅行社

旅行社有一个庞大的网络体系,它将航空公司、铁路、酒店、旅游景点等与旅游相关的企业联系起来。同时,旅行社还具有非常广阔的群体游客市场资源。他们将所代表的交通、住宿、旅游等相关商品,直接卖给顾客,所以他们是典型的"代理商"。酒店和旅行社之间的合作,以及把他们加入到酒店的直接经销渠道中,对于酒店的业绩是非常有帮助的。与此同时,旅行社也非常愿意与酒店发展并维持好的合作关系。对于旅行社来说,其经营的基础就是酒店的产品和服务。因此,他们在挑选酒店的时候,也是格外的谨慎。

2. 旅游批发商和经营商

旅行批发商和经营商是指旅行社和酒店等之间的中介机构,主要为旅行社提供综合设计、批发、销售的服务。他们把旅馆,交通,饮食,观光,娱乐和购物结合起来,并把它提供给了旅游业从业人员,而旅行社常常是把他们当作零售商来补充。他们优势表现为可以接触到众多不同类型的旅游商品,熟悉市场需求,具备丰富的产品组合知识。他们也是促进大众旅游业发展的一支重要力量。酒店假定采取旅行批发的分销渠道,就相当于把自己的商品也包括进去,这对于增加销售量和提高酒店的知名度都有好处。

3. 会议计划人

一些公司组织其员工或者领导去不同地方进行开会、听讲座等活动时,也会进行对酒店产品的购买。某些较大的组织,例如大企业和行业协会,有专门为安排会议和旅游规划而设立的部门或人员。这类人员主要是负责与酒店及其他旅行社进行联络、商谈。因此,他们也是酒店与消费者之间的中间人。

4. 全球分销系统

全球分销系统(GDSs)是一个电脑化预订系统,可视为向旅行社及其他接待行业分发产品内容的系统。该系统最早是被各航空公司用来增加销量的。近年来,通过一系列的合并,产生了几个主要的体系:亚美达斯体系、阿波罗体系、伽利略体系、阿克塞斯体系、凡塔西亚体系、塞伯体系、沃斯本体系、爱伯克斯体系。酒店如何选择和利用上述体系,并将其作为产品直接销售渠道的一部分,即为酒店的分销渠道的决策。

10.3 酒店分销渠道管理

10.3.1 酒店分销渠道决策时的因素

在进行其产品的销售过程中,酒店使用什么类型的销售渠道,与什么类型的旅游商进行长期合作与交流,等等,这些具有战略性和策略性的选择问题,都是酒店在对其产品进行分销时所要考虑的重要问题。酒店选择产品销售渠道时,需要考虑以下几个方面的因素。

①酒店的状况。酒店的发展状况对酒店的销售渠道的选择有内在的限制和约束。酒店的种类与特色,酒店的品牌影响力,酒店的规模,酒店的利润及费用构成和酒店的星级指数都是在销售过程中需要考虑的因素。

②市场形势。酒店在产品销售过程中,要根据市场形势和当前流行趋势选择如何销售。酒店应紧跟消费者关注的市场,不在市场形势中迷失方向。

③各类销售渠道的特征,其中包括销售渠道的评估与代理商的评估。在选择合作的中介机构时,重点是对中间商的业务能力,企业形象,市场范围,工作热情,诚信程度等进行评估。

10.3.2 酒店分销渠道的管理

良好的渠道管理应在渠道创建之初,即在渠道中建立起一种协调的工作关系模型。所有与销售工作有关的合约,必须以文字记录,并根据实际情况进行修订。百战百胜在当前的市场环境和形式下几乎是不可能的事情。当经销商在销售网络中得不到合理的利润时,经销商将丧失其参与的动力,销售体系的运作将变得困难,销售费用将增大。对于酒店来说,在渠道销售的市场上,我们可以选择的方式很多,但是由于可供购买的房屋数量和有限的资源,所以要想取得较高的收益,就要合理选择营销渠道,在销售过程中做到减少可以控制的成本。

虽然酒店在选择不同的销售渠道进行销售时,其机会成本等会有所差别,但是对于整个酒店的发展来说,选择合适的销售渠道是十分重要的。在当前的市场情况下,由于经济状况不明朗,旅行总量减少,供给增加,以及有差异的竞争者的崛起,全球许多地区的需求也在减少。为维持和提高利润,酒店要采取多种方式降低成本,提高市场占有率,实施更加具有前瞻性的分发策略来应对目前的市场形势。

1. 分销渠道管理的原则

一个渠道的分配体系是一个由各种类型的中间人构成的,他们是一个基于共同利益的组织。他们必须明确自己的职责,相互配合,共同完成他们之间的整体目标。为有效规避渠道矛盾,酒店应该做好如下工作:

①在建立一个通道系统时,酒店要明确各参与主体的权利和义务。

②为避免在竞争中因竞争而产生的摩擦和矛盾,酒店要对各个渠道的营销活动进行界定。

③通过与不同中介机构之间的协商,酒店确定其考核指标和方法。

④酒店对每个销售渠道进行销售和费用的提前预算。

⑤合作双方要表现出诚意,在解决矛盾、争端时,要采取共同协商的方式,实现"共赢"。

2. 分销渠道管理的策略

(1)价格策略

销售的战略过程中的一个重要环节是价格。在适当的销售渠道中,酒店的定价是否合理?如果酒店的市场价格不能适应不同的市场、不同的渠道、不同的需要,那么酒店就失去了机遇。为了吸引顾客并将其转化为潜在的长期顾客,酒店需要对各个销售渠道进行最优定价。不同的日期、天气、节日进行不同的定价,是酒店进行价格策略管理的一种重要手段。在节假日等出游人数较多的时间段,酒店适当地提高酒店的价格;在通勤日,酒店进行活动宣传,降低酒店价格,吸引消费者入住。酒店还可以根据购买者身份的不同,进行差别定价。比如学生等群体,酒店可以制订拿着自己的学生证打折销售的策略。酒店若能长期执行这样的策略,形成一种销售模式,可能让消费者成为酒店的回头客。为使收益最大化,酒店可以选择在平日里对大床房间进行加价,在周末选择对双人房间进行加价。酒店采用动态化的价格与深入化的价格,将加大收入管理者的工作量。但当合并后的收入增长时,这种做法将得到证实。不断发展的收入管理技术为酒店提供了优化的服务,也为酒店带来了较高的投资回报率。

(2)渠道评估

合理的评估渠道是酒店和合作者能否继续取得成功的关键。如果一个酒店不能清楚地指出一个旅行社为其提供了多少预订或者回收了多少折扣,就不可能实现对其渠道的有效管理。渠道人员经常会给酒店带来一些资料,而如果公司管理层甚至没有对这种资料进行取样,那么在签订下一份合约时,将由渠道人员来控制房间价格与折扣。评价并不只是计算一间房的收益和客房的数目。虽然酒店可以通过各种途径来提高预订,但是一旦客户对评价结果不满,这种做法就会不可避免地带来很大的风险。具有较强渠道管理能力的营销推动型公司可以保证其客户的满意度。如果渠道成员总是会带来一些不满意的客户,那么酒店一开始就不应该采用这一分发方式。

(3)激励

某些激励手段要取得持久的成功,就需要渠道管理者长期给予激励。如果一家酒店正在推出一种非常流行的商品,那么就可以采取一些奖励措施。在此基础上,"推进"战略这是各渠道所采用的一种激励方式。对于在体系中表现优异的旅行社或经销商所设置的奖赏旅游,可以对分销渠道的顺畅运作起到很大的作用。很多企业在生产消费及工业品时,都会雇佣一批专职人员,负责对渠道内的激励机制进行设计与改进,使其能够在生产过程中一直保持高度的兴趣。激励的方式可以包括很多,物质奖励,精神奖励或者证书等奖励。可以给予表现优异的合作商旅游的奖励,此外,家庭用具及诸如电视机之类的消费产品,亦可轻易获得奖赏效应,让受试者获得短暂的满足感。尽管可以获得的奖励是无穷无尽的,但有一件事值得我们特别注意,那就是高层管理者的奖励。所有的推销员都有获得奖励的机会,但"奖励"的范围常常忽略了公司的高级经理。对于旅游中介来说,他们不需要旅游,也不需要吃面包,他们只想引起别人的注意。与其拿出1 000个烤面包器作为酬劳,还不如从酒店里拿出一份晚餐的邀请函。许多情况下,虽然增加了对分销渠道的员工的奖励,但对企业的拥有者却没有给予足够的奖励。因此,要对企业的全体员工和合作的全体员工设定奖励机制,促进他们更好地工作。

10.4　社交媒体与大数据

10.4.1　酒店社交媒体营销

在信息时代的背景下,媒体具有社会的特性,它能够为消费者和公司提供一个可以进行沟通和交流的平台。社交媒体就是在这样的时代背景下产生的。为了能够跟上时代的发展趋势,并借此提高公司的品牌形象,管理者应该对社交媒体的运用给予足够的关注。随着互联网技术的发展,以及手机应用的普及,人们的消费行为也在不断地发生着变化。随着市场形势的不断改变,许多酒店已经不只按照原来的销售方式进行销售,而更多地使用和关注社交媒体营销。在新的环境下,善于利用社交媒体进行市场营销,是提高酒店市场竞争能力的重要途径。

1.酒店营销所面临的社交媒体挑战

(1)复杂性

在社会化媒体的环境中,来自各个角度的信息是如此的繁杂,使得人们很难对这些信息进行准确的判断和甄别。这就导致了酒店所要传递的营销信息经常会被大量的垃圾信息所掩盖,不能在最短的时间内传递给顾客,因此很难达到他们想要达到的营销效果。在社交媒体下,酒店面临着信息透明的大环境,这样酒店很难发挥出预期的引导效果。在这种情况下,酒店要及时通过社交媒体,宣传自己的产品和优势,向消费者展示良好的服务,赢得广大消费者的喜爱与青睐。在进行推广的时候,酒店要把握好自己的声音,设定具有很强的吸引力的话题,让大家进行讨论,为酒店营造良好的舆论氛围。

(2)互动性

社交媒体为酒店提供了一个快捷、方便的营销和沟通的平台。它天生的互动性可以帮助酒店对顾客的心理需求进行及时、精确的把握,从而在最短的时间内对市场做出响应,并抢占顾客的资源。同时,顾客也能从社交媒体中获得各种不同的信息,从而做出适合自己的消费决策。相对于传统的单向的市场传播方式,社交媒体的互动方式更具人情味,也更容易让酒店得到消费者的喜欢。但是在酒店与消费者的互动过程中,也会出现一系列的问题。只有酒店及时并采取合适的方式向顾客传达有效的酒店信息,才能减少酒店在顾客面前的失误机会。在社交媒体下,酒店和顾客之间的互动,实质上就是宣传自己的产品和服务。如果能抓住这一点,就能极大地提升酒店的知名度。

2. 酒店开展社交媒体营销的必要性

酒店开展社交媒体营销对于现代酒店来说是非常必要的。以下是几个原因。

①增加品牌曝光率:社交媒体是现代人日常生活中不可或缺的一部分,拥有庞大的用户群体。在社交媒体上发布有关酒店的内容,可以提高酒店的品牌曝光率,吸引更多潜在客户关注酒店。作为一种传统的旅游产品,酒店产品的体验往往会表现出一种不可预知的特性,即消费者在进入酒店之前,无法完全预知酒店的各方面环境、设备等问题。但是随着社交媒体的广泛应用,酒店相关信息的传播和分享概率大大增加,越来越多的消费者从网络上了解信息,并进行选择自己喜欢的酒店进行消费。而且,消费过相同产品的消费者在网上发出的有关评价和体验感受会在一定程度上影响其他消费者去购买。

②提高客户忠诚度:通过社交媒体,酒店可以与客户建立更为紧密的联系,增强客户与酒店的情感联结。通过发布客户评价、活动信息等,可以让客户更加信任酒店,并更愿意在酒店消费,提高客户忠诚度。依据"二八法则",只有极少数的忠实客户才能给酒店带来巨大的利润。在经营过程中,我们常常会刻意地提高客户忠诚度,满足消费者的需求,以获得较高的利润。恰好,社交媒体的出现使酒店可以和顾客进行沟通,及时听取顾客对酒店的意见并进行改进。这在一定程度上可以提高酒店的服务水平,从而提升客户满意水平,促进酒店今后的更好发展。

③提高预订转化率:通过在社交媒体上展示酒店的照片、视频和客户评价等,

可以吸引更多客户了解酒店并预订酒店,提高酒店的预订转化率。

④及时回应客户反馈:在社交媒体上,客户可以直接给酒店反馈,酒店也可以及时回复客户,并解决客户的问题,提升客户满意度和口碑。

总之,酒店开展社交媒体营销可以增加品牌曝光率、提高客户忠诚度、提高预订转化率、及时回应客户反馈以及推广酒店活动和促销,对于酒店的发展非常重要。在目前阶段,随着社交媒体的兴起,消费者可以对自己的信息进行定制,并可以对信息进行更快的传播。因此,这也是酒店获得口碑的一种理想的工具。在这种情况下,酒店通常都会关注社交媒体营销,以保证自己酒店的良好口碑。

3. 酒店的社交媒体营销策略

(1)利用酒店官网进行推广

在酒店网站上进行宣传,具有投入少,收益大的特点,是一种较为行之有效的宣传方式,对酒店的品牌形象也有很大的帮助。但是,现在国内的一些酒店还没有意识到使用酒店的官网来宣传自己的重要作用。酒店的官方网站仅仅是展示自己的形象,没有展示酒店魅力的窗口。再加上酒店没有有关大数据的技术管理人员,不能做到经常的升级,更不能进行电子商务的开发和运用,这就造成了酒店的品牌价值始终没有得到提高。酒店的官网则是一个极具成本效益的行销途径,可以使酒店的服务资讯得到最大程度的保障。所以,酒店的运营商可以将预订份额转向网站,并以直接预订为行动路线的最高指导方针,从而制订有目标的线上直线营销方案。

(2)与团购官网建立合作关系

现在的社会,生活节奏很快,人们的消费选择也越来越多地偏向于网上团购。酒店和团购网站之间的合作,可以通过团购网站来提高酒店的知名度和品牌价值,并可以适时地对价格做出相应的调整,对客人的数量进行宏观控制。在客人数量较多的情况下,酒店可以采取有选择的让利的策略,从而达到对顾客的吸引力。酒店和团购网结成伙伴,其经营战略可以用"旺减淡加"来形容,在销售旺季,减少团购网的折扣,在销售淡季,通过增加团购网的折扣等方式来增加销售收入。在当前,通过与团购网站结成伙伴关系来实现酒店的市场营销战略已被普遍采用。

(3)微信营销

微信作为中国数一数二的在线社交平台,对于商务旅行的顾客来说,手机应用是他们的必需品。酒店可以用微信和顾客进行实时的沟通和交流,把酒店的所有信息,包括服务范围、价格、优惠等分享给有需要的顾客。顾客也可以用微信向酒店反映自己的意见和要求。酒店应该借助微信这一在当今社会影响力巨大的中介,建立一个比较完善和系统的微信营销机制,比如进行打折、设置积分兑换、随机赠送小礼品等,来留住经常消费的顾客并且增加对新顾客的吸引力,提升酒店的品牌效应,增加顾客对酒店的偏好程度,提高酒店销售量,促进酒店持续健康发展。

(4)主动生成内容,加强情感互动

国内的酒店开设社交媒体,主要是为了提高知名度,保持自己的企业营销。在这样的目的指引下,国内的酒店企业要利用社交媒体,积极地进行各种酒店信息的发布,并将其作为一个平台,发布可以引起消费者消费兴趣的内容,增强他们之间的情感互动,进而提高社交媒体账户的影响力。

通常情况下,主动生成内容并不意味着酒店需要一味地简单地去推广产品信息,可以采用各种形式来展示自己的品牌信息,还可以积极地创造出一些热门的话题,从而引发消费者的共鸣,减少消费者的审美疲劳,引发他们的关注和分享,这样有利于维护企业的良好形象。另外,酒店的社交媒体可以利用消费者的传播渠道来提高自己的口碑,进而提高酒店的知名度,并可以刺激消费者的重复消费。在进行社交媒体营销工作时,还应重视对媒体渠道交互性特征的关注。

其实,酒店的社交媒体账户在运行的时候,也应该加强酒店与顾客之间的联系,如设置顾客对酒店的评价、回应顾客的需求、节假日给顾客发送祝福等环节。提升消费者对当前酒店营销手段和方式的偏好程度,促进酒店与顾客之间更好地交流,这样才能让酒店清楚自身营销策略中的优点和不足,从而对症下药,促进酒店更好地发展。除了与顾客经常沟通与联系外,也可以通过发布产品信息,多方位地让顾客了解酒店的产品,便于消费者选择心仪的酒店产品,在一定程度上省时省力。此外,酒店还可以利用社交媒体,频繁地发表与自身酒店品牌有联系的段子或者故事,等等,以此来引起消费者的共鸣,增加对顾客的吸引力,从而对品牌的营销起到推动作用。

10.4.2 酒店大数据技术的应用

在当前发达的网络和信息技术时代,现在流行使用的大数据技术是以对大数据信息的采集和提取、对信息的提前处理、对信息的特定存储、对信息的管理和具体分析等相关技术为基础,在人们的生活、学习和娱乐过程所产生的数据库中进行挖掘,从而发现对不同行业具有特定价值的隐秘信息,进而提高行业的工作效率,也能够让人们在当前信息快速发展的时代更好地找到合适的节奏。大数据技术具有对海量数据进行有效分析和挖掘的优点,在商业智能、政府决策和公众服务等方面具有广阔的应用前景。

大数据已经渗透到各个行业,在酒店的信息化管理中也得到了广泛的应用。通过对酒店客房、营销、服务等相关信息的收集和总结,能够达到根据用户需求进行精准营销的目的,从而让酒店的经营与消费者的消费需求相一致,将营销的重点转移到消费者身上,从而达到动态的酒店运营管理需求。

旅游酒店服务行业要想更好地提高服务品质,在激烈的酒店竞争市场中占据有利地位,就一定要学会找准社会发展的方向和位置,与市场经济环境趋势相适应,借助最新科技手段,对旅游酒店管理水平进行改进和提高。在现在这个大数据时代的背景下,利用时代发展带来的技术优势,把旅游酒店管理系统和大数据技术结合起来,建立一个智能化的旅游酒店管理模型,完全符合市场发展的要求。

要想在目前的阶段,更加进一步提高酒店在管理过程中的质量,就应该在不同的方面提高需求服务水平,促进顾客体验感和满意度的提高,这才是旅游酒店管理的工作人员所要重点关注的目标。旅游酒店管理工作者不仅要认清对自己工作管理的重点,也应该对大数据和信息时代的发展有一个正确的认识,注重大数据信息时代对酒店带来的市场机遇,把握好社会发展带来的市场机会,利用数字信息技术的运用,建立起一个旅游酒店管理的数字化服务体系,完成将旅游酒店管理转变为智慧型结构的创新改革,进而在经济发展中占据优势,使旅游酒店的服务能力达到行业中的顶尖水准。

1. 酒店应用大数据技术的优势

(1)大数据平台可以建立更便捷的消费渠道

在大数据时代,互联网给我们提供了空前的便利,我们可以利用互联网平台,构建出一套针对旅游酒店的在线营销策略,让酒店实现对客房、产品以及酒店一系列的服务项目的在线销售和数字化形式,从而促进酒店的服务的便捷化和多样化。此外,利用大数据网络平台中的数字化信息,消费者可以选择在进行酒店产品购买之前,通过网络以及相关酒店数据,对酒店的卫生环境和服务品质进行提前了解。在入住之前,判断当前酒店是否与自身的消费目标相匹配,这对于提升消费者进行酒店消费选择的准确性有很大帮助。因为顾客选择的酒店与他们的消费预期匹配程度越高,就说明消费者会对当前酒店越满意,这就可以使消费者入住后的满意度有很高的有效保证。

当顾客在旅游酒店获得了满意的服务之后,若他们在网上的资讯平台对他们的住宿经验做出了回馈,这将是旅游酒店打造出高品质的顾客口碑的一大有利因素。除此之外，消费者可以利用互联网平台提供的便利，并可以及时地对他们在酒店中的消费的感受体验进行及时且真实的反馈。这可以在一定程度上使旅游酒店更好地了解和掌握消费者对于当前酒店服务和管理的真实消费体验，进而对酒店服务的不足之处进行改进，从而让酒店的服务管理水平得到进一步提升。

（2）有利于酒店及时了解当前市场情况

当前的大数据信息技术具有信息多元化和便捷化的特点。利用大数据可以帮助旅游酒店及时了解当前酒店行业市场环境发生变化的具体情况。比如，能够及时了解到旅游季节的客流情况，以及在同一行业内酒店在同比情况下的市场营销相关行情，并就根据实际酒店市场的形势，对当前营销策略不足的地方及时调整。

旅游酒店所面临的市场环境，经常会因为气候及节假日的原因，而产生不一样的人流量的增减变化。不同的时间会出现不一样的旅游人数，比如在旅游旺季，会出现酒店客流量的峰值，而在旅游淡季，则会出现人流突然减少的现象。因此，在出现旅游季节变换的过程中，酒店可以通过网络信息技术，对旅游客流量的增减变化进行快速地了解，进而对酒店相应的促销活动方案进行有效的调整，并及时做出与当时市场消费情况相适应的营销策略管理，为酒店提高营销收益，创造运营增值，做出科学有效的管理决策。

（3）多元化经营方式扩大消费者范围

在运营和管理过程中，旅游酒店可以利用互联网信息化的运营管理措施，建立起一个酒店的营销宣传平台，借助互联网信息传播迅速的优势，来扩大酒店的宣传范围，让更多的消费者了解到酒店，从而提升酒店在市场竞争中的优势。大数据时代的到来，给酒店带来了巨大的便利和优势。

就算是"酒香不怕巷子深"，对酒店发展来说，传统的广告手段太过单一，覆盖的范围也不广泛，而互联网信息化技术可以利用大量的信息，迅速地为酒店提供多种广告手段，并且可以以空前的速度在网上进行传播。这就给酒店树立了一个好的广告口碑提供了一个强大的助力。它的营销和推广效果在一定程度上远超传统广告手段的。

2. 酒店应用大数据技术的挑战

（1）数据源方面的挑战

现在，我们将从不同的途径来获取大数据。如何理解大数据中所蕴含的质量风险，对提高获取信息的质量具有重要意义。比如，以往的酒店都是在网上对年轻人进行问卷调查，结果却很难得到高品质的资料。在大数据时代，由于其自身的特殊性,使得从大数据时代中获取有用的信息变得十分困难。

在这些领域中,酒店必须对自身的资料进行优化。第一是通过各种途径进行资料的搜集与比对。第二是利用智能化的软件进行更正。例如,酒店可以对智能化的软件进行优化,使得智能化的软件能够对数据进行自动的分析和更正。第三是对资料进行细致的采集,尽量采集时效性较强的资料,这样才能最大限度地改善资料采集的质量。

(2)数据分析的挑战

在大数据时代进行收集信息的过程中,酒店必须按照数据调研的要求来制订搜集计划,这样才能得到所需的资料。在这种情况下,人为的分析与评判就显得尤为重要。比如,管理者就必须建立一组资料的调查表,以快速准确地获取所需资料。

此时,调查表的品质会对资料研究的结果产生影响。采集了海量的数据之后,要从这些数据中找出有用的信息,然后做出正确的判断。在数据解析过程中,若发生解析错误,则不能根据资料资讯获得所需要的资料库。为此,酒店必须提升管理者的素质,让他们能更好地运用大数据,并在大数据环境下,学会对大数据进行采集与分析工作,从而更好地进行大数据分析。

(3)数据管理带来的挑战

在大数据环境下,酒店经营活动中的数据管理问题将会对酒店经营带来巨大的冲击。比如,酒店的安全管理工作不到位,造成了大量的资料失窃,将会造成酒店的商业机密外泄,给酒店的运营造成很大的风险。一旦酒店的资料失窃,就意味着顾客的私人资料也会失窃,所以酒店将会有一定的法律风险。

随着信息化程度的不断提高,网络信息的安全性也受到了广泛的关注。酒店在使用大数据进行经营和管理的时候,要做好全面的安全防范工作,防止被管理信息和客户信息被盗用而引起的业务风险。为达到最大限度地提高资料管理效率,酒店应设立一套可以随时监视、随时管理的保安制度,并有一套资料备份计划。酒店在经营过程中应加强对数据资料的管理,防范经营管理中的风险。

"大数据"是酒店进行市场营销分析的一项重要内容。酒店可以利用大数据挖掘当前的经营数据,为其制订有效的市场营销决策提供重要依据。酒店如果可以利用好大数据,就能不断地优化经营战略,抢占市场先机,增强自身的市场竞争能力。然而,大数据在实际中的运用也有一定的限制。酒店要解决这些问题,就要正视这些问题,从根本上解决大数据的缺陷,从而进一步发挥大数据的优势。如何利用大数据进行管理,既要利用大数据的优点,又要克服大数据的不足,让管理者可以利用大数据的信息,对管理方案进行不断优化,这是酒店必须要考虑的问题。

3. 酒店应用大数据技术的策略

(1)顺应市场发展方向找准自身定位

梳理经济环境的发展变化,紧跟当前酒店市场的变化,判断酒店在当前经济环境中应当所处的位置,明确自身的发展特点,根据市场需求发展酒店相应的特点,进行酒店经营目标的重新规划和市场定位。作为一家旅游酒店的经营管理者,要有一种宏观的战略眼光,要对目前大数据时代所带来的市场经济变革进行深刻的理解,并利用时代发展的技术便利,尽快地对旅游酒店的经营管理模式进行创新和变革。只有在快速变化的市场环境中,才能掌握自己的竞争优势。为酒店找到合适的发展方向,并结合其所处的环境及自己的实际状况,酒店应该进行战略性思考。利用互联网的信息资源,从多个方面对目前市场环境中的消费者对酒店服务需求进行了解,并进一步考量当地环境的特点和整体性,结合自身的酒店模式和经营目标,制订出一套符合自身发展的酒店营销计划。

(2)利用数字化特点提高酒店管理水平

大数据时代给我们提供了大量的数据和信息,这既给我们的技术发展带来了时代的好处,又给我们的市场经济提出了新的挑战和考验。所以,旅游酒店要牢牢抓住时代发展的科技便利优势,利用互联网的信息资源,建立一个与时代相符的数字信息营销策略,通过使用网络信息这一平台,广泛对酒店服务特色和管理模式以及内部环境进行宣传,提高酒店知名度,扩大酒店覆盖面。此外,消费者可以通过了解酒店内部的环境和服务特色,从而让他们更快地完成入住订单的登记,这对于增强顾客黏性具有重要的作用。

除此之外,利用网络信息平台的信息评价和相关的反馈,还可以使用消费者对酒店进行好评这一方式,来增加消费者对酒店的好感和满意程度。消费者对酒店的满意度增加,评分升高,也会在一定程度上吸引其他消费者,从而提升酒店经营收益,提高酒店知名度。另外,酒店可以通过设置渠道进行收集顾客的意见和需求,让消费者在消费后可以对酒店体验等方面进行反馈。让酒店了解自身的不足之处,并及时想办法进行改正,从而提升酒店的服务水平。

(3)促进旅游酒店与景区环境的整体融合

一个旅游酒店的长期发展目标和方向应该与它所处的景区环境和特色相适应。作为酒店的运营管理者,一定要清楚当前的运营环境,积极主动地顺应当地的旅游环境变化,让酒店的服务与其所处的旅游环境保持一致。酒店的经营收益方向,在一定程度上和当地的旅游景区整体利润方向是一致的。消费者选择该酒店进行消费,就是为了实现他们的旅游目的。所以,旅游酒店作为景区内的一个不可缺少的部分,应该与景区的整体规划相一致,做到酒店和景区相互合作,相互配合,促进酒店和景区的共同发展,实现利益最大化。

所以,旅游酒店的经营者应当对酒店发展的价值属性有一个清晰的认识,根据其所处区域的旅游景点环境,对酒店的服务风格进行设计,并与当地的战略发展规划相结合,这样不但可以为旅游酒店的发展建立一个稳定的经营计划,还可以对当地的旅游业发展起到积极的推动作用,也可以为其所在区域的经济发展做出一定的贡献。

酒店应该分析在景区环境中,自身与其他酒店的不同之处,找到自己的特点,发展自身酒店特色,为消费者带来不同的酒店体验,在千篇一律的酒店环境中脱颖而出。在发展自己酒店特色的同时,要注意自身与旅游环境的整体协调性,促进酒店与景区的融合,在选择酒店消费时,给消费者一种身临其境的感觉。这样一来,在各式各样的酒店风格中,可以脱颖而出,给顾客留下深刻影响,从而促进酒店更好地发展,提高酒店经营收益,为旅游酒店在经营市场环境中树立一个积极的发展规划方向。

总体来说,在大数据时代的背景下,网络信息技术的普及,是现代科学技术发展给社会经济环境所带来的信息数字化便利的优点。同时,各种行业也面临着各种机会和挑战。面对当前经济发展的大浪潮,要认清当前大数据时代的特点,顺应市场流行趋势,改变传统的酒店营销和管理模式,积极与大数据相融合,这是每个行业在经营和营销管理中都必须认清的时代发展和改变。

因此,在目前时代变化的情况下,旅游酒店的经营管理也要找准自身在市场中的定位,根据经济环境和形式,充分利用在大数据信息时代所能享受到的便利,正确地分析当前酒店市场的机遇和挑战,适当地改变酒店的营销策略,快速抢占市场,为酒店将来的经营管理奠定稳定的基础和保障。而作为酒店的经营者,更要认识到酒店的总体发展状况是与其所在地区的旅游开发密不可分的。因此,酒店经营管理者在信息时代要充分应用好大数据和社交媒体,积极利用当前的数据资源为自己的管理服务,制订出酒店管理的一个可靠的、科学的、高效率的酒店服务模式。吸引客户、留住客户,尽自己最大努力为消费者服务,建立起一个令消费者满意的酒店市场。

10.5　小结

酒店在销售自身产品的过程中,要寻找符合自身特点的分销渠道,与旅行社等中间机构保持亲密的合作关系,促进共同发展。在对酒店分销渠道进行管理时,要注重价格管理,保证品质和价格成正比,引起消费者对酒店产品的关注。在数据时代,要积极宣传酒店产品和服务,使用不同平台进行全面化和多样化宣传,提高酒店的品牌效应。此外,也要更加注重网络信息的便利,提高酒店管理水平。

练习题

1. 酒店怎样选择合适的分销渠道?
2. 酒店如何进行分销渠道管理?
3. 互联网时代酒店运用大数据技术面临哪些挑战?如何应对?

第 11 章 酒店隐性收益管理

学习目标
1. 了解酒店隐性收益管理的内容。
2. 掌握酒店隐性收益管理的方法和措施。

11.1 酒店隐性收益管理概述

11.1.1 酒店隐性收益管理内容

一家酒店自筹建开业后即形成了其酒店资产的显性价值和隐性收益。如何做好两个方面的管理,并转化成为实际的现金流,代表着酒店资产管理水平和能力的高低。隐性收益是从投资人自身、选址、租金、筹建、品牌匹配、投资规模、经营盈利、存量资产再利用等未来酒店转让可获得价值兑现下现金流程度,是溢价还是折价转让的关键性指标。

酒店资产的价值高低不仅仅是做好酒店运营赚取显性价值,也是投资人自身、选址、租金、筹建、品牌匹配、投资规模、经营盈利、存量资产再利用等综合管理下酒店的未来溢价。

多年以来,行业对产生显性价值的酒店运营比较重视,看重眼前的现金流实现情况,但对酒店资产的隐性收益关注相对较少。这造成很多酒店一旦经营不好或大环境波动酒店价值就大打折扣,亏损严重。据此,分析隐性收益的关键要素是意义非凡的。

酒店隐性收益是指酒店在经营过程中所创造的非直接的收益,这些收益不仅体现在财务报表上,也体现在酒店品牌形象、客户口碑、员工满意度、社会责任感等方面。酒店隐性收益管理是指通过有效的酒店管理手段和方法,挖掘酒店的隐性收益潜力,提升酒店的品牌价值和市场竞争力。酒店隐性收益管理包括以下几个方面。

酒店企业文化与产品价值延伸：酒店企业文化是酒店的灵魂，可以通过传达酒店的核心价值和品牌精神，提升酒店的产品价值和客户认同感。

在线评论管理与服务补救体系：在线评论已成为影响酒店口碑和品牌形象的重要因素。酒店需要建立完善的在线评论管理和服务补救体系，及时响应客户反馈，维护酒店的品牌声誉和客户口碑。

建立酒店在线点评管理与服务补救体系：酒店在线点评管理和服务补救体系与酒店在线评论管理类似，也需要建立完善的管理机制和流程，以提高酒店的客户满意度和品牌形象。

酒店声誉和社会价值意识：酒店的声誉和社会价值意识是酒店隐性收益的重要组成部分。酒店应该注重社会责任和可持续发展，通过积极的公益活动和社会贡献，提升酒店的社会价值和品牌形象。

隐性收益管理是酒店管理中的一种关键策略，它可以帮助酒店在提高客房收益的同时，最大限度地利用酒店的资源和服务。

11.1.2 酒店隐性收益来源及实施管理

隐性收益的来源有很多种，其中包括会议和宴会收益、餐饮服务、销售和推广、额外的房间服务以及其他附加服务。隐性收益管理需要对酒店的运营进行深入的分析和了解，以确定哪些服务和资源可以产生更高的收益，并制订相应的营销策略和计划来实现这些目标。具体包括几个方面。

投资人定位因素：定位是投资者在投资决策过程中必须考虑的重要因素。正确的投资理念和定位能够帮助投资者做出更加明智的投资决策，从而实现资产增值和保值的目的。自己管理还是委托专业管理公司管理酒店，自身策略清晰并能执行，如不，再好的酒店也可能会被荒废。

酒店选址：当你想要开一家酒店时，选址是一个极其关键的决策。酒店项目是重资产投资，投资规模较大、回收时间较长、风险较高。投资酒店需要慎重决策。其中酒店选址是投资决策中的第一步，也是最重要的工作之一。在哪里开酒店，位置是决定酒店能否溢价、价值增长的核心要素。

酒店租金：酒店租金是指酒店租用该地点运营酒店每个月需要支付的费用。租金成本以及租期周期也是核心要素。

筹建品质：一家酒店筹建预算控制与工程品质重大影响着酒店资产价值，核心点在于投资回报收回周期以及经营现金流实现程度。

品牌匹配：酒店品牌匹配即酒店的等级定位。如品牌错配则显性导致酒店

亏损。

投资规模:合理预算以及切忌不可过度进行酒店投资而造成负债。

酒店运营:关键在于酒店经营管理者要在经营上不断创新,持续创造出现金流。

酒店隐性收益管理的基本原则是最大限度地利用酒店的资源和服务,同时提高客户的满意度和忠诚度。为了实现这个目标,酒店需要考虑以下几个方面。

客户关系管理:客户关系管理是隐性收益管理中非常重要的一部分。通过建立良好的客户关系,酒店可以提高客户的满意度和忠诚度,从而增加他们的消费。此外,通过客户关系管理,酒店可以识别出高价值客户并提供更好的服务,从而提高客户的忠诚度和回头率。

营销策略:酒店隐性收益管理的另一个关键方面是制订有效的营销策略。酒店需要了解客户的需求和喜好,并根据这些信息来制订定制化的营销策略。这些策略可以包括促销活动、奖励计划和定制化的服务和套餐。

资源优化:酒店需要考虑如何最大限度地利用资源和服务,以提高收益。这包括优化酒店的设施和服务,提供更高端的服务和设施,以及合理地分配资源来满足客户的需求。

数据分析:隐性收益管理需要酒店进行深入的数据分析,以了解哪些服务和资源可以产生更高的收益。通过收集和分析数据,酒店可以确定客户的消费习惯和偏好,从而更好地满足他们的需求。

培训和发展:为了确保隐性收益管理的成功,酒店需要培训和发展员工的技能和知识。这包括提供定期的培训和发展计划,以确保员工了解酒店的战略目标和隐性收益管理的重要性。同时,酒店还需要通过奖励计划和绩效评估来激励员工的积极性和投入度。

隐性收益管理对于酒店的成功非常重要。通过最大限度地利用资源和服务,酒店可以提高客房收益,并获得其他额外的收益。此外,隐性收益管理还可以提高客户的满意度和忠诚度,从而进一步提高收益。

然而,在实施隐性收益管理的过程中,酒店也需要注意以下几点。

避免过度营销:酒店需要避免过度营销,以避免客户的厌烦和反感。因此,营销策略应该是合理和有效的,并且应该根据客户的需求和偏好来定制。

管理成本:酒店需要谨慎管理成本,以确保隐性收益管理的收益可以超过成本。因此,酒店应该考虑合理的成本控制策略,以避免过度的开支。

持续改进:隐性收益管理需要持续改进和优化,以确保酒店可以不断提高收益并满足客户的需求。因此,酒店应该持续评估和改进其营销策略和资源利用效率。

总之,隐性收益管理是酒店管理中的一项关键策略,可以帮助酒店提高客房收益并获得其他额外的收益。隐性收益管理需要酒店进行深入的数据分析、营销策略制订、资源优化和员工培训,以确保其成功实施。酒店在实施隐性收益管理的过程中,需要注意避免过度营销、管理成本和持续改进,以确保其收益和客户满意度的不断提高。隐性收益管理还需要考虑到酒店的品牌形象和声誉。品牌形象和声誉是酒店吸引客户的重要因素之一,因此酒店需要确保隐性收益管理不会损害其品牌形象和声誉。例如,酒店需要确保其隐性收益管理策略不会让客户感到不满或失望,否则这将对酒店的品牌形象和声誉造成不利影响。

除了以上的注意事项,酒店还需要考虑到市场的变化和竞争压力。市场的变化和竞争压力可能会对酒店的收益产生影响,因此酒店需要随时了解市场的变化和竞争压力,并相应地调整其营销策略和资源利用率。

隐性收益管理需要综合运用各种管理技术和工具,包括数据分析、营销策略制订、资源优化、培训和发展等。酒店需要通过全面、系统和持续的隐性收益管理,最大限度地利用资源和服务,提高客房收益和其他额外的收益,并提高客户的满意度和忠诚度,从而在竞争激烈的市场中取得成功。

在实施隐性收益管理的过程中,酒店需要根据自己的特点和市场需求,灵活调整其营销策略和资源利用率。同时,酒店还需要不断改进其管理技术和工具,以适应市场的变化和竞争压力,提高自身的竞争力和盈利能力。

在实施隐性收益管理时,酒店可以采用以下几种策略。

优化客房销售:客房是酒店的核心业务,因此优化客房销售可以帮助酒店提高收益。酒店可以通过价格优惠、销售促销和提供个性化服务等方式,吸引更多的客户入住酒店。同时,酒店可以使用预订管理系统,通过数据分析和客户行为模式预测,调整房价和房型分配,提高客房利用率和收益。

提高其他收入:除客房收入,酒店还可以通过提高其他收入,如餐饮、会议和活动等,增加收益。酒店可以根据客户需求和市场需求,制订相应的销售策略和服务,提高餐饮和会议的预订率和收益。同时,酒店可以提供额外的服务,如车辆接送、SPA等,增加客户的满意度和消费额。

优化资源利用率:酒店需要有效地利用资源,以最大限度地提高收益和满足客户需求。酒店可以通过优化人力资源、物资和设备等方式,减少浪费和成本,提高工作效率和服务质量,从而提高客户满意度和收益。

增加客户忠诚度:客户忠诚度是酒店长期营利的重要保证。酒店可以通过提供高质量的服务、个性化的服务和奖励计划等方式,增加客户的忠诚度和回头率。同时,酒店可以通过客户反馈和调查,了解客户需求和偏好,进一步优化服务和营销策略。

加强人员培训:隐性收益管理需要酒店员工的配合和支持。因此,酒店需要加强员工培训,提高员工的技能和服务水平。同时,酒店还可以制订相应的激励政策,鼓励员工为酒店创造更多的收益和价值。

隐性收益管理是酒店管理中的重要策略,可以帮助酒店提高收益和客户满意度。酒店需要综合运用各种管理技术和工具,根据自身的特点和市场需求,灵活调整营销策略和资源利用。

11.2 酒店企业文化与产品价值延伸

随着人们生活水平的提高,顾客对酒店服务的需求也越来越高。在这样的市场环境下,酒店企业需要通过建立良好的企业文化和延伸产品价值,来提升自身的竞争力和市场占有率。酒店企业文化是指酒店在经营过程中所形成的共同的价值观、行为准则、工作方式和管理风格等方面。价值延伸是指酒店企业将其价值观和文化理念延伸到更广泛的社会范围内,通过行动来传递和推广这些价值观和理念。

发展酒店企业文化和价值延伸具有重大意义。首先,增强了酒店品牌形象。酒店企业文化和价值延伸的实践可以帮助酒店树立良好的品牌形象,提高顾客满意度和忠诚度。其次,提高了员工工作积极性。酒店企业文化和价值延伸可以为员工提供一种共同的价值观和行为准则,使员工更容易理解和接受酒店的管理理念,从而提高员工的工作积极性和效率。酒店企业文化和价值延伸还可以带动整个行业的发展,推动行业的规范化。最后,增强了社会责任感。酒店企业文化和价值延伸可以帮助酒店意识到自身的社会责任,并以行动来回馈社会,提高酒店在社会中的地位和声誉。

总之,酒店企业文化和价值延伸是酒店经营管理的重要组成部分,对于酒店的长期发展和可持续性至关重要。

11.2.1 酒店企业文化

酒店企业文化是一种价值观、信仰和行为准则、工作方式和管理风格的集合,是企业内部员工行为的主导力量,也是外部顾客的一种认知和感受。酒店企业文化不仅影响着酒店的经营理念、管理模式和服务品质,还会对客户的消费决策产生深远的影响。

酒店企业文化主要有品牌文化、服务文化和人文文化三个方面。

品牌文化是酒店企业文化的核心,也是酒店经营成功的重要因素之一。品牌文化包括酒店的定位、服务特色、形象和声誉等方面。酒店需要通过差异化和特色化的品牌文化,来吸引更多的客户和建立更好的品牌形象。

服务文化是酒店服务的灵魂和核心,也是酒店最重要的竞争优势之一。酒店需要通过优质的服务文化,建立良好的服务口碑和品牌形象,从而提高客户的满意度和忠诚度。服务文化包括服务理念、服务流程、服务标准和服务态度等。

人文文化是酒店员工的价值观、精神状态和文化素养的集合。酒店需要通过塑造良好的人文文化,提高员工的工作积极性和服务水平,从而进一步提高酒店的服务质量和客户满意度。人文文化包括员工敬业意识、员工团队合作意识和员工学习意识等。

酒店企业文化对酒店经营管理的各个方面都有着深远的影响。酒店企业文化会影响酒店员工行为和态度。酒店企业文化是酒店员工行为和态度的重要引导和规范。它可以帮助员工明确工作目标和标准,提高工作效率和质量,从而提高顾客满意度和忠诚度。酒店企业文化对于塑造酒店的品牌形象具有一定的作用。酒店企业文化是酒店品牌形象的重要组成部分。它可以反映酒店的管理理念、服务水平和文化内涵,帮助酒店树立良好的品牌形象,提高酒店的市场竞争力。酒店企业文化还可以引导酒店管理和决策。酒店企业文化可以对酒店管理和决策产生重要的引导作用。它可以帮助酒店管理层明确经营目标和策略,制订相应的管理方案和措施,提高酒店的管理效率和效益。同时在推动酒店创新和发展上,酒店企业文化可以激励酒店员工不断创新和探索,推动酒店发展和进步,帮助酒店在市场中占据更有利的地位。对于增强酒店社会责任感,酒店企业文化可以帮助酒店意识到自身的社会责任,并以行动来回馈社会,提高酒店在社会中的地位和声誉。

酒店企业文化也可以作为酒店内部管理的重要依据,激发员工的工作热情和自豪感,提高员工的工作效率和服务质量,从而提升酒店的整体业绩和客户满意度。此外,酒店企业文化还可以吸引和留住优秀的员工,建立酒店的人才优势和核心竞争力。在实践中,酒店企业文化的建立和传承需要全体员工的共同参与和支持,需要酒店领导者的带头示范和引领,也需要不断地培养和强化。酒店企业文化的形成和发展需要一个长期的过程,需要不断地实践和反思,才能使酒店的品牌价值得到充分的体现和提升。

总之,酒店企业文化是酒店经营管理的重要组成部分,对于酒店的长期发展和可持续性至关重要。通过不断推进企业文化建设和实践,酒店可以提高品牌形象,提升员工积极性,推动行业创新和进步,增强社会责任感,从而实现可持续发展的目标。

11.2.2　产品价值延伸

酒店产品价值延伸是指将酒店的核心产品服务向其他领域延伸,以增加酒店的收益和品牌价值。酒店产品价值延伸可以通过以下几种方式实现。

会员制度:会员制度是酒店产品价值延伸的重要手段之一。酒店可以通过建立会员制度,为忠实客户提供更多的福利和优惠,增加客户的忠诚度和品牌认知度。会员制度可以包括积分兑换、生日福利、专属礼遇、优先预订等服务,通过满足客户个性化需求,增强客户的归属感和忠诚度。

产品创新:酒店可以通过产品创新,将原有的酒店服务延伸到其他领域,开拓新的市场。例如,酒店可以推出 SPA、健身房、餐饮、会议等服务,以满足客户不同的需求和兴趣。通过这些服务的延伸,酒店可以增加收益和客户满意度。

品牌联盟:品牌联盟是酒店产品价值延伸的一种有效手段,可以通过与其他品牌的合作,扩大酒店的市场份额和品牌影响力。例如,酒店可以与航空公司、银行等进行合作,提供优惠折扣、积分兑换等服务,以增加品牌的曝光度和吸引力。

社交媒体:社交媒体是酒店产品价值延伸的一种新型方式。酒店可以通过社交平台传递品牌形象和服务价值,吸引更多的客户和粉丝。酒店可以通过微博、微信、抖音等社交媒体平台,发布精彩的照片、视频和故事,展现酒店的文化和服务特色,提升品牌认知度和吸引力。

11.2.3　企业文化与产品价值延伸的融合

酒店企业文化与产品价值延伸是紧密相关的,二者相互依存、相互促进。企业文化可以作为产品价值延伸的内在动力,带动酒店产品的不断创新和升级,提高服务质量和客户满意度。产品价值延伸也可以反过来推动企业文化的传播和强化,带动酒店员工的服务态度和精神状态的提升。

例如,酒店可以通过品牌文化的塑造和传播,将酒店的服务特色和品牌形象延伸到会员制度和社交媒体平台,提升品牌的认知度和吸引力。酒店也可以通过人文文化的建设,促进员工的学习成长和服务水平的提高,从而实现服务质量和客户满意度的提升。酒店企业文化和产品价值延伸的融合是酒店经营的重要渠道。通过建立和弘扬企业文化,酒店可以实现员工的认同感和服务质量的提升,从而带动酒店产品的不断创新和升级,提高品牌影响力和客户满意度。同时,通过产品价值的延伸和创新,酒店可以扩大市场份额和品牌影响力,增加收益和客户忠诚度。

为了实现酒店企业文化和产品价值延伸的融合,酒店可以建立健全的企业文化体系,提高员工服务水平和服务态度。通过会员制度、产品创新、品牌联盟和社交媒体等手段,延伸酒店的产品价值,满足客户不同的需求和兴趣。将企业文化与产品价值延伸相结合,实现双向促进和融合,提升酒店品牌影响力和客户满意度。在实践中,酒店企业文化和产品价值延伸的融合需要酒店管理者的深入思考和不断探索。酒店管理者应该根据自己的实际情况和市场需求,采取相应的措施和策略,逐步实现酒店的可持续发展和品牌差异化竞争。

同时,在推行酒店企业文化和产品价值延伸的过程中,酒店也需要注意以下几点。

酒店企业文化需要与酒店产品定位相匹配:酒店的产品定位和目标客户群体是酒店企业文化建设的重要基础,只有确立了酒店的定位和目标客户群体,才能有针对性地制订酒店的企业文化建设计划。

酒店产品价值延伸需要在保证核心竞争力的基础上进行:酒店在延伸产品价值时,需要注意保持其核心竞争力,不能将其核心竞争力削弱或放弃,否则可能会导致酒店品牌形象的损害和市场份额的下降。

酒店企业文化和产品价值延伸需要长期持续推行:酒店企业文化建设和产品价值延伸不是一时的行动,而是需要长期持续地推行和跟进。酒店管理者需要持续关注市场需求和顾客反馈,不断创新和优化酒店的企业文化和产品,以满足客户的需求和提高酒店的市场竞争力。

综上所述,酒店企业文化和产品价值延伸的融合是酒店经营的重要方向之一,是酒店实现可持续发展和品牌差异化竞争的重要手段。酒店管理者需要深入思考和不断探索,采取相应的措施和策略,逐步实现酒店的企业文化和产品价值延伸的融合,提升酒店品牌影响力和客户满意度。

11.3　在线评论管理与服务补救体系

随着互联网和社交媒体的发展,线上评论已经成为消费者决策的重要参考因素,同时也成为企业经营的重要一环。在线评论对企业的品牌形象和口碑有着直接的影响。因此,建立一个有效的在线评论管理与服务补救体系已经成了企业必须要面对的问题。

在线评论管理和服务补救体系是企业口碑管理和品牌形象维护的重要组成部分。通过对在线评论的监测和分析,及时回应消费者的评论,维护评论秩序,建立完善的服务补救体系,企业可以增强消费者对企业的信任和忠诚度,提升企业的品牌形象和口碑。同时,企业也需要不断改进和优化在线评论管理和服务补救体系,不断提高消费者的满意度和信任度,为企业的长期发展打下坚实的基础。

在线评论管理和服务补救体系对于酒店的营销和品牌建设也有着积极的影响。通过积极地回应和解决消费者的问题和意见,酒店可以树立起品牌形象和信任感,从而吸引更多的消费者来到酒店消费。此外,酒店还可以利用在线评论平台上的积极评价来进行营销和推广,为酒店的品牌宣传和推广提供支持。

随着互联网的普及,人们对于酒店的选择不再依赖传统的广告宣传和实体店面,而是更多地倾向于通过在线评论来了解酒店的服务质量和消费者体验。因此,在线评论的管理和服务补救体系对于酒店的经营非常重要。

11.3.1　在线评论管理

在线评论管理包括酒店对在不同在线评论平台上的评论进行管理和回应。管理是指对于恶意攻击、虚假评价等不良行为进行处置,以保障消费者的利益。回应是指对于消费者的评论,酒店应该及时给予回复,并采取积极的态度解决消费者的问题。

酒店在线评论管理是指酒店通过管理和回应在线评论,实现酒店品牌形象塑造、顾客满意度提升、市场营销推广等多个目标的一项重要工作。酒店在线评论管理主要有以下几个方面。

管理在线评论:酒店应该及时关注各大在线评论平台上的评论,如在线旅游代理商网站、社交媒体和点评网站等,以及酒店自有的网站和社交媒体页面,了解顾客对酒店的评价和反馈,通过对评论内容的分析和整理,了解顾客对酒店各项服务的需求和期望,及时调整和优化酒店的服务策略,提高顾客满意度。

在管理在线评论时,酒店应该关注以下几个方面:对酒店服务的评价,了解顾客对酒店服务质量和设施的评价,关注顾客的满意度和不满意度;对酒店房间和餐饮的评价,了解顾客对酒店房间和餐饮的评价,关注顾客的需求和期望;对酒店服务人员的评价,了解顾客对酒店服务人员的评价,关注服务人员的表现和态度;对酒店价格的评价,了解顾客对酒店价格的评价,关注市场竞争和价格策略;对酒店地理位置的评价,了解顾客对酒店地理位置的评价,关注酒店所处的市场环境和交通便利程度。

回复在线评论:酒店应该积极回复在线评论,对顾客提出的问题和反馈进行认真回复和解决,表达对顾客的感谢和关注。同时通过回复内容,展示酒店的品牌形象和服务理念,增强顾客对酒店的好感和信任。酒店回复评论的语言应该简洁明了,诚恳热情,同时避免使用模板化的回复内容,给顾客留下机械化的印象。酒店应该积极回复在线评论,及时处理和解决顾客提出的问题和反馈,同时表达对顾客的感谢和关注,增强顾客对酒店的好感度和信任度。回复在线评论时,酒店应该注意以下几个方面:对于顾客提出的问题和反馈,酒店应该在24小时内给予回复,表现出对顾客的重视和关注;回复内容应该真实、客观和诚恳,以增强顾客的信任和好感;回复内容应该个性化、针对性和具体化,以增强回复的亲和力和吸引力;不要给顾客留下机械化和不重视的印象。

提高回复效率:酒店应该建立高效的在线评论回复机制,通过在线评论管理工具和自动回复系统等技术手段,对在线评论进行管理,提高回复效率,减少顾客等待时间,提高顾客满意度和忠诚度。消费者对于企业的在线评论一般都希望能够得到及时的回应,这也是企业建立良好口碑的关键。因此,企业需要建立一个高效的在线回应机制,及时回复消费者的评论,表达对消费者的关注和尊重。同时也可以及时解决消费者遇到的问题,提升消费者的满意度。酒店也应该根据顾客提出的问题和反馈,制订相应的处理和解决方案,通过持续的优化和改进,提高酒店的服务质量和市场竞争力。

分析在线评论:酒店应该认真分析在线评论中反映出的问题和不足之处,加强服务质量的改进和优化,同时关注顾客对酒店的评价和需求,根据顾客反馈制订相应的服务调整和升级计划,提高酒店的服务水平和市场竞争力。企业需要通过专业的监测工具,及时掌握消费者的评论信息,对评论进行分类、分析和归纳,了解消费者的需求和意见,及时回应和处理负面评论,同时也可以通过正面评论了解消费者的优点和喜好,为企业的产品和服务改进提供参考。

维护品牌形象:酒店应该通过积极回复在线评论,树立酒店良好的品牌形象和声誉,提高酒店的市场知名度和口碑效应,吸引更多的消费者和回头客。酒店在回复在线评论时,应该注意表达对顾客的感谢和尊重,避免不当言论和过度宣传,保持客观公正的态度和语言。在管理在线评论的过程中,企业需要维护评论秩序,防止出现恶意攻击、造谣诽谤等不良行为。因此,企业需要制订规范的评论管理制度,对评论进行分类、审核和过滤,防止不良评论的出现。同时也可以对恶意攻击等不良行为进行处理,维护企业的品牌形象和口碑。

11.3.2 服务补救体系

对于服务补救体系,主要是指对于消费者的投诉和意见,酒店应该采取积极的解决措施。首要的是听取消费者的意见和建议,尽可能满足他们的需求。其次,酒店应该对于消费者提出的问题进行深入的调查和分析,找出问题的根源,并采取相应的措施加以改进。最后,酒店还应该加强内部管理,提高服务质量和员工的服务意识,从而避免类似问题的再次发生。

酒店在线评论管理虽然是提高酒店品牌形象和顾客满意度的重要手段,但在实际运营中,仍然会出现消费者不满意的情况。为了应对这种情况,企业需要建立一个完善的服务补救体系。

首先,酒店应该建立一个24小时客户服务热线,及时回答消费者的问题,解决消费者的疑惑和困惑。通过客户服务热线,酒店可以及时了解消费者的需求和反馈,针对性地提供服务和解决问题,提高消费者的满意度和忠诚度。

其次,酒店需要建立完善的投诉处理机制,及时响应和处理消费者的投诉和反馈,通过投诉处理机制了解消费者的需求和意见,为企业的产品和服务改进提供参考。投诉处理机制需要制订具体的流程和标准,明确投诉受理、分析、处理和反馈等各个环节的责任和职责,确保投诉能够及时得到处理和解决。

酒店需要建立完善的售后服务体系,对消费者提供优质的售后服务,及时处理消费者遇到的问题和投诉,提高消费者的满意度,同时也可以增强消费者对企业的信任和忠诚度。售后服务体系应该涵盖售后服务流程、服务标准、服务质量评估等各个方面,确保售后服务的质量和效率。

最后,酒店需要建立紧急应急预案,对于突发事件的处理进行预先规划,保证企业在遭受突发事件时能够及时应对,避免对消费者造成不必要的损失。紧急应急预案需要明确应急处理流程、责任人员、联系方式、应急措施等各个方面,以便在紧急情况下能够迅速响应和处理。

总之,建立完善的服务补救体系对于提高酒店品牌形象、顾客满意度和市场竞争力都具有重要的作用。通过建立客户服务热线、投诉处理机制、售后服务体系和紧急应急预案这几方面对酒店服务进行补救可以达到不错的效果。

在线评论管理和服务补救体系的建设需要酒店在组织、人员、技术等方面进行全面协调。首先,酒店需要建立专门的团队对在线评论进行管理和回应。其次,酒店应该采用各种技术手段,例如自然语言处理和情感分析等,对在线评论进行分析和挖掘,以了解消费者对于酒店服务的真实评价。最后,酒店还应该制订相应的规章制度和流程,明确各项工作的职责和流程,从而确保在线评论管理和服务补救体系的顺利运行。

酒店的在线评论管理和服务补救体系对于酒店的经营和品牌形象至关重要。只有建立完善的管理和服务体系,才能不断提升酒店的服务质量和消费者满意度,从而获得更多的市场份额和品牌认知度。

不过,在建设在线评论管理和服务补救体系时也需要注意一些问题。首先,酒店应该建立对于消费者的真实评价,避免恶意攻击和虚假评价的出现,这需要酒店制订相应的规章制度和流程,并配备专门的人员进行监管和处置。其次,酒店在回应和解决消费者问题时应该采取合适的语言和态度,避免引起消费者的反感和不满。最后,酒店还应该加强内部管理,提高服务质量和员工的服务意识,从而避免类似问题的再次发生。

在线评论管理和服务补救体系是酒店经营和品牌建设中不可或缺的重要组成部分。只有通过建立完善的管理和服务体系,才能不断提升酒店的服务质量和消费者满意度,从而获得更多的市场份额和品牌认知度。

11.4　建立酒店在线点评管理与服务补救体系

11.4.1　建立酒店在线点评管理与服务补救体系的重要意义

近年来,随着互联网的普及,酒店在线点评已成为人们选择餐厅的重要参考之一。然而,一些消费者可能会在用餐过程中遇到问题或不满意的情况,这时候他们就会通过在线点评的方式来表达自己的意见和看法。因此,建立酒店在线点评管理与服务补救体系已经成了餐饮业经营者必须关注的重要问题。

在当今酒店和餐饮市场竞争激烈的环境下,建立酒店在线点评管理与服务补救体系对于酒店来说具有重要的意义。首先,可以塑造品牌形象。在线点评管理和服务补救体系的建立可以帮助酒店建立良好的品牌形象。通过管理和回复点评,酒店可以向客人传达酒店的服务理念,展示服务质量和服务态度。当遇到客人投诉和不满时,酒店通过及时处理和解决问题,表达对客人的关心和关注,提高客人的满意度,树立良好的品牌形象。其次,建立服务补救体系可以有效地提高客户的满意度。当客人遇到问题或有不满意的地方时,如果酒店能够快速响应和处理,积极解决问题,提高服务质量和服务水平,将会大大提高客人的满意度,增加客人的忠诚度和回头率。建立在线点评管理和服务补救体系可以帮助酒店提高经营效

益。通过管理和回复点评，酒店可以吸引更多的客人，增加客源，提高入住率和消费额。同时，积极处理客人投诉和不满，提高服务质量和口碑效应，有利于酒店的市场竞争力和品牌价值的提升。

建立在线点评管理和服务补救体系可以帮助酒店改进服务质量。通过分析在线点评，了解客人的需求和反馈，及时调整和优化酒店的服务策略，提高服务质量和服务水平，满足客人的需求和期望。同时，通过服务补救体系，酒店可以及时处理和解决客人的问题和不满意，为客人提供更加优质的服务体验。

总之，建立酒店在线点评管理和服务补救体系对于酒店来说是非常重要的。它可以帮助酒店树立良好的品牌形象，提高客户满意度，增加经营效益，并改进服务质量。

11.4.2　建立酒店在线点评管理与服务补救体系的措施

酒店在线点评管理的重要性在于它可以直接影响到消费者的购买决策和口碑传播。对于餐饮业来说，一个好的口碑可以让消费者在众多竞争对手中选择自己的餐厅，也可以让消费者成为餐厅的忠实顾客。而一个差评则可能导致消费者流失，严重影响餐饮业的经营状况。因此，酒店在线点评管理的建立可以让餐厅更好地了解消费者的需求和意见，从而针对性地改进服务质量，提升消费者满意度，进而增加市场份额和业绩收入。建立酒店在线点评管理的步骤如下。

(1) 建立在线点评平台

建立酒店在线点评平台是酒店在线点评管理的第一步。酒店可以在一些专业的点评网站上注册，也可以自行开发点评平台，让消费者可以在线点评酒店。平台的开发需要注意界面设计、功能设置和用户体验，使消费者能够方便快捷地进行点评，同时也能够使酒店方便地了解和管理点评。

(2) 建立点评管理制度

酒店需要制订相应的点评管理制度，对消费者的点评进行统一管理和处理。制度应该包括点评审核流程、点评管理人员的职责和要求、恶意攻击和虚假点评的处理方式等内容。同时，还需要制订相应的处罚措施，以遏制恶意攻击和虚假点评的出现。

(3) 建立服务补救体系

酒店需要建立服务补救体系，针对消费者的问题和意见进行及时的回应和处理。当消费者在餐厅用餐过程中遇到问题或不满意的情况时，餐厅应该及时采取措施进行处理，并与消费者进行有效的沟通和解决。如果消费者已经在在线点评中表达了不满意的意见,酒店也应该及时回复并表示歉意,同时积极解决问题并提供相应的补偿措施。这样可以有效地改善消费者对餐厅的印象,避免消费者的不满意转化为差评,同时也可以提升餐厅的服务水平和口碑。

(4)加强员工培训和服务意识

酒店的员工是服务质量的关键,他们的服务态度和服务技能直接影响到消费者的体验和评价。因此,酒店需要加强员工培训,提升员工的服务技能和服务意识。在员工培训方面,可以从礼仪、服务流程、服务技巧等方面进行培训,同时也可以加强员工的沟通技能和情感管理能力。通过加强员工的培训和管理,可以提升服务质量和满意度,降低消费者的不满意和投诉。

(5)开展顾客满意度调查

酒店需要定期开展顾客满意度调查,了解消费者对酒店的服务和产品的满意度和不满意度,并根据调查结果进行改进和优化。通过满意度调查,酒店可以发现自身存在的问题和不足,及时采取措施加以改进,提高服务质量和满意度。

(6)与消费者建立长期的沟通渠道

酒店需要与消费者建立长期的沟通渠道,包括社交媒体、客户服务热线、邮件等,及时回应消费者的问题和意见,并提供相应的解决方案和补偿措施。通过建立沟通渠道,可以加强酒店与消费者之间的互动和联系,提升消费者的信任和满意度,同时也可以获取更多的反馈和建议,为酒店的改进和优化提供参考。

(7)加强与供应商和合作伙伴的合作

酒店的服务质量和产品品质受到供应商和合作伙伴的影响,因此,酒店需要与供应商和合作伙伴建立良好的合作关系,加强对其产品和服务的监督和管理,确保产品和服务的质量和安全性。同时,酒店也需要与供应商和合作伙伴共同开展市场营销和品牌宣传,提升酒店的知名度和影响力,实现互利共赢。

(8)借助科技手段提升服务质量

随着科技的不断发展和应用,酒店可以借助科技手段提升服务质量和满意度。例如,可以开发自主点餐系统,提高点餐效率和准确度;使用智能语音系统提供自助服务;使用在线预订和支付系统方便消费者的预订和结账等。通过科技手段的应用,酒店可以提高服务效率和准确度,减少人为差错和纠纷,提升消费者的满意度和体验。

综上所述,建立酒店在线点评管理与服务补救体系是酒店提升服务质量和满意度的重要措施,需要从管理、服务、培训、沟通、合作和科技等方面加以实施。酒店需要关注消费者的意见和需求,及时回应和解决消费者的问题和不满意,提高服

务质量和满意度。这不仅有助于酒店的品牌形象和口碑,也能够增加酒店的竞争力,提高消费者的忠诚度和回头率。因此,建立酒店在线点评管理与服务补救体系是酒店必须重视和实施的重要策略之一。

首先,需要建立一套有效的点评管理制度,包括点评审核机制和回复机制。点评审核机制可以筛选掉虚假、恶意或不实的点评,保障消费者和酒店的利益。回复机制则需要建立专门的团队或岗位负责管理和回复点评,并要求回复要及时、诚恳和专业,以显示酒店对消费者的关注和重视程度。

其次,酒店需要建立服务补救体系,即对于消费者的不满意或投诉,酒店应该及时响应并采取有效的措施解决问题,避免因不当的处理方式引发更大的消费者不满和负面评价。可以建立投诉处理流程,明确投诉受理、调查核实、处理结果反馈等环节,以提高投诉处理的效率和质量。

此外,酒店还可以采取其他措施,如建立会员制度、开展客户满意度调查、定期召开消费者意见交流会等,以更加深入地了解消费者的需求和意见,及时做出调整和改进,提高服务品质和消费者满意度。

总之,建立酒店在线点评管理与服务补救体系是一项必要且关键的工作,对于提升酒店的品牌形象和口碑、增加竞争力和提高消费者忠诚度和复购率都具有重要的作用。酒店应该在实施过程中,不断总结经验和教训,加强内部管理和培训,不断完善和改进服务质量和体验,为消费者提供更加优质的服务和体验。建立酒店在线点评管理与服务补救体系对于餐饮业的经营发展具有重要意义。酒店需要加强对在线点评的管理和回应,建立相应的服务补救体系,及时解决消费者的问题和意见,同时也需要加强员工培训和服务意识,提升服务质量和满意度。通过这些措施的落实,可以提升酒店的品牌形象和市场竞争力,实现良性发展。

11.5 酒店声誉和社会价值意识

酒店声誉和社会价值意识是一个酒店在社会中的重要地位和社会责任意识的体现。一个有良好声誉和强烈社会价值意识的酒店,不仅能够获得消费者的信任和支持,还能够在市场竞争中获得更大的优势。本节将就酒店声誉和社会价值意识的重要性、影响因素以及如何提升酒店声誉和社会价值意识等方面进行探讨。

11.5.1 酒店声誉和社会价值意识的重要性

酒店声誉和社会价值意识是酒店在市场中竞争的重要因素,它直接关系到酒店在市场中的地位和影响力。具有良好声誉和强烈社会价值意识的酒店,不仅能够吸引更多的消费者,也能够吸引更多的员工和合作伙伴。另外,良好的声誉和社会价值意识也可以带来更多的社会资源和政策支持,为酒店的发展提供更多的保障。

酒店的声誉和社会价值意识也是非常重要的。酒店作为一种服务业,它所提供的服务质量和它的形象是影响它的声誉的关键。酒店的声誉是建立在顾客口碑的基础上的。因此,为了确保酒店的声誉,酒店经营者必须要注意他们的服务质量,确保员工的专业性和礼貌,并提供舒适和卫生的客房。

酒店经营者还应该注意他们在社会中的角色和责任。酒店作为服务业的一部分,其经营所产生的贡献和影响不仅仅局限于商业和经济领域,还涉及社会和环境方面。酒店经营者应该积极履行社会责任,参与当地社区的活动和项目,并积极采取环保措施,降低酒店对环境的影响。总之,酒店作为服务业的一种,其声誉和社会价值意识是非常重要的。酒店经营者需要关注顾客体验,确保员工的专业性和良好的服务态度,并提供舒适和卫生的客房。同时,他们也应该注意他们在社会中的角色和责任,积极履行社会责任,参与当地社区的活动和项目,并积极采取环保措施,降低酒店对环境的影响。这些措施将有助于建立和维护酒店的声誉,提高酒店的社会价值。

酒店声誉和社会价值意识的重要性不言而喻。酒店的声誉直接影响着消费者对其服务的信任和忠诚度,也直接影响酒店的市场份额和竞争力。在当今社会,消费者更加注重企业的社会责任感和道德标准,因此酒店必须具备高度的社会价值意识,才能满足消费者的需求,赢得他们的支持和尊重。

建立和维护良好的声誉和社会价值意识需要采取一系列措施。首先,酒店必须坚持诚信经营和高品质服务。诚信经营是企业赢得消费者信任和支持的基础,而高品质服务则是企业保持良好声誉的重要保证。其次,酒店必须积极履行社会责任,推动可持续发展。酒店行业是资源消耗较大的行业,因此需要承担更多的社会责任,例如节能减排、推广环保理念等。此外,酒店还应该关注员工福利和社会公益事业,为社会做出贡献,赢得社会的尊重和支持。

酒店应该注重声誉和社会价值意识的长期维护。建立良好声誉和社会价值意识是一个长期的过程,需要企业不断投入精力和资源。酒店应该建立完善的管理体系,制订行之有效的管理制度,加强内部培训和外部交流,不断提升员工素质和服务水平。同时,酒店还应该积极参与行业协会和社会组织的活动,与同行业企业进行交流和合作,不断推动行业的发展和进步。

总之,酒店声誉和社会价值意识的建立和维护是酒店发展的重要保证。

11.5.2　酒店声誉和社会价值意识的影响因素

酒店声誉和社会价值意识受到许多因素的影响,其中最重要的因素包括以下几个方面。

(1)酒店服务品质和客户体验

酒店服务品质和客户体验是酒店声誉和社会价值意识的基础。酒店的服务质量和客户体验直接关系到消费者对酒店的认可和信任度。

(2)酒店的企业文化和社会责任意识

酒店的企业文化和社会责任意识也是酒店声誉和社会价值意识的重要因素。一个有强烈社会责任意识的酒店,会更加注重社会环境和公益事业,尊重消费者和员工的权益,建立良好的企业形象和社会形象。

(3)酒店的营销策略和品牌推广

酒店的营销策略和品牌推广也是影响酒店声誉和社会价值意识的因素之一。酒店需要制订合适的营销策略和品牌推广方案,加强对酒店品牌形象和社会价值的宣传。因为酒店作为服务行业,它的声誉和社会价值意识对于它的生存和发展至关重要。

11.5.3　酒店声誉的改善措施

在当今社会,消费者越来越关注企业的社会责任和道德标准。企业的社会责任和道德标准对企业的声誉和品牌形象有着重要的影响。酒店作为一种服务业,其声誉和社会价值意识对于其经营的成功至关重要。

首先,酒店的声誉可以影响其市场竞争力。消费者通常会选择那些有良好声誉的酒店,而避免那些声誉不佳的酒店。酒店的声誉可以影响顾客的忠诚度和重复消费率,从而影响酒店的业绩和营利能力。此外,良好的声誉可以吸引更多的投资和业务,从而推动酒店的发展和扩张。

其次,酒店的社会价值意识也是影响其声誉和市场竞争力的重要因素。酒店作为一个社会组织,在社会和环境方面承担着一定的责任。如果酒店可以积极履行社会责任,关注社会和环境问题,并采取措施减少对环境的影响,那么它将在消费者心中获得更高的声誉和认可。此外,酒店积极参与当地社区的活动和项目,也可以帮助酒店建立良好的社会形象,并吸引更多的顾客,得到更多的业务。

在建立酒店的声誉和社会价值意识方面,酒店经营者需要采取一系列的措施。

首先，他们需要建立良好的企业文化，强调员工的专业性和良好的服务态度，提高服务质量和客户满意度。其次，酒店经营者应该积极履行社会责任，参与当地社区的活动和项目，并采取环保措施，降低酒店对环境的影响。最后，酒店还可以通过加强公共关系和媒体宣传，提高其品牌形象和声誉。

酒店的声誉和社会价值意识对于其经营的成功至关重要。酒店经营者需要采取措施建立良好的企业文化，关注社会和环境问题，并积极履行社会责任。这些措施将有助于提高酒店的声誉和市场竞争力，帮助酒店在竞争激烈的市场中获得竞争优势。在加强酒店声誉和社会价值意识方面，酒店可以采取多种策略。酒店可以加强员工的培训和教育，使他们更加了解和关注酒店的声誉和社会责任。通过定期的培训和沟通，酒店员工可以了解酒店的价值观和品牌文化，从而更好地传递这些价值观和文化给客人。同时，酒店可以建立一个激励机制，激励员工为客人提供优质服务，提高客户满意度和酒店声誉。

酒店可以积极参与社会公益活动，如环保活动、慈善捐赠等。通过这些活动，酒店可以展现其社会责任感和关注环境保护和社会福利的态度，从而提升酒店的社会形象和声誉。

酒店还可以借助互联网和社交媒体等渠道，积极与客人进行互动和沟通。通过回应客人的评论和建议，酒店可以更好地了解客人的需求和意见，从而及时进行改进和优化。同时，酒店可以通过社交媒体等渠道，向客人展示酒店的品牌形象和文化，从而提高客人对酒店的认知和信任。

酒店可以加强对供应商和合作伙伴的管理和合规性监督，以确保他们的行为符合酒店的价值观和社会责任要求。通过与合作伙伴的合作，酒店可以将其价值观和社会责任理念传递给供应链的各个环节，从而实现共同的目标和价值。

总之，加强酒店声誉和社会价值意识，是酒店可持续发展的重要保障。通过建立良好的员工培训和激励机制、积极参与社会公益活动、加强客户沟通和互动，以及强化供应链管理和合规性监督等多种措施，酒店可以提高自身的社会形象和声誉，进而获得更好的业绩和市场竞争优势。

上海浦东丽思卡尔顿酒店是一家五星级豪华假日酒店，拥有超过350间客房和套房，提供各种舒适便利的设施和服务。为了提高收益和满足客户需求，该酒店进行了多项隐性收益管理措施。

首先是会议室收益管理。该酒店拥有多个大小不同的会议室和会议中心，配备先进的音视频设备和专业的技术支持团队。酒店针对不同的客户需求，提供不同规格的场地和服务，当然，收费也会有所差异。例如，对于需要定制化服务的大型公司,酒店可以提供专门的翻译和接待服务;对于小型研讨会或培训班,酒店则可以提供在线会议系统和轻餐服务。通过合理地管理会议室资源,酒店在增加收益的同时也提高了客户满意度。

其次是餐饮收益管理。上海浦东丽思卡尔顿酒店拥有多间餐厅和酒吧,分别提供不同风味和价格的美食。酒店还定期举办各种主题餐食和美食节,例如周末自助餐、法国菜节和意大利美食节等,以吸引更多顾客光顾。同时,酒店还提供私人定制服务,满足不同客户的个性化需求。例如,对于高端客户,酒店可以提供私人晚宴、烹调课程等特色服务,以提高客户忠诚度和餐饮收益。

最后,酒店还拥有一流的 SPA 和健身中心,提供各种美容和健身服务。酒店把这部分收益视作隐性收益之一,并通过不断提升服务质量和推广 SPA 套餐活动来增加收益。另外,酒店还通过提供旅游活动和服务,增加了旅游劳动收益。例如,酒店提供私人导游服务、租用自行车和兜风游等,既增加了收益,也扩大了酒店的知名度和美誉度。

总的来说,上海浦东丽思卡尔顿酒店通过有效地管理隐性收益资源,提高了营业收入和客户满意度,成了酒店隐性收益管理方面的一个典型案例。

11.6 小结

本章主要介绍了酒店隐性收益管理及其相关概念,酒店企业文化和产品价值延伸,在线评论管理和服务补救体系,酒店在线点评管理与服务补救体系以及酒店声誉和社会价值意识等方面的内容。

酒店隐性收益管理是指通过有效的酒店管理手段和方法,挖掘酒店的隐性收益潜力,提升酒店的品牌价值和市场竞争力。酒店企业文化和产品价值延伸可以帮助酒店打造独特的品牌形象和提高产品的附加值。在线评论管理和服务补救体系可以帮助酒店更好地了解顾客需求和意见,并及时处理顾客投诉,提高顾客满意度和口碑。建立酒店在线点评管理与服务补救体系和关注酒店声誉和社会价值意识也是酒店隐性收益管理的重要组成部分。

酒店隐性收益管理是酒店经营管理中非常重要的一部分,可以帮助酒店提高经济效益和品牌价值。

练习题

酒店隐性收益管理如何开展?

第 12 章　全面收益管理

学习目标
了解全面收益管理的概念和内容。

全面收益(total revenue management)是指一种管理策略,其通过整合不同的业务单元和渠道,最大化企业的总体收益。全面收益管理不仅包括酒店房间收益管理,还包括其他收入管理,如餐饮、会议、健身、SPA 等。它强调不同业务单元之间的协同作用,通过全局考虑和综合管理,提高企业的总体收益和利润。

在全面收益管理中,酒店不再只依赖于房间收益,而是将目光放到酒店内的各个业务单元。酒店可以通过制订全面收益管理策略,提高餐饮、会议等其他业务单元的利润率,同时通过协同作用,提高酒店的整体收益水平。

全面收益管理需要采用各种技术手段和工具,如预测模型、数据挖掘、业务智能等,通过对酒店的数据进行分析和处理,制订最佳的定价策略和销售策略,实现全面收益的最大化。

总之,全面收益管理是一种以全局视角考虑酒店所有业务单元和渠道的管理策略,旨在提高企业的总体收益和利润。通过全面收益管理,酒店可以更加有效地利用资源,提高利润率,增强市场竞争力,为企业的长期发展奠定基础。

12.1　收益管理组织机构设置

收益管理是酒店行业中至关重要的一环,其有效的组织机构设置可以帮助酒店更好地实现收益管理和提高经营业绩。在本章中,我们将探讨收益管理组织机构的设置和优化,以帮助酒店实现更好的经营表现。

酒店的收益管理组织机构是酒店中至关重要的一个部门。收益管理的主要职能是根据市场需求、酒店特点和价格敏感度等因素,对房间价格进行有效管理,以最大化酒店的收益和利润。收益管理部门的主要工作包括制订价格策略、分析市场需求、预测未来市场趋势、制订销售计划和监督销售实施等。

建立一个有效的酒店收益管理机构是酒店成功经营的关键之一。只有通过建立一个专业的团队、一个有效的管理结构、强大的技术支持和持续的改进过程,酒店才能最大限度地提高其收益。当然,为了在收益管理方面取得成功,仅有组织机构设置是不够的。收益管理的成功需要一个完整的计划和执行过程,其中包括战略分析、市场细分、竞争情报、定价策略、渠道管理、销售策略和营销策略等方面的综合考虑。在这个过程中,组织机构应该有一定的灵活性,以便适应市场环境的变化。

酒店的收益管理组织机构应该由以下几个部门组成。

(1) 收益管理部门

收益管理部门是酒店中最核心的部门之一。其主要职能是制订价格策略,确保酒店的收益最大化。这个部门通常包括收益管理总监、收益管理经理、数据分析师和预测分析师等。负责制订和实施酒店的收益管理策略,以最大化酒店的收益和利润。

收益管理部门的首要职责是制订酒店的收益管理目标。收益管理总监和收益管理经理需要根据酒店的市场和客户需求,制订出具体的收益管理目标,明确酒店的收益目标和预算目标。收益管理部门的另一个重要职责是制订酒店的收益管理策略。收益管理经理需要根据酒店的市场和客户需求,结合酒店的运营状况和成本结构,制订最佳的定价和销售策略,实现最优化收益。收益管理部门需要对市场进行深入分析,包括市场趋势、竞争状况、客户需求等方面,以便制订最佳的收益管理策略。收益管理部门需要对客户需求进行分析,包括客户的消费习惯、偏好、需求等方面,结合酒店的运营状况和成本结构,制订最佳的定价策略,以实现最优化的收益。收益管理部门需要利用各种工具和模型对酒店的收益进行预测和优化,以实现收益的最大化。

(2) 销售和营销部门

销售和营销部门是酒店中与收益管理部门相辅相成的部门。该部门的职能是制订销售计划和销售策略,以达到最大的销售和市场份额。这个部门通常包括销售和营销总监、销售和营销经理、销售和营销协调员等。

销售和营销部门的首要职责是制订酒店的销售和营销策略。该部门需要根据酒店的市场和客户需求,结合酒店的品牌和特色,制订最佳的销售和营销策略,以提高酒店的知名度和市场占有率。销售和营销部门需要组织和执行各种销售和营销活动,包括促销活动、市场推广、广告宣传等,以吸引客户和提高酒店的知名度。销售和营销部门需要管理酒店的销售和营销渠道,包括在线渠道、代理商、会议组

织者、旅行社等,以提高酒店的销售业绩和市场占有率。销售和营销部门需要与客户建立良好的关系,为客户提供优质的服务和支持。该部门需要进行客户需求分析,了解客户的反馈和意见,以提高客户的满意度和忠诚度。销售和营销部门需要收集和分析市场信息和竞争情报,了解市场趋势和竞争状况,以制订最佳的销售和营销策略。销售和营销部门需要与合作伙伴建立良好的关系,包括代理商、会议组织者、旅行社等,以扩大酒店的销售渠道和市场份额。

总之,酒店收益管理组织中销售和营销部门是酒店收益管理的重要组成部分,需要全面负责酒店的销售和营销工作,包括制订销售和营销策略、组织销售和营销活动、管理销售和营销渠道、客户关系管理等。

(3)酒店运营部门

酒店运营部门是酒店中最重要的部门之一。该部门的职能是管理酒店的日常运营和维护酒店的质量。与收益管理部门密切合作,以确保所有酒店的预订和客人需求得到妥善的满足。这个部门通常包括酒店总经理、运营经理、客房部经理、餐饮部经理等。

酒店运营部门的首要职责是管理酒店客户服务,包括客户接待、客房清洁、餐饮服务等方面,以提高客户的满意度和忠诚度。酒店运营部门需要管理酒店的房间,包括房间预订、房间清洁、房间维修等方面,以保障客户的住宿质量和舒适度。酒店运营部门需要管理酒店的设施,包括餐饮设施、会议设施、健身设施等方面,以提供优质的服务和支持。酒店运营部门需要管理酒店的员工,包括员工招聘、培训、绩效管理等方面,以保障酒店服务质量和客户满意度。酒店运营部门需要管理酒店的成本,包括人力成本、设备成本、能源成本等方面,以保障酒店的经济效益和利润。酒店运营部门需要管理酒店的质量,包括客户反馈、巡检、自检等方面,以提高酒店服务质量和客户满意度。

总之,酒店收益管理组织中酒店运营部门是酒店收益管理的重要组成部分,需要全面负责酒店的日常运营和管理工作,包括客户服务管理、房间管理、设施管理、人员管理、成本管理、质量管理等。

(4)数据分析部门

数据分析部门是收益管理部门的一个重要组成部分。该部门的职能是收集和分析酒店的数据,帮助收益管理部门预测市场需求和客户需求,制订最佳的方案。

数据分析部门的首要职责是收集和整理酒店相关数据,包括客户数据、房间销售数据、营销数据、成本数据等,以支持酒店的收益管理工作。数据分析部门需要对收集的数据进行深入分析和预测,包括对酒店的市场、客户、销售、成本等,从而为酒店制订最佳的收益管理策略提供支持。数据分析部门需要根据市场和客户需求分析,结合酒店的运营状况和成本结构,制订最佳的定价策略,以实现最优化收益。数据分析部门需要根据市场和客户需求分析,结合酒店的运营状况和成本结构,制订最佳的销售策略,以实现最优化收益。数据分析部门需要将分析结果以可视化的方式呈现,并制作相关的报告和分析,以便收益管理部门和其他相关部门使用。

酒店收益管理组织中的数据分析部门是酒店收益管理的关键部门之一,需要全面负责酒店相关数据的收集、分析和预测工作,为酒店制订最佳的收益管理策略提供支持。

随着信息技术的不断发展,收益管理系统也得到了很大的发展。因此,建立一个先进的技术平台,包括现代的软件和硬件设备,对于酒店的收益管理工作至关重要。酒店可以考虑引入一些先进的收益管理软件和系统,以更好地管理酒店的收益和预测未来的需求。同时,酒店应该建立一个能够支持各种数据源的技术平台,以便将各种数据整合到一个中心位置,并能够帮助酒店进行数据挖掘和分析。这样的技术平台可以帮助酒店在不同时间和不同情况下做出更准确的决策。

一个酒店收益管理的机构必须有一个专业的团队来负责监督和管理酒店的收益。这个团队应该由收益管理专家、市场营销专家、房态管理专家等人员组成。他们应该具备广泛的知识和经验,能够为酒店提供全面的收益管理解决方案。这个团队还应该能够制订并执行一系列的策略,以优化酒店的收益和提高酒店的运营效率。同时,这个团队还应该负责培训和指导酒店的员工,以便他们能够更好地理解和应用收益管理的理念和策略。

酒店的收益管理机构应该持续改进。这意味着酒店必须不断评估和改进它的收益管理结构、策略和流程,以确保它们能够不断适应市场和客户需求的变化。酒店还应该通过不断学习和改进,提高其收益管理的效率和精度,并不断寻找和应用新的技术和工具,以提高其收益管理的能力和水平。

收益管理在现代酒店行业中变得越来越重要,需要一个专门的组织机构来管理它。组织机构的设置应该考虑到多个方面,如收益管理的目标、酒店的规模和结构、员工技能和技术支持等。一个有效的组织机构可以帮助酒店制订有效的收益管理计划并实施它,最终提高酒店的利润和市场份额。

除了组织机构设置外,还有一些其他的因素也对收益管理的成功有很大的影响。以下是一些建议,有助于酒店更好地管理其收益。

①了解市场需求和竞争状况。酒店应该时刻了解市场上的需求和竞争状况。

通过细致的市场研究,酒店可以更好地制订定价策略与销售和营销策略,从而实现最大程度的利润。

②采用科技和数据分析。酒店可以利用各种技术和工具来收集、分析和解释数据。通过这些工具,酒店可以更好地了解市场和客户需求,制订更好的定价策略和营销策略,并实现更好的业绩。

③培训和支持员工。酒店需要对员工进行收益管理方面的培训并给员工提供相应的支持。员工需要理解酒店的收益管理目标和策略,以及如何在日常工作中实施它们。此外,酒店还需要为员工提供适当的技术支持和资源,以帮助他们更好地管理收益。

④酒店应该始终保持创新和改进的态度。收益管理是一个不断变化的领域,酒店需要时刻关注市场和技术的变化,并作出相应的调整。只有不断改进和创新,酒店才能在竞争激烈的市场上保持竞争优势。

通过建立一个专门的组织机构来管理收益,酒店可以更好地制订收益管理策略并实施它们,从而实现更好的业绩。除了组织机构设置外,酒店还需要了解市场需求和竞争状况、采用科技和数据分析、培训和支持员工以及保持创新和改进等因素,以帮助酒店更好地管理其收益。

12.2 全面收益管理的必要性

全面收益管理是指酒店企业对于所有收入渠道的管理和优化,包括客房、餐饮、会议、健身、SPA等多个方面的收入。该管理方法已经成为现代酒店管理中不可或缺的部分。

全面收益管理可以优化酒店的营业收入和利润。酒店业务的多样化和复杂性使得单一收入来源很难满足企业的经济需求,而全面收益管理可以将所有的收益可能性整合起来,实现收入的最大化。例如,通过对客房、餐饮、会议、健身等多个方面的收入进行统筹安排,酒店可以更好地控制客房售价、推广餐饮、加强会议服务等,从而实现整体收入的提升。

全面收益管理可以提高酒店的市场竞争力。随着酒店行业的竞争加剧,酒店需要不断提高自身的竞争力。全面收益管理可以通过对客户需求的深入分析和市场趋势的把握,确定最优的收益策略,提高酒店的市场占有率和品牌影响力。例如,在市场需求低谷期,酒店可以适当降低房价,以吸引更多的客户入住,同时通过其他收益来源弥补价格下降所带来的损失。全面收益管理还可以帮助酒店实现更好的业绩增长。通过合理的定价策略、市场营销策略、产品组合策略等，酒店可以最大限度地提高收益。同时，通过对客房等资源进行优化管理，酒店可以减少浪费和损失，进一步提高收益。

全面收益管理可以提高酒店的运营效率。通过集中管理所有的收入来源，酒店可以更好地掌握企业的运营情况，发现问题并及时解决。例如，通过对餐饮收入的管理和分析，酒店可以更好地掌握菜品销售情况，调整菜单，提高餐饮收入。同时，酒店可以通过集中采购、控制库存等措施，降低运营成本，提高经营效率。

全面收益管理可以提高客户满意度和忠诚度。客户对于酒店的满意度和忠诚度是酒店经营成功的重要因素之一。通过全面收益管理，酒店可以更好地满足客户需求，提高客户体验，从而增强客户忠诚度。

全面收益管理还可以帮助酒店制订更准确的销售策略。通过了解客人的偏好和行为模式，酒店可以更好地预测需求和市场趋势，并相应地调整房价和销售策略，以最大化收益。例如，酒店可以根据旅游淡、旺季的变化，灵活地调整房价，吸引更多的客人前来入住，从而提高收益。

此外，全面收益管理还有助于提升酒店的品牌形象和声誉。当酒店能够提供高品质的服务、优秀的客房、合理的定价时，顾客对酒店的印象会更加深刻和正面。这不仅有助于吸引更多的客户和提高客户忠诚度，还有助于酒店在业内树立良好的品牌形象，提高声誉。

除了以上几个方面，全面收益管理还可以帮助酒店降低成本，提高效率。通过优化酒店的销售渠道和渠道管理，酒店可以降低销售成本，减少人力资源和时间的浪费，提高工作效率。同时，全面收益管理还可以帮助酒店提高客户满意度和品牌知名度，进一步提高酒店的收益。通过提供高质量的服务和产品，酒店可以吸引更多的忠实客户，并树立良好的品牌形象，从而提高酒店的知名度和市场占有率。

全面收益管理对于酒店来说是非常必要的。通过全面收益管理，酒店可以实现最大化收益和降低成本的目标，同时提高客户满意度和品牌知名度。酒店应该建立全面收益管理团队，并投入足够的资源和精力来实现全面收益管理的目标。

随着信息技术的不断发展和应用，全面收益管理的实现变得更加容易和高效。现代的收益管理系统可以帮助酒店自动化数据收集和分析，预测市场趋势和客户需求，并帮助酒店制订最优化的价格和销售策略。通过利用这些工具和技术，酒店可以更加精准地管理收益，降低成本，提高效率，提高客户满意度和品牌知名度。

在全面收益管理的过程中，酒店需要注重团队协作和信息共享。不同部门之间需要密切合作，共同制订收益管理策略，并及时分享数据和信息。例如，前台部

门需要及时将客人的信息和反馈传递给收益管理团队,以帮助他们更好地了解客人的需求和偏好。餐饮部门需要与收益管理团队共同制订优惠活动和促销策略,以吸引更多的客人前来消费。同时,收益管理团队还需要与销售和市场部门紧密合作,共同制订销售和营销策略,以最大化收益和提高酒店的品牌知名度。

综上所述,全面收益管理对于酒店的发展是非常必要的。它可以帮助酒店提高收益、降低成本、提升品牌形象和声誉,进一步提高酒店的竞争力和盈利能力。因此,酒店管理者应该高度重视全面收益管理,不断优化管理模式和策略,为酒店的长期发展奠定坚实的基础。

针对全面收益管理的实施,酒店管理者还需要注意以下几点。

首先,要充分了解市场需求和竞争情况。酒店管理者应该密切关注市场变化,了解顾客需求和竞争对手的策略,以便更好地制订定价和营销策略。在实施全面收益管理之前,酒店管理者需要制订全面的收益管理计划,包括确定收益管理的目标、策略和实施计划等方面,以确保收益管理工作的有效实施和推进。在制订收益管理策略时,酒店管理者需要根据市场和客户需求,确定适当的客户定位和目标市场,以实现最大化的收益。

其次,要注重团队建设和人才培养。全面收益管理需要协调多个部门的工作,需要团队成员具备专业知识和协作能力。因此,酒店管理者需要注重团队建设和人才培养,提高员工素质和能力水平。酒店管理者需要定期进行收益管理绩效评估和优化,包括对收益管理策略的评估和调整,对团队的评估和培训等方面,以不断提升酒店的收益管理水平和效率。

再次,要不断优化管理模式和技术手段。随着科技的不断发展和变革,酒店管理者需要不断更新管理模式和技术手段,以适应市场的变化和顾客需求的变化。在实施全面收益管理时,酒店管理者需要优化酒店的销售渠道和渠道管理,包括在线渠道、直销渠道、分销渠道等方面,以提高销售效率和收益。比如,可以引入预测模型、数据分析等技术手段,以更加科学、精准地制订定价策略和营销策略。

最后,要注重顾客体验和服务质量。虽然全面收益管理主要关注收益的提高,但顾客体验和服务质量同样重要。酒店管理者需要注重提高服务质量,增加顾客满意度和忠诚度,从而促进酒店的长期稳定发展。

综上所述,全面收益管理对于酒店的发展至关重要。它不仅可以提高酒店的收益和盈利能力,还可以提高品牌形象和声誉,增强酒店的竞争力。酒店管理者需要全面考虑市场需求和竞争情况,注重团队建设和人才培养,不断优化管理模式和技术手段,同时注重顾客体验和服务质量,从而实现全面收益管理的有效实施,为酒店的长期发展提供坚实保障。

12.3 全面收益管理的评价指标

全面收益管理是现代酒店管理的重要组成部分，对酒店的盈利能力、品牌形象和客户满意度都具有至关重要的影响。评价全面收益管理的效果和绩效，需要建立一套科学的评价指标体系。酒店全面收益管理的评价指标主要是通过对酒店运营过程中的各项数据进行监测和分析，评估收益管理的效果和质量。

常用的酒店全面收益管理的评价指标总结如下。

①每间可出租客房平均收入指的是每个可租房间的平均收入，是酒店收益管理中最重要的评价指标之一。通常，酒店会将所有可售的客房数相加，然后将总收入除以这个数，得到每间可出租客房平均收入。每间可出租客房平均收入是评估酒店房间定价和市场竞争力的重要指标，也是评估酒店收益管理效果的重要指标之一。

通过计算每间可出租客房平均收入，酒店管理者可以了解酒店的房间利用率和房间价格，以制订更优化的定价和销售策略，提高酒店的收益。同时，每间可出租客房平均收入也可以帮助酒店管理者了解市场需求和客户偏好，以及竞争对手的定价和市场表现，从而制订更加精准和有效的市场营销策略。

②平均房价是指酒店的平均房价，它是评估酒店收益管理的重要指标之一以反映酒店的市场竞争力和营销策略的有效性。平均房价可以帮助酒店管理者了解酒店的房间定价情况，以及市场需求和客户偏好等方面，以制订更优化的定价策略。平均房价是指酒店每间客房的平均价格。它是全面收益管理策略的核心指标之一。通过收益管理策略的实施，酒店可以提高平均房价，从而增加收入。在实施全面收益管理策略的过程中，酒店需要定期检查和评估平均房价，并对收益管理策略进行必要的调整。

通过计算平均房价，酒店管理者可以了解酒店房价的定价水平和市场竞争力，以制订更优化的定价和销售策略。同时，平均房价也可以帮助酒店管理者了解市场需求和客户偏好，以及竞争对手的定价和市场表现，从而制订更加精准和有效的市场营销策略。

③每间可订客房的营业毛利润是指每个可售房间的毛利润，它是评估酒店收益管理的重要指标之一。每间可订客房的营业毛利润可以帮助酒店管理者了解酒店的利润状况，以及酒店运营过程中的成本和收益情况等方面。

通过计算每间可订客房的营业毛利润，酒店管理者可以了解酒店的运营效益和房间利润水平，以制订更优化的运营和定价策略，提高酒店的收益和盈利能力。同时，每间可订客房的营业毛利润也可以帮助酒店管理者了解酒店各项成本的水平和节约成本的空间，从而优化运营和管理。

④入住率是指酒店的入住率，它是评估酒店收益管理的重要指标之一。入住率可以帮助酒店管理者了解酒店的房间利用率情况，以及酒店的市场需求和客户偏好等方面，以制订更优化的定价和销售策略。

通过计算入住率，酒店管理者可以了解酒店的客房销售情况和市场竞争力，以制订更优化的销售和定价策略，提高酒店的收益和入住率。同时，入住率也可以帮助酒店管理者了解市场需求和客户偏好，以及竞争对手的市场表现和销售策略，从而制订更加精准和有效的市场营销策略。

⑤每间可出租客房平均收入指数是指酒店的每间可出租客房平均收入相对于市场平均水平的指数，它是评估酒店收益管理的重要指标之一。每间可出租客房平均收入指数可以帮助酒店管理者了解酒店在市场中的竞争力和表现，以制订更优化的定价和营销策略。

通过计算每间可出租客房平均收入指数酒店管理者可以了解酒店在同类酒店中的市场竞争力和定价策略的优劣，以制订更加精准和有效的定价和销售策略，提高酒店的每间可出租客房平均收入和市场占有率。同时，每间可出租客房平均收入指数也可以帮助酒店管理者了解市场竞争对手的市场表现和销售策略，从而制订更加精准和有效的市场营销策略。

⑥净收益(net revenue)是指酒店在扣除所有成本后的实际收益，它是衡量酒店收益能力的重要指标。酒店的净收益包括客房、餐饮、会议和活动等各项收入的净收益。

通过计算净收益，酒店管理者可以了解酒店的实际盈利能力和运营效益，以制订更加精准和有效的成本控制和销售策略，提高酒店的盈利水平和财务表现。同时，净收益也可以帮助酒店管理者了解酒店的经营状况和财务状况，从而制订更加精准和有效的财务策略和投资决策。

⑦每个可用房间的小时收入指每个可用房间的收入，是酒店收益管理中的一个重要评价指标。每个可用房间的小时收入是评估酒店收益管理效果和市场表现的关键指标之一，同时也是评估酒店营销策略和运营效益的重要指标之一。

每个可用房间的小时收入的计算公式为

$$\text{每个可用房间的小时收入} = \frac{\text{客房总收入}}{\text{可用房间总时数}}$$

其中,客房总收入是指酒店所有客房的总收入,包括客房房价、客房服务费、客房套餐等;可用房间总时数是指酒店所有可用房间的总时间数,即可用客房数乘以每个客房的可用小时数。

通过计算每个可用房间的小时收入,酒店管理者可以了解酒店每个可用房间的收益情况,以制订更加精准和有效的定价和销售策略,提高酒店的收益和市场占有率。同时,每个可用房间的小时收入也可以帮助酒店管理者了解酒店的运营效益和营销策略,从而制订更加精准和有效的运营和营销策略。

⑧利润率(profit margin)是指酒店在考虑所有成本和费用后的净利润占总收入的百分比,是酒店收益管理中的一个重要评价指标。利润率是评估酒店实际盈利能力的关键指标之一,同时也是评估酒店收益管理效果和财务表现的重要指标之一。

利润率的计算公式为

$$\text{利润率} = \frac{\text{总收入} - \text{总成本}}{\text{总收入}} \times 100\%$$

其中,总收入是指酒店的总收入,包括客房收入、餐饮收入、会议宴会收入,等等;总成本是指酒店的总成本和费用,包括运营成本、销售费用、管理费用、利息和税费,等等。

通过计算利润率,酒店管理者可以了解酒店在所有成本和费用考虑后的实际盈利能力和运营效益,以制订更加精准和有效的成本控制和销售策略,提高酒店的盈利水平和财务表现。同时,利润率也可以帮助酒店管理者了解酒店的财务状况和盈利能力,从而制订更加精准和有效的财务策略和投资决策。

⑨广告支出收益率(return on advertising spend,ROAS)是指广告支出收益率,是酒店收益管理中的一个重要评价指标。广告支出收益率是评估酒店营销效果和广告投放效果的关键指标之一,同时也是评估酒店广告投放策略和营销效益的重要指标之一。

广告支出收益率的计算公式为

$$\text{广告支出收益率} = \frac{\text{广告活动总收入}}{\text{广告活动总成本}} \times 100\%$$

其中,广告活动总收入包括直接销售收入和间接销售收入;广告活动总成本包括广告制作费用、广告投放费用、广告代理费用等。

通过计算广告支出收益率,酒店管理者可以了解广告投放的实际效果和投资回报率,以制订更加精准和有效的广告投放和营销策略,提高酒店的营销效益和市场占有率。同时,广告支出收益率也可以帮助酒店管理者了解广告投放策略和营销效益,从而制订更加精准和有效的营销策略和广告投放计划。

除了广告支出收益率,还有其他与之相关的指标,如 CPA(cost per acquisition)、CPC(cost per click)等。CPA 是指每个客户的获取成本,CPC 是指每次点击广告的成本,这些指标可以用来评估广告投放的成本效益和营销效果。这些指标通常会同时使用,以全面评估酒店的广告投放效果和营销效益。

这些收益管理指标不仅可以用于评估酒店的财务表现和收益管理效果,还可以用于指导酒店的营销策略和市场竞争力的提升。通过监测和分析这些指标,酒店管理者可以了解酒店的实际情况和市场变化,制订更加精准和有效的收益管理和营销策略,以提高酒店的盈利水平和市场竞争力。例如,酒店管理者可以通过监测和分析每间可出租客房平均收入、平均房价、每间可订客房的营业毛利润等指标,了解酒店的收入水平、成本控制情况和营利能力,以便有针对性地制订定价策略和房间销售策略,提高酒店的房间利用率和收益水平。同时,酒店管理者还可以通过监测和分析入住率、每间可出租客房平均收入指数等指标,了解酒店的市场竞争力和市场份额,以便制订更加精准的市场定位和营销策略,提高酒店的市场占有率和品牌知名度。另外,酒店管理者还可以通过监测和分析广告支出收益率等指标,了解酒店的广告投放效果和投资回报率,以便优化广告投放策略和营销策略,提高酒店的营销效益和市场竞争力。

综上所述,收益管理指标不仅是评估酒店财务表现的重要工具,更是指导酒店营销策略和提高市场竞争力的关键指标,对酒店的长期发展具有重要意义。

12.4　全面收益管理的实施方法及挑战

全面收益管理是酒店管理中的一个重要环节,其实施需要考虑到多个方面的因素。在本节中,我们将探讨全面收益管理的实施方法及可能面临的挑战。

12.4.1　全面收益管理实施方法

全面收益管理的实施需要酒店管理团队全面理解和掌握酒店经营情况和市场需求,结合各部门的职能和工作任务,采用科学的方法和有效的工具来指导酒店经营和营销决策。

(1)制订明确的目标和策略

酒店管理团队需要确定酒店的收益目标和实现该目标的具体策略和行动计划。目标应该是具体和可量化的,例如,提高每间可出租客房平均收入指数或每间可订客房的营业毛利润等。策略应该包括定价策略、销售策略、市场定位等。

酒店管理团队需要了解市场需求和竞争情况,包括市场容量、市场份额、市场增长率等。同时,需要了解竞争对手的价格策略、市场定位和营销策略,以便更好地制订酒店的策略和行动计划。根据市场分析和酒店实际情况,酒店管理团队需要制订相应的策略,包括定价策略、销售策略、市场定位和营销策略等。定价策略应该考虑市场需求和竞争情况,确定合理的价格水平和差异化定价策略;销售策略应该考虑渠道的选择和管理,以便提高销售效率和收益水平;市场定位和营销策略应该考虑目标客户群体、品牌形象和市场营销渠道的选择。

酒店管理团队需要根据制订的策略,制订具体的行动计划,包括市场推广计划、销售渠道管理计划、客户关系管理计划等。行动计划需要具体、可量化和可实施,需要明确责任人和时间节点。酒店管理团队需要定期评估和调整策略,根据实际情况和市场变化,对策略和行动计划进行调整和优化,以便实现酒店的收益目标。

制订明确的目标和策略需要酒店管理团队充分了解市场需求和竞争情况,以科学的方法和数据支持制订具体、可量化和可实施的目标和策略,并根据实际情况和市场变化定期评估和调整策略。

(2)了解市场需求和竞争情况

酒店管理团队需要密切关注市场变化和客户需求,同时了解竞争对手的定价策略和市场表现,以便更好地制订酒店的定价和营销策略。通过市场调研了解目标客户的需求和购买行为,以及竞争对手的市场份额、价格策略和产品特点等。对竞争对手进行深入的分析,了解他们的定位、目标客户、价格策略、市场营销渠道等,从而制订更好的策略。通过客户反馈了解客户对酒店产品和服务的满意度、需求和期望,从而优化产品和服务,提高客户满意度。

阅读行业报告和数据分析报告,了解行业趋势和市场情况,从而制订更加科学的目标和策略。

参加行业会议和展览,了解最新的技术、趋势和市场情况,以及竞争对手的表现和策略。

了解市场需求和竞争情况需要多方面的信息来源和方法,包括市场调研、竞争对手分析、客户反馈等。通过这些方法和信息,酒店管理团队可以更好地制订明确的目标和策略,提高酒店的市场竞争力和收益水平。

(3)分析和监测关键指标

酒店管理团队需要监测和分析关键指标,如每间可出租客房平均收入、平均房价、每间可订客房的营业毛利润等,以便了解酒店的实际情况和市场变化,及时调整酒店的收益管理和营销策略。

使用数据分析工具可以有效地分析关键指标的数据变化、趋势和关联关系等。常用的数据分析工具包括 Excel、SPSS、Tableau 等,它们可以帮助酒店管理者更加直观和全面地了解关键指标的变化情况。建立定期的报表和仪表盘,将关键指标的数据以图表的形式呈现。这可以让酒店管理者更加清晰地了解酒店的经营状况和关键指标的变化情况。将酒店的关键指标与行业标准和竞争对手进行比较,可以更好地评估酒店的经营状况和优化运营策略。例如,将酒店的平均房价与同一地区的竞争对手进行比较,可以评估酒店的价格策略是否合理。使用酒店管理系统可以实时跟踪和分析关键指标,例如预订率、入住率、每间可出租客房平均收入等,可以帮助酒店管理者更加及时地掌握酒店的经营状况,做出相应的调整和决策。

在酒店管理中,分析和检测关键指标需要使用多种方法和工具,包括数据分析工具、报表和仪表盘、酒店管理系统等。这些方法和工具可以帮助酒店管理者更加清晰地了解酒店的经营状况和关键指标的变化情况,从而做出更加科学和有效的决策。

(4)引入科技手段

酒店可以使用各种科技手段来支持全面收益管理的实施,如数据分析、人工智能、预测模型等。这些工具可以提高酒店对市场变化和顾客需求的敏感度,辅助酒店管理团队更加精准地制订收益管理和营销策略。

使用预订和分销系统可以帮助酒店管理者更好地管理预订和销售,提高酒店的客房利用率和收益水平。例如,酒店可以使用在线旅游代理商预订平台、酒店官网等在线预订系统,让客户方便地预订酒店客房,同时通过预订数据分析来优化酒店的收益管理策略。酒店可以使用移动支付和智能门锁等科技手段来提高客户满意度和便利度。例如,客户可以使用手机扫码支付房费,避免排队等待,或者使用智能门锁自助入住,方便快捷。酒店可以使用数据分析和人工智能等技术手段来优化酒店运营和提高客户体验。例如,通过分析客户的行为数据和偏好,酒店可以更好地了解客户需求,为客户提供更加个性化的服务和推荐。酒店可以利用网络营销和社交媒体等手段来提高品牌知名度和营销效果。例如,酒店可以在社交媒体上发布优惠活动、推广活动等,吸引更多的潜在客户。

在酒店管理中引用科技手段可以提高酒店的效率、降低成本、提高客户满意度等,酒店管理者应该积极地引用各种科技手段,结合自身的实际情况和需求,选择适合的科技手段来提升酒店的运营效率和竞争力。

(5)协调各部门工作

全面收益管理需要协调各部门的工作。酒店管理团队需要加强部门之间的协作和沟通,确保各部门的工作目标和行动计划都能够支持酒店的收益管理和营销策略。

酒店管理者需要建立有效的沟通机制,确保各部门之间的信息共享和协作。可以通过会议、邮件、微信等多种形式进行沟通交流,让各部门之间及时了解运营情况和相关问题。酒店管理者需要制订明确的工作流程和标准,明确各部门的职责和工作要求,避免出现工作交叉或遗漏等情况。同时,也需要建立完善的培训体系,培训各部门员工的专业知识和技能,提高员工的工作效率和协作能力。现代管理工具和技术如ERP系统、客户关系管理系统、数据分析等工具,可以帮助酒店管理者更加高效地协调各部门工作。例如,ERP系统可以帮助管理者实现预订管理、库存管理等功能。客户关系管理系统可以帮助管理者了解客户信息和需求。数据分析则可以帮助管理者更好地制订运营和市场策略。酒店管理者需要建立团队合作文化,加强各部门之间的协作和团队合作。可以通过组织团队建设活动、分享工作经验和心得等方式,加强团队之间的联系和合作。

在酒店管理中协调各部门工作需要建立有效的沟通机制、制订明确的工作流程和标准、充分利用现代管理工具和技术、建立团队合作文化等多种方法。酒店管理者需要不断完善和优化各方面的工作,确保酒店各部门之间的协作和合作,为酒店的整体运营和发展提供有力的支持和保障。

(6)建立反馈机制

酒店管理团队需要建立反馈机制,及时了解酒店员工和顾客的反馈意见和建议,以便及时调整和改进酒店的收益管理和服务质量,提高顾客满意度和忠诚度。

酒店管理者需要为员工和客户提供多种反馈渠道,例如,客户反馈表、网络问卷调查、热线电话、社交媒体等,让员工和客户可以随时随地向酒店提供反馈和建议。酒店管理者需要及时处理反馈信息,回应员工和客户的需求和建议,让员工和客户感受到酒店管理方的关心和重视。同时也要注意反馈信息的真实性,排除不实信息和恶意反馈。酒店管理者需要建立反馈统计和分析机制,对反馈信息进行分类和整理,及时发现问题和改进不足之处。可以通过数据分析等方式对反馈信

息进行挖掘和分析,以更好地了解员工和客户的需求和反馈。酒店管理者需要及时将反馈结果和改进措施反馈给员工和客户,让他们知道酒店对反馈信息的重视和处理结果,提高员工和客户对酒店的信任和满意度。

在酒店管理中建立反馈机制需要提供多种反馈渠道、确保反馈信息的及时性和真实性、建立反馈统计和分析机制、提供反馈结果和改进措施的反馈机制等。酒店管理者需要不断完善和优化反馈机制,为酒店的整体运营和服务提供有力的支持和保障。

12.4.2　全面收益管理的挑战

实施全面收益管理也面临一些挑战。酒店全面收益管理面临着技术支持不足、员工素质和能力不足、竞争压力的增大、不可预测的事件等挑战。酒店管理者需要制订相应的策略和措施,积极应对这些挑战,确保酒店的长期稳定发展。

(1)技术支持的不足

实施全面收益管理需要借助大量的技术支持,例如数据分析、预测模型等,但是很多酒店可能缺乏这些技术支持,或者技术支持水平不足,这将对全面收益管理的实施和效果产生负面影响。

酒店全面收益管理需要大量的数据支持,包括市场数据、客户数据、销售数据、成本数据,等等。然而,如果数据质量不足或不准确,那么将会影响到收益管理的准确性和有效性。酒店全面收益管理需要使用先进的技术和系统来收集和分析数据,并进行预测和决策。然而,如果酒店的技术和系统落后或不完善,那么将会影响到收益管理的精度和及时性。随着市场需求的不断变化和多元化,酒店需要灵活地调整房价和营销策略来满足客户的需求。然而,这也增加了酒店收益管理的难度,需要酒店管理者不断地跟踪市场变化,并制订相应的策略来应对。

酒店全面收益管理存在数据质量不足、技术和系统限制等现象。酒店管理者需要积极应对这些挑战,制订相应的策略和措施,以确保酒店的长期稳定发展。

(2)员工素质和能力不足

全面收益管理需要协调多个部门和团队的工作,需要员工具备专业知识和协作能力,但是很多酒店可能缺乏这些有素质和能力的员工,或者员工素质和能力水平不足,这将影响全面收益管理的实施和效果。

酒店收益管理需要员工具备市场分析、数据分析、销售和营销等方面的专业知识和技能。如果员工缺乏这些知识和技能,将会影响到收益管理的精度和有效性。缺乏协作能力,酒店全面收益管理需要各个部门之间密切协作,共同制订和执行收益管理策略。如果员工缺乏协作能力,那么将会影响到收益管理的协调和执行。酒店全面收益管理需要员工之间进行有效的沟通和协商,以确保收益管理的顺利进行。如果员工缺乏沟通能力,那么将会影响到收益管理的决策和执行。酒店收益管理需要不断创新和改进策略和方法,以适应市场需求和竞争环境的变化。如果员工缺乏创新精神,那么将会影响到收益管理的持续发展和竞争力。酒店的服务质量是吸引客户和提高入住率的重要因素之一。如果员工缺乏服务意识,那么将会影响到客户体验和满意度,从而影响到酒店的收益和市场地位。

酒店管理者需要重视员工能力和素质的提升。酒店管理者可以通过培训、激励等方式来提高员工的专业知识和技能、协作能力、沟通能力、创新精神和服务意识。同时,酒店管理者也需要建立良好的员工培训和发展机制,吸引和留住高素质的人才,从而保证酒店收益管理的效果和质量。

(3)竞争压力的增大

随着酒店市场竞争的加剧,酒店全面收益管理面临着更大的压力,需要酒店管理者制订更加精准和有效的收益管理和营销策略,提高酒店的盈利水平和市场竞争力。

同行业竞争对手的价格战将会对酒店收益管理产生直接影响。酒店管理者需要制订更加合理和精准的定价策略来抵抗竞争对手的价格战。由于同行业竞争对手不断推出新的产品和服务,因此酒店管理者需要不断创新和改进产品和服务,以适应市场需求和竞争环境。由于同行业竞争对手争夺市场份额将会对酒店收益管理产生影响,因此酒店管理者需要通过提高品牌知名度和忠诚度等方式来扩大市场份额。由于同行业竞争对手提供更好的顾客体验和服务质量将会对酒店收益管理产生影响,因此酒店管理者需要不断提升顾客体验和服务质量,以增强顾客的忠诚度和口碑。

酒店管理者需要关注同行业竞争对手的策略和行动,不断优化和调整自己的策略和行动,以应对竞争。同时,酒店管理者还可以通过建立良好的品牌形象、提高产品和服务质量、加强市场营销等方式来提高酒店的市场竞争力。

(4)不可预测的事件

不可预测的事件,例如自然灾害、恐怖袭击、疫情等。这些可能会对酒店的收益管理和运营产生不可预见的影响,对酒店管理者的决策和应对能力提出更高要求。

不可预测事件可能会导致酒店的收入减少,例如旅游业的下滑、政治不稳定等。还可能会导致酒店的经营成本增加,例如安保成本的增加、维修费用的增加

等。这可能会导致酒店的品牌形象受损,例如因安全问题而受到媒体报道、网络曝光等。

　　酒店管理者需要对这些不可预测事件进行风险评估和规划,制订应急预案和措施,以减少其对酒店经营的影响。同时,酒店管理者还应该密切关注市场变化和趋势,及时调整经营策略和措施,以应对不可预测事件带来的影响。

　　全面收益管理可以帮助旅游企业实现收益最大化和效率最优化,是企业管理的重要手段。但是,实施全面收益管理需要企业付出很多的努力,需要面对一些挑战。旅游企业需要不断地提高自身的管理水平和技术水平,不断创新和改进,才能在激烈的市场竞争中立于不败之地。

　　虽然实施全面收益管理面临一些挑战,但这并不意味着它不可行。酒店可以通过建立跨部门协作机制、采用先进技术和工具、建立数据驱动的文化、优化销售策略和不断更新知识和技能等方式来应对这些挑战。通过全面收益管理,酒店可以更好地管理其收益和资源,提高其营利能力和竞争力,从而取得更好的经济效益和社会效益。

12.5　小结

　　本章主要介绍了酒店收益管理的相关知识,包括收益管理组织机构设置、全面收益管理的必要性、全面收益管理的评价指标、全面收益管理的实施方法及挑战。酒店收益管理是酒店运营中非常重要的一部分,通过合理的组织机构设置和全面收益管理的实施,酒店可以更好地提高收益水平,增强市场竞争力。在评价指标方面,酒店可以根据实际情况选取合适的指标来评估自身的收益管理情况。此外,酒店在实施全面收益管理的过程中,也需要注意面临的挑战,如员工素质和能力不足、竞争压力的增大、不可预测的事件等。因此,酒店需要通过不断学习和实践,不断完善收益管理体系,以保持市场竞争优势。

练习题

　　全面收益管理的实施方法及挑战都有什么?

参考文献

[1] ALI A, ELBANNA A. The role of revenuc management in achieving financial performance in the hotel industry[J]. Journal of Management and Strategy, 2018, 9(2): 1-16.

[2] ADERINTO A, AKINYEMI O Y. Hotel revenue management: Strategies and challenges in Nigeria[J]. Public Policy and Administration Research, 2015, 5(10): 34-40.

[3] AGGARWAL A, BAHL S. Revenue management in hospitality: An introduction[J]. Journal of Tourism and Hospitality Management, 2016, 4(1): 12-23.

[4] BHANOT K, SINGH L. The impact of revenue management on the hotel industry: A survey of Indian hotels[J]. International Journal of Business and Management Invention, 2014, 3(3): 29-39.

[5] BEARDEN W O, INGRAM T N, LAFORGE R W. Marketing: Principles and perspectives [M]. 8th ed. NewYork: McGraw-Hill Education, 2014.

[6] BAKOS J Y, BRYANT R L. Comparison of hotel revenue management systems[J]. Journal of Hospitality and Tourism Technology, 2011, 2(2): 131-141.

[7] DAVIS B, GUO Y, SEO Y W. Revenue management and dynamic pricing: Models, applications and case studies[M]. Berlin: Springer, 2017.

[8] DOBRUSZKES F. The geography of low-cost carriers in Europe: Key issues and challenges[J]. Journal of Transport Geography, 2016, 50: 1-2.

[9] DI CARLO F, GIANNOPOULOS A. Revenue management in small hotels: An analysis of current practices[J]. Journal of Hospitality and Tourism Management, 2014, 21: 28-37.

[10] EGGER R, SILVA-RISSO J, MASON R. New insights from the Big Data era in hospitality and tourism research[J]. Hospitality and Tourism Research, 2012, 12(3): 213-217.

[11] FUCHS M, HOSANGADI A, RAY S. Next generation revenue management: An analytics-driven approach to hotel price optimization[J]. Journal of Revenue and Pricing Management, 2014, 14(1): 5-18.

[12] FATHI S, TEIXEIRA R. Hospitality revenue management: A systematic review of current literature[J]. Journal of Hospitality and Tourism Management, 2014, 21: 15-27.

[13] GUPTA S. Innovation strategies for revenue management: Evidence from the hotel industry[J]. Journal of Hospitality and Tourism Management, 2018, 35: 11-19.

[14] GUEVARA C A, MULYADI S. A comparative study of hotel revenue management models[J]. Journal of Revenue and Pricing Management, 2017, 16(2): 129-138.

[15] GARDINI P, VISINTIN F. Benchmarking revenue management systems in hotels: A methodology[J]. Journal of Hospitality and Tourism Technology, 2019, 10(2): 201-213.

[16] GALLEGO G, VAN RYZIN G. Revenue management: Research overview and prospects[J]. Transportation Science, 2015, 49(1): 1-21.

[17] HANKS L, CROSS J G. A content analysis of revenue management in the hospitality and tourism literature[J]. Journal of Revenue and Pricing Management, 2015, 14(3): 197-212.

[18] HUANG H W, SUN Y. Customer-oriented revenue management for hotels: A new paradigm[J]. International Journal of Hospitality Management, 2015, 44: 50-61.

[19] HUA N, ZHANG Y. An experimental study of dynamic pricing in hotel room reservations[J]. Journal of Revenue and Pricing Management, 2015, 14(2): 135-146.

[20] HENDERSON R. Enterprise architecture as strategy: Creating a foundation for business execution[M]. Boston: Harvard Business Review Press, 2015.

[21] HANKS L, BASU A. Revenue management in the hotel industry: Impact on hotel performance[J]. Journal of Revenue and Pricing Management, 2007, 5(1): 1-10.

[22] 施若. 收益管理起源与发展基础条件分析[J]. 商场现代化, 2007(04):

143-144.

[23]田新,王晓文,李凯,等.酒店收益管理战略关键驱动因素:基于中国高星级酒店的实证研究[J].旅游科学,2014,28(04):65-80.

[24]王新胜.酒店收益管理五大趋势[J].饭店现代化,2010(07):6-7.

[25]胡质健.收益管理:有效实现酒店收入的最大化[M].北京:旅游教育出版社,2012.

[26]李文丽,陆亚刚,白晓亮.酒店业收益管理的关键要素与实现策略[J].特区经济,2005(10):333-334.

[27]阳小勇.利用收益管理系统提高酒店效益的方法——以北京新世界酒店为例[J].旅游纵览(下半月),2018(24):64.

[28]李沐纯,马素云.我国酒店收益管理绩效影响机制研究——理论框架与研究命题[J].华南理工大学学报(社会科学版),2016,18(04):21-28.

[29]付检新.收益管理在酒店中的应用——兼论我国酒店收益管理的误区[J].企业技术开发,2008,27(12):82-84.

[30]戴维奇,邹益民.GopPAR:一个新的饭店绩效评价指标[J].商讯商业经济文荟,2004(04):53-57.

[31]齐励,姚洁.以竞争力为导向的酒店成本战略管理探讨[J].财会通讯,2016(05):69-71.

[32]陶伟,王妙.基于顾客价值的中档酒店市场顾客需求研究——以天津市酒店为例[J].天津商业大学学报,2015,35(01):41-47.

[33]马瑞民,肖立中.战略管理工具与案例[M].北京.机械工业出版社,2009.

[34]范丽繁.基于收益管理的MTS和MTO企业的供需管理研究[D].成都:电子科技大学,2012.

[35]赵广欣.收益管理视角下的酒店客房差别定价策略研究[J].兰州财经大学学报,2018,34(03):118-124.

[36]许以洪,陈青姣.市场调查与预测[M].北京:机械工业出版社,2020.

[37]亓学秀,刘慧贞.酒店客房产品削价竞争问题的探讨[J].经贸实践,2016(16):84-85.

[38]胡顺利.基于收益管理的饭店住宿产品定价策略[J].经济研究导刊,2013(13):231-232.

[39]宋鸿芳,冉伦,褚宏睿,等.消费者锚定效应下的动态定价与库存控制研究[J].中国管理科学,2015,23(04):123-128.

[40]孙嘉欣.基于收益管理的酒店客房多阶段动态定价模型研究——"互联网+"时代的顾客行为视角[J].现代经济信息,2019(07):353-354.

[41]李根道,熊中楷,李薇.基于收益管理的动态定价研究综述[J].管理评论,2010,22(04):97-108.

[42]匡仲潇.现代酒店成本管理与控制[M].北京:化学工业出版社,2020.

[43]段美,朱承强.市场细分时代上海经济型酒店发展策略研究[J].旅游论坛,2010,3(03):335-341.

[44]李丽莎.客户关系管理的多元研究视角分析——客户关系管理文献述评[J].改革与战略,2012,28(04):216-218.

[45]李盟,王玲.酒店分销渠道冲突的博弈分析[J].中国市场,2016(14):31-32.

[46]卜妙金.分销渠道管理[M].北京:高等教育出版社,2000.

[47]彭为,黄丽.两层供应链渠道选择模型与多渠道协调策略[J].统计与决策,2014(18):38-41.

[48]金李梅.基于顾客价值的酒店产品竞争力提升研究[J].经济研究导刊,2014(22):234-236.

[49]刘兴凯.酒店核心竞争力[M].北京:中国商业出版社,2016.

[50]周斌.浅析全面收益报告在我国的应用[J].武汉大学学报(哲学社会科学版),2009,62(03):406-409.